suhrkamp taschenbuch
wissenschaft 1286

Wiener Kreis – Schriften zum Logischen Empirismus
Herausgegeben von H. L. Mulder (Amsterdam),
R. Hegselmann (Bremen), A. J. Kox (Amsterdam),
F. Stadler (Wien)

Karl Menger war ein Mitglied jener Philosophengruppe um Moritz Schlick, die unter dem Namen »Wiener Kreis« bekannt wurde. Der »Wiener Kreis« ist eine der Keimzellen jener philosophischen Strömung, die heute als »analytische Philosophie« bezeichnet wird. Menger ist Autor zahlreicher Schriften zur Geometrie, vor allem zur Dimensions- und Kurventheorie. Weniger bekannt ist, daß Menger auch ein moralphilosophisches Werk verfaßt hat, das mit dieser Ausgabe wieder einer breiteren Öffentlichkeit zugänglich gemacht wird. Der Text erschien erstmals 1934; eine englische Ausgabe erschien 1974 unter dem Titel *Morality, Decision, and Social Organisation.*

In seiner umfangreichen Einleitung zeichnet Uwe Czaniera die Entwicklung der analytischen Moralphilosophie vom »Wiener Kreis« bis heute nach: vielleicht kann man sich in moralischen Fragen nicht in der Weise irren, in der man sich in wissenschaftlichen Fragen irren kann – trotzdem kann es möglich sein, Handlungsentscheidungen verbindlich als rational oder irrational auszuweisen und damit eine Grundlage für einen vernünftigen Umgang mit moralischen Problemen zu schaffen.

Karl Menger wurde 1902 in Wien als Sohn des Ökonomen Carl Menger geboren. Er studierte von 1920 bis 1924 an der Universität Wien und promovierte 1924 in Mathematik. Von 1925 bis 1927 war er Dozent in Amsterdam, ehe er 1927 als Professor für Geometrie an die Universität Wien berufen wurde. Menger emigrierte 1937 in die USA, wo er Professor für Mathematik an der Universität von Notre Dame, Indiana, wurde. Von 1946 bis zu seiner Emeritierung im Jahre 1971 war Menger Professor für Mathematik am Illinois Institute of Technology in Chicago. In dieser Zeit hatte er mehrere Gastprofessuren an verschiedenen europäischen Universitäten inne. Menger starb 1985 in Chicago.

Uwe Czaniera studierte Philosophie und Germanistik in Bremen. Seit 1996 ist er wissenschaftlicher Mitarbeiter am Institut für Philosophie der Universität Bayreuth.

Karl Menger

Moral, Wille und Weltgestaltung

Grundlegung zur Logik der Sitten

Herausgegeben und eingeleitet
von Uwe Czaniera

Suhrkamp

Die Deutsche Bibliothek – CIP-Einheitsaufnahme
Menger, Karl:
Moral, Wille und Weltgestaltung :
Grundlegung zur Logik der Sitten /
Karl Menger. Hrsg. und eingeleitet von Uwe Czaniera.
– 1. Aufl. – Frankfurt am Main : Suhrkamp, 1997
(Suhrkamp-Taschenbuch Wissenschaft ; 1286)
ISBN 3-518-28886-5
NE: GT

suhrkamp taschenbuch wissenschaft 1286
Erste Auflage 1997

Satz und Druck: Wagner GmbH, Nördlingen
Printed in Germany
Umschlag nach Entwürfen von
Willy Fleckhaus und Rolf Staudt

1 2 3 4 5 6 – 02 01 00 99 98 97

Inhalt

Uwe Czaniera
Analytische Moralphilosophie vom Wiener Kreis bis heute

Inhalt

0 Vorbemerkung

In dieser Einleitung möchte ich im ersten Teil zunächst die personelle Besetzung jener philosophischen Bewegung vorstellen, der Karl Menger entstammt, die personelle Besetzung des *Wiener Kreises* und des sich aus ihm entwickelnden *Logischen Empirismus.* Im Anschluß daran werde ich die philosophischen Kernpositionen dieser Bewegung darstellen. Daraufhin skizziere ich die Konsequenzen dieser Kernpositionen für die Philosophie der Moral. Diese Konsequenzen scheinen äußerst destruktiv zu sein, und man wird es an dieser Stelle für überraschend halten, daß ein Mitglied des Wiener Kreises überhaupt ein moralphilosophisches Buch verfaßt hat. Ich schildere dann die weitere Entwicklung der logisch-empiristischen Gedanken zur Moralphilosophie. Dabei soll deutlich werden, warum es doch nicht so überraschend war, daß ein Mitglied des Wiener Kreises ein moralphilosophisches Buch verfaßt hat. Um die erstaunliche Bandbreite und Aktualität von Mengers moralphilosophischer Kompetenz erkennbar zu machen, werde ich alsdann eine systematische Übersicht präsentieren, die all jene moralphilosophischen Ansätze versammelt, welche Menger *verwirft.* Eine solche Übersicht erscheint ratsam, zumal Menger selbst in aller Regel darauf verzichtet, die Namen, den systematischen Ort und das historische Gewicht seiner argumentativen Gegner zu erwähnen. Auch Mengers *positiver* Beitrag zur Moralphilosophie soll aus heutiger Sicht eingeordnet werden. Im zweiten Teil dieser Einleitung befasse ich mich mit der Schilderung und kritischen Analyse der Moraltheorie Hilary Putnams, den man in einem weiteren Sinn zwar der gleichen philosophischen Hauptströmung zurechnen kann, der aber Thesen formuliert, die der Position Mengers z. T. diametral entgegengesetzt sind. Das Ergebnis mag vorsichtig wie folgt formuliert werden: Vielleicht kann man sich in moralischen Fragen nicht in der Weise irren, in der man sich in wissenschaftlichen Fragen irren kann – trotzdem kann es möglich sein, Handlungsentscheidungen verbindlich als rational oder irrational auszuweisen und damit eine Grundlage für einen vernünftigen Umgang mit moralischen Problemen zu schaffen. Zu einem Katalog solcher Kriterien praktischer Rationalität hätte auch Karl Menger einen Beitrag geleistet.

1 Die Philosophie des »Wiener Kreises«

1.1 Personen

Karl Menger war ein Mitglied des sogenannten *»Wiener Kreises«*, jener berühmten Philosophengruppe, die sich in den zwanziger Jahren dieses Jahrhunderts um *Moritz Schlick* herum zusammenfand. Zu den Hauptprotagonisten des *Wiener Kreises* zählten neben Schlick u. a. *Rudolf Carnap, Otto Neurath, Hans Hahn, Philipp Frank, Victor Kraft* und *Kurt Gödel.* Menger gehörte damit zu einer philosophischen Gemeinschaft, deren Bedeutung für die Entwicklung der Gegenwartsphilosophie kaum überschätzt werden kann. Zusammen mit der *»Berliner Gesellschaft für empirische Philosophie«* um *Hans Reichenbach* kann sie als Keimzelle jener philosophischen Strömung gelten, die als *»Logischer Empirismus«* bezeichnet wird.

Die außerordentliche philosophiegeschichtliche Tragweite des *Wiener Kreises* wird deutlich, wenn man sich vor Augen führt, welche weiteren Wissenschaftler, Philosophen und Denker dem *Wiener Kreis* nahestanden, durch ihn beeinflußt wurden oder doch immerhin ihre Theorien in kritischer Auseinandersetzung mit dem *Wiener Kreis* formulierten. Hier wären u. a. *G. E. Moore, Bertrand Russell, Richard von Mises, Alfred Tarski, Richard Hare, Willard Van Orman Quine* und *Alfred Jules Ayer* zu nennen, aber auch (der frühe) *Ludwig Wittgenstein, Karl Popper, Hans Albert* und *Stanisław Lem.*

Insgesamt kann der philosophiegeschichtliche Ort des *Wiener Kreises* etwa folgendermaßen lokalisiert werden: In der Philosophie des *Wiener Kreises* kristallisiert eine philosophische Tradition, deren antike Wurzeln bei *Aristoteles* liegen und deren neuzeitliche Vorläufer im klassischen britischen Empirismus von *John Locke* und *David Hume* bestehen. Sie entwickelt die Gedanken von *Auguste Comte, Gottlob Frege* und *Ernst Mach* weiter. Gleichzeitig bildet sie, insbesondere eingedenk ihres weiteren personellen Umfeldes, die Basis für jene philosophische Bewegung, die man als »Analytische Philosophie« bezeichnet und zu deren Hauptrepräsentanten u. a. *John Leslie Mackie, Hilary Putnam* und *Saul Kripke* gehören.

Das Erstarken faschistischer Bewegungen in Deutschland und

Österreich zu Beginn der dreißiger Jahre zwang die Träger des *Wiener Kreises* zur Emigration. Es wäre schön, wenn diese Einleitung u. a. deutlich machen würde, daß eine Philosophie wie die des *Wiener Kreises* mit totalitaristischem Denken prinzipiell unvereinbar ist. Auf diese Weise könnte vielleicht mit dem Vorurteil aufgeräumt werden, logisch-empiristisches Denken bereite allererst den geistigen Boden für totalitaristische Bewegungen.

1.2 Positionen

Wenn man die Bezeichnung »Wiener Kreis« nicht nur auf eine Gruppe von Personen, sondern auf eine philosophische Position anwenden möchte, droht ein bestimmtes Mißverständnis. Es ist nämlich nicht möglich, eine philosophische Position zu formulieren, die sich als *die* Philosophie des Wiener Kreises oder des Logischen Empirismus bezeichnen ließe. Es gab keine einheitliche philosophische Theorie, der alle Mitglieder zugestimmt hätten. Aber trotz der Heterogenität der Positionen darf man von *einer* philosophischen Bewegung sprechen. Das »geistige Band« dieser Bewegung war aus einer Reihe von Grundannahmen geflochten. Diese Annahmen ergeben sich mit einer gewissen Konsequenz in ihrer Abfolge und lassen sich wie folgt charakterisieren:

1. Die Philosophie muß sich an der Wissenschaft orientieren und nicht umgekehrt.
2. Eine sinnvolle Metaphysik ist unmöglich.
3. Die philosophische Tätigkeit besteht in der Analyse der Sprache.

Am Beginn dieses Jahrhunderts war in der wissenschaftlichen Welt eine Situation eingetreten, in der das Aufkommen dieser Annahmen nicht verwundern konnte. Während die Naturwissenschaften rasante Fortschritte zu verzeichnen hatten, schien die Philosophie nicht mehr zu bieten zu haben als eine unentscheidbare Konkurrenz von Systementwürfen, die offenbar nichts dazu beitrug, unser Wissen über die Welt zu vermehren. Den althergebrachten Anspruch, eine sichere Basis des Wissenserwerbs zu liefern, auf der dann überhaupt erst so etwas wie »Wissenschaftlichkeit« möglich ist, schien die Philosophie jedenfalls nicht einmal im Ansatz erfüllen zu können. Nicht ohne Süffisanz bemerkt Schlick:

»Dieses eigentümliche Schicksal der Philosophie wurde so oft geschildert und beklagt, daß es schon trivial ist, davon überhaupt zu reden, und daß schweigende Skepsis und Resignation die einzige der Lage angemessene Haltung zu sein scheint. Alle Versuche, dem Chaos der Systeme ein Ende zu machen und das Schicksal der Philosophie zu wenden, können, so scheint eine Erfahrung von mehr als zwei Jahrtausenden zu lehren, nicht mehr ernst genommen werden. Der Hinweis darauf, daß der Mensch schließlich die hartnäckigsten Probleme, etwa das des Dädalus, gelöst habe, gibt dem Kenner keinen Trost, denn was er fürchtet, ist gerade, daß die Philosophie es nie zu einem echten ›Problem‹ bringen werde.«[1]

Ich möchte nun die einzelnen Annahmen etwas näher betrachten. Annahme 1: *Die Philosophie muß sich an der Wissenschaft orientieren und nicht umgekehrt.* Wie ist diese Annahme motiviert? Zur Beantwortung dieser Frage bietet es sich an, das Schicksal der Transzendentalphilosophie Kants etwas näher zu betrachten. Diese Transzendentalphilosophie war wohl der umfassendste und präziseste Versuch, eine *philosophische* Grundlegung für die Absicherung des Wissenserwerbs der Naturwissenschaften auszuarbeiten. Entscheidend für den kantischen Entwurf war eine positive Antwort auf die Frage nach der Möglichkeit synthetisch-apriorischer Erkenntnis. Was ist synthetisch-apriorische Erkenntnis? Werfen wir dazu einen Blick auf Kants berühmte Urteilsklassifikation:

	analytisch	synthetisch
a priori	Urteile, die ohne Sinneserfahrung legitimiert werden können und wahr oder falsch allein aufgrund der Bedeutung der in ihnen verwendeten Ausdrücke sind. Beispiel: »Alle Junggesellen sind unverheiratet.«	Urteile, die ohne Sinneserfahrung legitimiert werden können und dennoch unsere Erkenntnis der Welt erweitern. Beispiel: »Die Winkelsumme im Dreieck ist 180°.«
a posteriori	Urteile, zu deren Legitimation Sinneserfahrung erforderlich ist, die aber wahr oder falsch allein aufgrund der Bedeutung der in ihnen verwendeten Ausdrücke sind. Solche Urteile sind nach Kant unmöglich.	Urteile, zu deren Legitimation Sinneserfahrung erforderlich ist und die unsere Erkenntnis der Welt erweitern (empirische oder Tatsachenurteile). Beispiel: »Der Planet Mars hat zwei Monde.«

1 Schlick 1930a: S. 5.

Die Unmöglichkeit analytisch-aposteriorischer Urteile wurde von den Logischen Empiristen und den Philosophen in ihrem Umfeld zwar ebenso wie die Möglichkeit analytisch-apriorischer bzw. synthetisch-aposteriorischer Urteile anerkannt, die Möglichkeit synthetisch-apriorischer Urteile jedoch radikal bestritten. Nach Kant besaßen zwei zentrale wissenschaftliche Disziplinen synthetisch-apriorischen Charakter: Die *Mathematik* und die *Newtonsche Mechanik.* Beide liefern scheinbar Urteile, die unsere Erkenntnis der Welt erweitern, obwohl sie *apodiktische Gültigkeit* besitzen, d.h. mit unumstößlicher, grundlegender Gewißheit gelten. Wie sollte es aber möglich sein, daß Urteile über unsere wechselhafte Welt unumstößlich gelten können? Nach Kant ist es deswegen möglich, weil diese Urteile aus dem reinen, d.h. von empirischen Erfahrungsdaten nicht kontaminierten Denken abgeleitet werden können. Mit Hilfe des Begriffs der synthetischen Apriorität beanspruchte Kant, eine *philosophische* Grundlegung der Wissenschaften gegeben zu haben, für die folgendes gilt: Sie erklärt, warum die Urteile aus Mathematik und Newtonscher Mechanik einerseits *apodiktisch* sind und andererseits doch *empirisch relevant,* d.h. unsere Erkenntnis der Welt erweitern. Die Eigenschaften der *Apodiktizität* und der *Empirizität* schienen unvereinbar gewesen zu sein: War ein Urteil apodiktisch, so schien es auf einen nicht-empirischen Charakter festgelegt zu sein. War es andererseits empirisch, so schien es keine apodiktische Gültigkeit besitzen zu können. Hier schien Kants Konzeption eine philosophische »Aufhebung« der Unvereinbarkeit von Apodiktizität und Empirizität zu bieten, die das gesuchte theoretische Fundament für die Verläßlichkeit grundlegenden wissenschaftlichen Wissens abgab.

Warum bestritten die Logischen Empiristen die Möglichkeit synthetisch-apriorischer Erkenntnis? Ihre radikale Absage resultierte aus bestimmten wissenschaftlichen Fortschritten: *Bezüglich der Mathematik* zeigten die Arbeiten von Frege, Russell und Whitehead, daß sie auf die Logik zurückführbar war. Da der Status der Logik aber unbestritten als *analytisch* ausgemacht war, zeigte sich, daß die Mathematik nicht synthetisch-apriorisch, sondern vielmehr *analytisch*-apriorisch zu verstehen war. *Bezüglich der Newtonschen Mechanik* bedeutete die Entwicklung der speziellen und der allgemeinen Relativitätstheorie, daß die Newtonsche Mechanik ebenfalls nicht synthetisch-apriorisch, sondern stattdessen synthetisch-*aposteriorisch* gedeutet werden mußte (und darüberhinaus auch noch falsch war). Damit waren die nach Kant synthetisch-apriorischen Disziplinen aus ihrem Kästchen in der Urteilstafel vertrieben. Die Logischen Empiristen zogen daraus den Schluß, daß synthetisch-apriorische Erkenntnis und damit auch eine philosophische Grundlegung der Wissenschaften unmöglich war. Die Philosophie mußte demnach, wollte sie weiterhin ernstgenommen werden können, die Ergebnisse und Methoden der Einzelwissenschaften anerkennen und auch für sich als verbindlich betrachten.

Inhaltlich war diese Orientierung an den Wissenschaften von großer Bedeutung, zog sie doch zwei für Philosophen ausgesprochen unorthodoxe Positionen nach sich:

Erstens schien klar zu sein, daß *eine Erkenntnis der Welt nur durch Erfahrung in der Welt gewonnen werden kann.* Wenn von einem Urteil behauptet wird, daß es etwas über die Welt aussagt, dann kann dieses Urteil nur durch empirische Überprüfung in der Welt legitimiert werden. Das bloße Denken allein ist dazu niemals hinreichend. In Kantischer Terminologie bedeutet das, daß synthetische Urteile *per definitionem* aposteriorisch aufzufassen sind. Das heißt nun nicht, daß apriorische Erkenntnis unmöglich ist: Sie ist sehr wohl möglich, nur ist sie keine Erkenntnis der Welt. Apriorische Erkenntnis ist analytische Erkenntnis und kann daher »nur« darüber Aufschluß geben, welche Folgerungen gemäß bestimmter Ableitungsregeln aus einer bestimmten Menge von Annahmen deduziert werden können. Apriorische Erkenntnis ist also in dem Sinne uninformativ, daß sie uns keine Informationen liefert, die nicht bereits implizit in unseren Ausgangsannahmen enthalten waren. Es wäre aber ungerecht, sie deshalb für trivial zu halten, zumal einerseits die Folgerungsprozeduren mühsam sein können und andererseits die Ergebnisse überraschend. In Kantischer Terminologie bedeutet das, daß apriorische Urteile *per definitionem* analytisch aufzufassen sind. Diese erste Konsequenz aus der Orientierung an der Wissenschaft ist *erkenntnistheoretischer* Natur: Sie macht Angaben darüber, unter welchen Bedingungen ein bestimmtes Urteil als Erkenntnis anzusehen ist oder nicht.

Zweitens entwickelte man die sogenannte *Verifikationstheorie der Bedeutung*. Ihr zufolge ist die Bedeutung eines Urteils identisch mit der Angabe seiner Wahrheitsbedingungen. Wenn ich die Bedeutung eines Satzes angeben will, muß ich angeben, was der Fall sein muß, wenn er wahr ist. Im Falle empirischer Urteile besteht diese Angabe in der Aufzählung von Tatsachenkonfigurationen, und im Falle analytischer Urteile in der Angabe von Grundbegriffen und Ableitungsregeln. Wird ein Urteil behauptet und ist seine Bedeutung bekannt, so kann durch Vergleich dessen, was der Fall sein müßte, wenn das Urteil wahr *wäre,* mit dem, was der Fall *ist,* bestimmt werden, ob das Urteil wahr oder falsch ist. Urteile, für die keine Wahrheitsbedingungen angegeben werden können, sind dieser Theorie gemäß sinnlos. Sie haben keine Bedeutung. Falschheit ist also nicht das schlimmste Schicksal, das einem Urteil widerfahren kann. Auch ein falsches Urteil ist wenigstens sinnvoll. Urteile aber, für die man keine Wahrheitsbedingungen angeben kann, sind noch nicht einmal das. Hier überhaupt von Urteilen zu sprechen, ist im Grunde schon eine Verharmlosung der Situation, denn ein sinnloses Urteil ist eigentlich nicht mehr als strukturierter Buchstabensalat. Diese zweite Konsequenz aus der Orientierung an der Wissenschaft ist *bedeutungstheoretischer* Natur: Sie macht Angaben darüber, unter welchen Bedingungen ein bestimmtes Urteil als Kandidat für eine Erkenntnis anzusehen ist oder nicht.

Annahme 2: *Eine sinnvolle Metaphysik ist unmöglich.* Die Wahrheit dieser Annahme bedeutet eine Absage an den Großteil der tradierten philosophischen Literatur. Und tatsächlich ergibt sie sich zwanglos, wenn man die Konsequenzen der Orientierung an den Wissenschaften akzeptiert. Der Metaphysik fiel ihrer Konzeption nach gerade die Aufgabe zu, das System dessen anzugeben, was *hinter* den Wissenschaften liegt. Sie sollte das der Erfahrung unzugängliche Flußbett skizzieren, dessen der Strom der Wissenschaft bedarf, um überhaupt fließen zu können. Damit liegt auf der Hand, warum die Sätze der Metaphysik für die Logischen Empiristen als prinzipiell sinnlos gelten mußten: Wenn ein Satz der *Meta*physik zuzurechnen war, war er *per definitionem* nicht empirisch überprüfbar. Und da ein solcher Satz auch nicht analytisch aufgefaßt werden konnte, da er ja der Meta*physik* entstammte, blieb gemäß derVerifikationstheorie der Bedeutung nur ein Analyseergebnis: Wenn ein Satz der Metaphysik zuzurechnen war, war er sinnlos; ein »Scheinsatz«, der lediglich die Gestalt eines Satzes hatte, aber keinerlei Informationsgehalt besaß. Diese Haltung wurde von den Logischen Empiristen keineswegs verhehlt. So schrieb etwa Carnap:

»Metaphysiker sind Musiker ohne musikalische Fähigkeit. Dafür besitzen sie eine starke Neigung zum Arbeiten im Medium des Theoretischen, zum Verknüpfen von Begriffen und Gedanken. Anstatt nun einerseits diese Neigung im Gebiet der Wissenschaft zu betätigen und andererseits das Ausdrucksbedürfnis in der Kunst zu befriedigen, vermengt der Metaphysiker beides und schafft ein Gebilde, das für die Erkenntnis gar nichts und für das Lebensgefühl etwas Unzulängliches leistet.«[2]

Neben der traditionellen Metaphysik verwarfen die Logischen Empiristen eine Reihe weiterer erkenntnistheoretischer Positionen, nämlich all jene Positionen, die in irgendeiner Weise die Möglichkeit eines privaten oder gar privilegierten Erkenntniszugangs behaupten. Solche Auffassungen gehen beispielsweise davon aus, daß auch vermittels Intuition (»Schau«) oder Emotion Erkenntnisse gewonnen werden können, oder daß bestimmte Personen (z. B. Hellseher) über Erkenntnisfähigkeiten verfügen, über die der Normalverbraucher nicht nur nicht verfügt, sondern auch nicht verfügen kann. Alle diese Disziplinen fielen unter ein Verdikt der epistemischen Scharlatanerie und Augentäuscherei, denn gemäß dem Logischen Empirismus gilt: Wenn ein Urteil als Erkenntnis angesehen werden soll, dann muß *erstens* seine *Bedeutung* im Prinzip jedem mitgeteilt werden können, und es muß *zweitens* im Prinzip möglich sein, für jeden nachvollziehbar die Wahrheit des Urteils durch praktische Aufweisung zu demonstrieren.

Annahme 3: *Die philosophische Tätigkeit besteht in der Analyse der Sprache.* Nun wird man sich vielleicht fragen, ob im Rahmen dieser Position *überhaupt* noch ein sinnvolles Betreiben von Philosophie möglich ist. Man kann die logisch-empiristische Auffassung von der Aufgabe der Philosophie zunächst in der Aussage kondensieren, daß die Philosophie nicht selbst philosophische Urteile aufstellt, sondern vielmehr Begriffe und Urteile klärt. Diese Klärungsprozedur dient der Zuordnung gegebener Urteile innerhalb der »Synthetisch-analytisch-sinnlos-Trichotomie«. So wurden manche Fragen, auf die zuvor eine vorgeblich philosophische Antwort gegeben worden war, den synthetischen, d. h. empirischen Fragen zugeordnet (z. B. die Frage nach der Zahl der Planeten des Sonnensystems). Andere Fragen wurden den analytischen Wissenschaften zugeschlagen (z. B. die Frage, ob es quan-

2 Carnap 1931: S. 240.

titative Unterschiede zwischen Mengen geben kann, die unendlich viele Elemente enthalten). Als sinnlos wurden dagegen z. B. jene Fragen klassifiziert, die sich mit dem »Wesen« eines Dinges befaßten, also mit jener Beschaffenheit, die ein Ding *jenseits* aller seiner der Erfahrung zugänglichen Aspekte angeblich hat.
Zu dieser klassifikatorischen Arbeit, die ja letztlich dem »Erkennen des Erkennens« dienen soll, ist ein begriffliches Klärungsprogramm unerläßlich. Durch die Klärung von Begriffen kann man Mißverständnissen auf die Spur kommen, die nicht faktischen Irrtümern, sondern begrifflicher Verwirrung entstammen. Die Analyse der Sprache soll erhellen, welche Begriffe wir logisch korrekt miteinander in Verbindung bringen können und welche nicht. Für den Philosophen ergibt sich dadurch sogar die Möglichkeit, in bestimmten Kontroversen Entscheidungen herbeizuführen. Er kann – wie wir schon sahen – Schein*sätze* von echten Sätzen unterscheiden; er kann aber auch Schein*kontroversen* enttarnen. Es kann z. B. Wörter geben, die in unterschiedlichen Zusammenhängen unterschiedliche Bedeutungen haben. Vermengt man die unterschiedlichen Verwendungsweisen, kann es zu naheliegenden, aber im Prinzip gehaltlosen und irreführenden Debatten kommen. Ein prägnantes Beispiel für eine solche Scheinkontroverse glaubte Schlick in der Debatte um die »Freiheit des Willens« ausgemacht zu haben. Wenn Vertreter des Determinismus behaupten, es könne keinen freien Willen geben, verwechseln sie nach Schlick die Abwesenheit von Zwang (die für die Zuschreibung von Willensfreiheit entscheidend ist) mit der Abwesenheit von kausalen Mechanismen (die die Möglichkeit absolut zufälliger Ereignisse und damit die Negation des Determinismus bedeuten würde). Es ist der Begriff der Freiheit, der hier in unterschiedlichen Bedeutungen verwendet wird und so zu Irritationen führt. Unter einem »freien Willen« versteht man gerade nicht einen Willen, der absolut zufällig funktioniert, und daher muß die Annahme eines freien Willens überhaupt nicht die Ablehnung des Determinismus bedeuten. Eine Debatte über die These: »Entweder ist der Determinismus falsch oder es gibt keinen freien Willen« wäre demnach eine typische Scheinkontroverse, die sich an begrifflichen Mißverständnissen entzündet hat.[3]
Die Aufgabe der Philosophie besteht damit logisch-empiristi-

3 Vgl. Schlick 1930b: Kap. VII/1.

schem Credo gemäß darin, die Bedeutung der in einer Sprache verwendeten Begriffe anzugeben. Es gilt, eine insgesamt eindeutige und logisch korrekte Sprache für den Wissenschaftsbetrieb auszuarbeiten, damit begriffliche Mißverständnisse vermieden werden. Der Anspruch der Philosophie liegt nicht darin, bestimmte Rätsel durch das Aufstellen philosophischer Thesen zu *lösen*, sondern darin, bestimmte Rätsel durch logisch-begriffliche Analyse als Scheinrätsel zu enttarnen und *aufzulösen*. Die Philosophie wird so zu einem Unternehmen, das seiner eigenen Selbstauflösung zuarbeitet. Sobald eine hinreichend präzise Wissenschaftssprache ausgearbeitet ist und die vermeintlich philosophischen Fragen in der »Synthetisch-analytisch-sinnlos-Trichotomie« eingeordnet sind, bleibt dem Philosophen nichts weiter zu tun.

1.3 Kritik am Logischen Empirismus

Die Thesen des Logischen Empirismus sind nicht unwidersprochen akzeptiert worden. Es waren insbesondere die Verfechter der empiristischen Strömung selbst, die in kontinuierlicher Auseinandersetzung mit den Basisannahmen ihrer Theorie diese modifizierten und ausarbeiteten. Innerhalb dieser Auseinandersetzung wurden vor allem zwei Schwachstellen des Logischen Empirismus transparent, die später auch in der Entwicklung des moralphilosophischen Nonkognitivismus eine Rolle spielten. *Erstens* geriet die Verifikationstheorie der Bedeutung in die Schwierigkeit, daß sie die als allquantifizierte Sätze formulierten Naturgesetze als sinnlos auszusondern hatte: Ein Naturgesetz kann man nicht verifizieren, da man unendlich viele Beobachtungen zu seiner Verifikation machen müßte. Darüberhinaus war es für verschiedene theoretische Termini der Elementarteilchenphysik nicht möglich, ihre Bedeutung auf Beobachtungsaussagen zurückzuführen oder aber die Ausdrücke zu eliminieren. *Zweitens* waren die logischen Empiristen zunächst überwiegend der Meinung, daß sich einzelne Aussagen isoliert in der empirischen Welt überprüfen ließen. Es sollte möglich sein, Theorien und Aussagen aufgrund theorie-*freier* Beobachtung zu prüfen. Diese Auffassung wurde bereits innerhalb des Wiener Kreises mit der Schwierigkeit konfrontiert, daß es so etwas wie eine neutrale, d. h. theoriefreie Beobachtung nicht gibt. In jede Beobachtung geht bereits ein bestimmtes Hintergrundwissen ein. Wir hängen bestimmten Theorien an und involvieren sie implizit im Beobachtungsprozeß. Beobachtung ist also prinzipiell »theoriegeladen« und Wahrheit prinzipiell »theorierelativ«. Darüberhinaus schien es so zu sein, daß keine einzelnen Hypothesen isoliert überprüft werden können, sondern stets ein ganzes Netz von Hypothesen, die miteinander verknüpft sind, auf den Prüfstein gestellt wird. Einen Beobachtungsinhalt zu beschreiben bedeutet also, etwas zu beschreiben, zu dessen Konstituierung und Erfassung das Vorwissen des Beobachters erheblich beiträgt.

Das Programm, das in die Selbstaufhebung der Philosophie münden sollte, war also jedenfalls nicht auf die Schnelle durchzuführen gewesen. Tatsächlich entpuppte sich die Durchführung des Programms in seinem Aufwand als durchaus ebenbürtig zu jener Tradition der Philosophie, mit der so grundlegend gebrochen worden war. Es gab eine ganze Reihe wissenschaftstheoretisch akzeptierter Begriffe, deren korrekte Anwendung weder algorithmisch noch empirisch entscheidbar war. Die Klärung solcher weder analytischen noch empirischen Begriffe ist bis heute nicht abgeschlossen. Es handelt sich hier um Begriffe, die *zwar in der Wissenschaft benutzt werden, aber nicht in ihr geklärt werden können.* Zu diesen mirakulösen Begriffen zählen z. B. der Begriff der Intelligenz, aber auch der Begriff der Tatsache oder der Begriff der Wahrheit. Die Besonderheit dieser Begriffe wird klar, wenn man z. B. einen einfachen empirischen Begriff wie den des Schwarzpulvers mit dem der Wahrheit kontrastiert: Der Begriff des Schwarzpulvers wird in der Chemie verwendet und auch in der Chemie erklärt. Der Begriff der Wahrheit hingegen wird zwar ebenfalls in der Chemie verwendet, aber er wird nicht in der Chemie erklärt. So kommt es, daß wir – ohne den Boden der Wissenschaften verlassen zu müssen – in der Lage sind, den Schwarzpulverbegriff korrekt zu verwenden (»Dies ist ein/kein Häufchen Schwarzpulver.«) und dabei auch zu wissen, was wir meinen (»Dies ist ein/kein Häufchen aus einem Gemisch von Schwefel, Salpeter und Holzkohle.«). Mit dem Wahrheitsbegriff sieht es jedoch etwas anders aus. Zu seiner korrekten Verwendung sind wir zwar ebenfalls in der Lage (»Es ist wahr/falsch, daß dies ein Häufchen Schwarzpulver ist.«), aber wir wissen nicht, was wir dabei eigentlich meinen (»Es ist [?], daß dies ein Häufchen Schwarzpulver ist.«). Wir müssen den Boden der Wissenschaften verlassen, um uns darüber Klarheit zu verschaffen, *was es heißt*, den Begriff der Wahrheit korrekt anzuwenden. Fragen dieser Art werden hinreichend intensiv debattiert, daß von einer Selbstauflösung der Philosophie kaum geredet werden kann.

2 Ethik aus logisch-empiristischer Sicht

Was kann im Lichte der im vorherigen Kapitel geschilderten Thesen zur Ethik gesagt werden? Für Kant war es eine vergleichsweise klare Sache gewesen, daß ein moralisches Urteil synthetisch-apriorischer Natur zu sein hatte. Wäre es nämlich *analytischer* Natur, würde es nichts über die Welt aussagen. Moralische Urteile scheinen aber sehr wohl etwas über die Welt auszusagen, z. B. über die Wünschenswertigkeit bestimmter Zustände. Daher schien es ganz unmöglich, moralische Urteile als analytische Urteile zu klassifizieren. In *diesem* Punkt folgten Kant auch die Logischen Empiristen samt ihrer Peripherie. Es schien also weitgehend klar, daß moralische Urteile *synthetische* Urteile zu sein hatten. Für Kant aber war es ebenso klar, daß moralische Urteile auch *apriorischer* Natur zu sein hatten. Ihm zufolge führt der Begriff des moralischen Urteils eine Art unbedingter Nötigungsgewalt mit sich, die durchaus nicht mit der Aussicht kompatibel ist, moralische Urteile könnten *aposteriorischer* Natur sein. Erfahrung ist prinzipiell fallibel, und alle Urteile, die auf ihr aufbauen, könnten sich schon morgen als falsch erweisen. Aposteriorische Urteile sind also lediglich relativ zu kontingenten Randbedingungen legitimierbar; ein Umstand, der für moralische Urteile kraft der durch sie vermittelten Idee unbedingter Gültigkeit gar nicht in Frage kommt. In *diesem* Punkt aber folgten die Logischen Empiristen Kant *nicht*. Die rationalistische Kröte der »empirischen Vernunfterkenntnis« war – wie wir schon sahen – für sie nicht zu schlucken.
Insgesamt heißt das nun noch nicht mehr, als daß aufgrund der Unmöglichkeit synthetisch-apriorischer Urteile und der Kontraintuitivität analytisch-apriorischer *moralischer* Urteile zu zeigen wäre, daß moralische Urteile eben synthetisch-aposteriorische Urteile sind (es heißt allerdings auch nicht weniger).[4] Die

4 Man könnte zwar versuchen, auf irgendeine Weise die Möglichkeit ins-

logischen Empiristen waren allerdings der Meinung, daß moralische Urteile auch nicht als synthetisch-aposteriorische Urteile aufgefaßt werden können. Wir begegnen an dieser Stelle der Frage, warum das so ist.
Die klare Absage, die von den Logischen Empiristen an die Erkenntnisartigkeit moralischer Urteile erteilt wurde, ist leicht zu verstehen. Man kann die Argumentation, die sich in einen empirischen und einen darauf aufbauenden logisch-begrifflichen Teil gliedert, wie folgt darstellen:

2.1 *Empirische Bedenken*

P1: Wenn es eine Tatsache *T* gibt, ist *T* praktisch aufweisbar.
P2: Alle praktisch aufweisbaren Tatsachen sind wertneutral.
P3: Moralische Tatsachen sind nicht wertneutral.

C: Es gibt keine moralischen Tatsachen.

Um diesen empirischen Befund[5] zu widerlegen, wäre die Präsentation von Fakten oder Eigenschaften erforderlich, die eben nicht wertneutral sind, sondern eine beobachtbare intrinsische Normativität, d. h. handlungsnötigende Kraft aufweisen. Diese Fakten müßten vollständig durch Tatsachenurteile beschreibbar sein, wobei einige der Tatsachenurteile von sich aus Normativität ausdrükken müßten – es müßte wahre empirische Urteile geben, die sowohl normativ als auch deskriptiv sind. Allerdings konnten solche Fakten auch mit Hilfe stärkster Brennweiten nicht präsentiert werden. Tatsachen waren von sich aus nicht normativ, und wenn etwas normativ war, war es die Äußerung eines Sprechers, aber keine Instantiierung irgendeiner Art von handlungsnötigender Eigenschaft. Ein beliebig umfangreiches Wissen über irgendeine

besondere des *moralischen* synthetisch-apriorischen Urteils zu retten, und im *Neukantianismus* ist das ja auch versucht worden. Für die logisch-empiristische Strömung aber war die Idee eines Urteils, das ohne Berufung auf Sinneserfahrung etwas über die Erfahrungswelt aussagen sollte, begründetermaßen widersinnig.

5 Der kritische Leser wird hier bemerken, daß P1 doch wohl kaum als empirischer Befund anzusehen ist; damit liegt er zwar richtig, greift aber insofern zu weit vor, als es hier noch um die bloße Darstellung der historischen Position geht; der Ungeduldige vgl. 4.1.1.

Tatsache schien immer kompatibel mit völligem Desinteresse an dieser Tatsache zu sein, und ein moralisches Urteil über eine Tatsache schien nie Eigenschaften dieser Tatsache zu *konstatieren*, sondern sie lediglich zu *kommentieren*. Wittgenstein drückte diesen Umstand folgendermaßen aus:

»Wenn wir [...] die Schilderung eines Mordes mit sämtlichen physischen und psychischen Einzelheiten lesen, wird die bloße Beschreibung dieser Fakten nichts enthalten, was wir als *ethischen* Satz bezeichnen könnten. Der Mord wird auf genau derselben Ebene stehen wie jedes sonstige Ereignis [...]. Gewiß, es kann sein, daß die [...] Schilderung Kummer oder Zorn [...] in uns hervorruft, oder es wäre möglich, daß wir etwas über den Kummer oder den Zorn lesen, die durch diesen Mord bei anderen hervorgerufen werden [...], doch das sind bloß Fakten, Fakten und nochmals Fakten, aber keine Ethik.«[6]

2.2 *Logische Bedenken*

Auf der Basis der logisch-empiristischen Erkenntnis- und Bedeutungstheorie ließ sich dann ein noch stärkeres Verdikt über Werturteile formulieren als aufgrund der bloßen Nichtauffindbarkeit von normativen Tatsachen:

P1′: Urteile, die eine Erkenntnis über die Welt ausdrücken (= wahre Tatsachenurteile), müssen entweder Beobachtungsurteile oder auf solche prinzipiell zurückführbar sein.
P2′: Moralische Urteile sind keine Beobachtungsurteile.
P3′: Es gibt keine (informativen) Ableitungsbeziehungen zwischen Beobachtungsurteilen und moralischen Urteilen (Humesches Gesetz).

C′: Es kann keine moralischen Erkenntnisse geben.

Dieses Argument basiert auf der logisch-begrifflichen Annahme, daß Werturteile ein wesentliches Charakteristikum des Tatsachenurteils nicht aufweisen, nämlich das der Deskriptivität. Werturteile sind der Analyse zufolge normativ statt deskriptiv, also *vor*-statt *be*schreibend. Werturteile erfüllen damit eine notwendige Bedingung für die Zuschreibung des Status einer Erkenntnis nicht. Die Äußerungen der einschlägigen Protagonisten ließen dabei an Deutlichkeit nichts zu wünschen übrig. So schrieb etwa Carnap:

6 Wittgenstein 1965: S. 12f.

»Entweder man gibt für [...] die [...] in den Normwissenschaften verwendeten Prädikate empirische Kennzeichen an oder man tut das nicht. Ein Satz mit einem derartigen Prädikat wird im ersten Fall ein empirisches Tatsachenurteil, aber kein Werturteil; im zweiten Fall wird er ein Scheinsatz; einen Satz, der ein Werturteil ausspräche, kann man überhaupt nicht bilden.«[7]

2.3 *Ergebnis der Bedenken*

Diese Überlegungen bildeten die Basis des *moralphilosophischen Nonkognitivismus*, der Auffassung, daß moralische Urteile weder verifizierbare noch falsifizierbare, sondern überhaupt keine Propositionen ausdrücken.[8] Es gibt nicht nur keine moralischen Tatsachen, sondern es kann sie auch gar nicht geben. *Moralische Urteile sind dieser Auffassung zufolge nichts anderes als sinnlose Urteile; satzartige Gebilde, die emotionale Haltungen oder Aufforderungen kolportieren, aber nichts der Kognition Zugängliches beschreiben.* Wer sich ihr anschloß, konnte seine moralphilosophischen Abhandlungen auf wenigen Quadratzentimetern Papier unterbringen. So war etwa Ayer der Meinung, die Moralphilosophie passe auf eine Postkarte, und tatsächlich:

»Wir entdecken, daß Moralphilosophie einfach in der Aussage besteht, daß ethische Begriffe Pseudo-Begriffe und deshalb nicht analysierbar sind.«[9]

Aus diesem Blickwinkel muß es durchaus überraschend erscheinen, daß ein Philosoph, der dem Logischen Empirismus auch nur nahesteht, ein Buch über Moralphilosophie verfaßt. Die These des Nonkognitivismus zu akzeptieren schien offenbar das Akzeptieren zweier recht unangenehmer Behauptungen einzuschließen:

1. Da moralische Urteile weder wahr noch falsch sein können, scheint man in moralischer Hinsicht weder kompetent noch

7 Carnap 1931: S. 237.

8 Der Nonkognitivismus ist eine *meta*ethische Position, d. h. er stellt selbst kein moralisches Urteil dar, sondern ein Urteil *über* moralische Urteile. Als metaethische Position sollte der Nonkognitivismus moralisch neutral sein. Diese Neutralität ist aber durchaus umstritten. Eine Auffassung, derzufolge der Nonkognitivismus alles andere als moralisch neutral ist, vertritt z. B. Hans Albert in Albert 1972: S. 127ff.

9 Ayer 1936: S. 148.

inkompetent sein zu können. Außerdem ist es offenbar unmöglich, mit einem moralischen Urteil richtig oder falsch zu liegen.
2. Da moralisches Urteilen nicht in Vernunft, sondern in Emotionen gründet, scheint es unmöglich zu sein, Handlungsweisen als moralisch vernünftig oder unvernünftig zu charakterisieren.

Bei weniger radikalem Vorgehen erschöpften sich die moralphilosophischen Thesen des Logischen Empirismus aber nicht im Nonkognitivismus. Es wurde nicht bestritten, daß es so etwas wie ein »moralisch« genanntes Wertungsverhalten gibt. Dies war selbstverständlich wissenschaftlich erfaßbar. Es könnte eine *empirische Ethik* geben, die als Zweig der Psychologie und der Soziologie das Wertungsverhalten erfaßt und beschreibt. *So* überraschend ist ein moralphilosophisches Werk aus logisch-empiristischer Feder also auch nicht. Eine solche Theorie ist beispielsweise von Schlick[10] vorgelegt worden. Mit Hilfe einer solchen Theorie ist es immerhin möglich, logische Unstimmigkeiten im Wertungsverhalten einer Person ausfindig zu machen. Allerdings geht es über das Konstatieren solcher Unstimmigkeiten dann auch nicht hinaus. Der empirische Ethiker kann, solange er als Wissenschaftler argumentiert, niemandem ein unlogisches Wertungsverhalten verbieten. So weit er Wissenschaftler ist, artikuliert er keine moralischen Urteile, und so weit er moralische Urteile äußert, befindet er sich nicht auf wissenschaftlichem Territorium.

2.4 *Entwicklungen des Nonkognitivismus*

Die Kritik, die am Logischen Empirismus geübt wurde, hat nicht automatisch zu einer Verwerfung des Nonkognitivismus geführt. Im Gegenteil: Trotz Zurückweisung der epistemologischen und semantischen Kernthesen des Logischen Empirismus haben selbst die Hauptkritiker am moralphilosophischen Nonkognitivismus festgehalten. Dies zeigt zumindest, daß der Nonkognitivismus kein einfaches Epiphänomen logisch-empiristischer Epistemologie ist. Um die Bandbreite und den Einfallsreichtum des Nonkognitivismus auch nach Zurückweisung der »Dogmen des Empiris-

10 Vgl. Schlick 1930b.

mus«[11] zu veranschaulichen, möchte ich in der nachstehenden Übersichtstafel die wichtigsten moralphilosophischen Positionen aus dem Logischen Empirismus und seinem Umfeld skizzieren:

Wittgenstein 1: Nur über Tatsachen läßt sich etwas sagen. Die Tatsachen aber sind wertfrei. Daher kann keine Aussage eine Tatsache vor einer anderen auszeichnen. Es gibt zwar »Ethisches«, aber es kann nicht Gegenstand der Wissenschaften und somit auch nicht des sinnvollen Redens sein. (1921)

Schlick: Die Hypothese »absoluter Werte« ist leer; eine absolute Begründung von Werturteilen ist unmöglich, aber auch gar nicht erforderlich, zumal das Wertvolle das Lustbringende ist und in epikuräischem Sinne die Tugend zum Glück führt: Jeder ist also in seinem eigenen Interesse gut beraten, tugendhaft glücksbereit zu sein. (1930)

Carnap 1: Werturteile sind sinnlose Urteile und können in einer logisch geläuterten Sprache gar nicht gebildet werden. (1931)

Menger: Die Moral kann durchaus ein Untersuchungsgegenstand der Wissenschaft sein. Das Ergebnis eines solchen Untersuchungsprozesses besteht allerdings nicht in moralischer Erkenntnis, sondern in Erkenntnis über die Moral. Die Untersuchung der Moral ist die Untersuchung eines Normensystems. Moralische Begriffe, die darüberhinaus zu erläutern beanspruchen, worin das »moralisch Gute« besteht, sind leer oder redundant. Die Akzeptanz eines Normensystems ist das Ergebnis von Erziehung und Entscheidung, nicht von Erkenntnis. Tatsachenwissen kann allerdings bei Entscheidungen hilfreich sein. Normensysteme teilen mit wissenschaftlichen Theorien zwar nicht die Eigenschaft, wahr oder falsch sein zu können, teilen mit ihnen aber die Eigenschaft, logisch korrekt oder widersprüchlich sein zu können. (1934)

Ayer: Moralische Urteile drücken Gefühle aus. Eine wissenschaftliche normative Ethik ist unmöglich. Immerhin ist aber eine Wertungswissenschaft als Zweig der Soziologie und Psychologie möglich, die uns über Ätiologie, Struktur und Gegenstände des Wertungsverhaltens Auskunft geben kann. (1936)

11 Vgl. Quine 1953.

Stevenson: ›X ist gut‹ bedeutet ›Ich billige X und fordere dich auf, es auch zu tun‹. Moralische Urteile drücken Haltungen (emotive Komponente) zu bestimmten Sachverhalten (deskriptive Komponente) aus. Soweit Disputanten sich über die bewerteten Sachverhalte uneins sind, kann es einen Einigungsprozeß geben. Soweit Haltungen differieren, entscheiden nicht Argumente, sondern rhetorische Fähigkeiten. (1944)

Popper: Normen sind keine Tatsachen und folgen auch nicht logisch aus Tatsachen. Es kann zwar eine Tatsache sein, daß eine Norm gilt, aber die Norm selbst ist darum keine Tatsache, denn ich kann mich auch so verhalten, als gälte sie nicht. Normen sind Verhaltensrichtlinien, die besser oder schlechter konstruiert und umgesetzt werden können. Mit dem Vertreter einer bestimmten Norm kann man dann vernünftig reden, wenn er auf die Frage »Welche Argumente könnten dich bewegen, deine Auffassung zu ändern?« nicht antwortet: »Gar keine«. (1945)

Hare: Moralischen Urteilen liegen subjektive Empfindungen und Präferenzen zugrunde. Die logischen Kennzeichen moralischer Terme sind Präskriptivität und Universalisierbarkeit, d.h., sie schreiben Handlungen vor (implizieren Imperative), und zwar so, daß sich der Sprecher widersprechen würde, wenn er nicht für vergleichbare Situationen unabhängig von seiner eigenen Position die gleiche Handlung fordern würde. Die Frage der Objektivität moralischer Urteile ist ein unangemessener Zugang zum Phänomen der Moral. Entscheidend – und positiv beantwortbar – ist die Frage nach der Möglichkeit der Rationalität moralischer Urteile. (1952, 1962, 1981)

Kraft 1: Moralische Werturteile zeichnen Sachverhalte in positiver oder negativer Hinsicht mehr oder weniger bestimmt aus. Sie sind unpersönliche allgemeine Anweisungen zu bestimmten Stellungnahmen und nicht wahr oder falsch, sondern gültig oder ungültig. Gültig, d.h. anzuerkennen, sind sie dann, wenn sie relativ zu Tatsachen, anerkannten Maßstäben und Zielen wahre hypothetische Imperative ausdrücken. Gültige Werturteile zeichnen das positiv aus, was *conditio sine qua non* für die Kultur ist, denn dies wird von sozialen Gemeinschaften allgemein und unpersönlich im Hinblick auf ihr eigenes Bestehen positiv ausgezeichnet. Es wird die Möglichkeit einer bedingten Begründung der Moral über den Willen zur Kultur angenommen. (1951)

Carnap II: Moralische Urteile sind »Optative«, grammatische Wunschformen. Sie implizieren keine Sätze mit kognitiver Bedeutung und sind daher kognitiv gehaltlos. Moralische Entscheidungen betreffen aber Tatsachen; diese sind zur Kenntnis zu nehmen. Im Lichte einschlägigen Tatsachenwissens und subjektiver Präferenzen können vielleicht, wenn schon nicht wahrheitsfähige, so doch gut begründbare moralische Urteile gefällt werden. (1963)

Kraft II: Ziel der Moral ist die Regelung menschlichen Verhaltens, welches darin besteht, daß alle ihre Begehren befriedigen wollen. Die Befriedigung aller Begehren aller ist unmöglich und kann daher kein Ziel sein. Was aber realisiert werden kann, ist die gleiche Art der Einschränkung der Begehrenbefriedigung für alle mit dem Ziel der Sicherung basaler Güter. Diese Sicherung wünschen alle und müssen daher auch die Bedingungen, die zu diesem Ziel führen, verwirklichen wollen. In diesem Sinn gelten moralische Urteile mit der Unbedingtheit kategorischer Imperative. (1968)

Harman: Es gibt keinen Grund zur Annahme moralischer Tatsachen oder Eigenschaften, da solche Annahmen in der Erklärung des Wertungsverhaltens verzichtbar sind. Moral basiert auf gesellschaftlichen Konventionen, die relativ zu aus- und abgewogenen Eigeninteressen rechtfertigbar sein können. (1977)

Mackie: Es gibt keine objektiven Werte. Für diese These spricht, daß derartige Entitäten ontologisch seltsam wären. Sie wären von völlig anderer Art als handelsübliche Entitäten: intrinsisch präskriptiv. Weitere Evidenz für die These ist die Relativität der Moral, die sich in der Existenz zahlreicher unterschiedlicher Moralsysteme manifestiert. Moralische Urteile machen also falsche Existenz-Präsuppositionen und sind daher nicht sinnlos, sondern falsch. Hinter »objektiven Werten« verbergen sich auf die Welt projizierte subjektive Interessen. Auf Basis dieser Interessen allerdings kann sinnvoll überlegt werden, welche Konventionen gelten sollten und welche nicht. (1977)

> *Quine*: Die Möglichkeit einer Ethik als Wissenschaft scheitert daran, daß die Moralität einer Handlung nur relativ zu unseren moralischen Standards, nicht aber relativ zu einem beobachtbaren Naturablauf beurteilt werden kann. Sie scheitert desweiteren daran, daß einige letzte Zwecke unreduzierbar und damit unrechtfertigbar bleiben müssen.
> (1981)

3 Ethik aus Karl Mengers Sicht

In den vom Umfang her eher unauffälligen Kapiteln II. und III. des vorliegenden Bandes unternimmt Menger implizit den Versuch, *alle* großen moralphilosophischen Ansätze zu einer kognitivistischen, d. h. moralische Urteile erkenntnisartig auffassenden Explikation des Begriffs des moralisch Guten zu verwerfen. Dieses Projekt hat eine so immense Tragweite, daß ich es kurz aus systematischer Perspektive und in heutiger Terminologie skizzieren möchte. Dabei ist klar, daß ich auf Ansätze, eine *apriorische* Grundlegung der Moral anzugeben (wie es vor allem von den Vertretern des klassischen Rationalismus, aber auch von Kant kontinuierlich versucht worden ist[12]), nicht mehr dezidiert eingehen muß.[13] Wir haben schon gesehen, warum sich Menger einer solchen Konzeption nicht anschließen konnte.

3.1 Versuche zur Begründung der Moral

Die einzelnen Ansätze zur philosophischen Grundlegung der Moral stellen jeweils unterschiedliche Grundbegriffe an den Beginn der Untersuchung. Dabei kann man die verschiedenen Herangehensweisen an das Problem so charakterisieren, daß sie jeweils aus zwei Komponenten bestehen. Die eine dieser Komponenten könnte man als die *formale Komponente* bezeichnen, die andere als die *epistemologische Komponente*.[14]

12 Vgl. Kant 1785.
13 Wenn ich es doch tun müßte, würden diese Ansätze in der folgenden Klassifikation als Versuch, die epistemologische Komponente der Moralbegründung anzugeben, rubriziert werden.
14 Indem ich hier von einer »epistemologischen« bzw. einer »formalen

3.1.1 Die formale Komponente

Liegt eine Handlung zur moralischen Bewertung vor, so besteht die *formale Komponente* der Bewertung in der Angabe, *welchen Handlungsaspekt* man bei der moralischen Bewertung als relevant anzusehen hat. Die formale Komponente der Bewertung besteht in der Angabe des Maßstabes, an dem die Handlung gemessen wird. In der Moralphilosophie kann man für diesen Punkt drei Hauptargumentationslinien unterscheiden: den *Konsequentialismus*, den *Deontologismus* und die *Tugendethik*. *Konsequentialistische Positionen* sehen den moralisch relevanten Aspekt einer Handlung in den Konsequenzen, die diese Handlung hat. Eine Handlung »moralisch optimal« zu nennen bedeutet also vom Standpunkt des Konsequentialisten, daß diese Handlung im Vergleich zu den Handlungsalternativen die besten Konsequenzen bewirkt. Der konsequentialistische Ansatz findet seine prominenteste Ausprägung im Utilitarismus. Der Utilitarismus bestimmt die moralische Güte einer Handlung durch den Nutzen, den sie für die von der Handlung Betroffenen erzielt. Vertreter des Utilitarismus sind z. B. J. S. Mill und P. Singer.[15] *Deontologische Positionen* sehen dagegen die moralische Qualität einer Handlung in ihrer Übereinstimmung mit einem bestimmten Katalog von Pflichten. Die moralische Korrektheit einer Handlung kann demnach dadurch taxiert werden, daß man prüft, ob sie mit dem geltenden Katalog von Pflichten übereinstimmt oder nicht. Pflichtethische Positionen finden sich z. B. bei Kant, aber auch in der Bibel in Gestalt des Dekalog.[16] Die *Tugendethik* schließlich lokalisiert moralische Qualität im Charakter des Handelnden. Moralische Güte ist nach dieser Konzeption weniger eine Eigenschaft von Handlungen, sondern vielmehr von Charakteren. Unter dieser Überschrift sind auch die Ansätze zu rubrizieren, die die *Ab-*

Komponente« spreche, nehme ich Mengers Kritik insofern vorweg, als die von ihm kritisierten Ansätze sich dahingehend verstanden, daß sie eine vollständige Angabe des Wesens der Moral liefern und nicht etwa nur eine »Komponente« benennen.

15 Vgl. Mill 1871 und Singer 1979.

16 Vgl. Kant 1785: 1. Abschnitt. Man muß hinzufügen, daß es nach Kant nicht nur darauf ankommt, seine Pflicht zu tun, sondern auch darauf, daß man seine Pflicht aus der Absicht heraus tut, um der Pflicht willen zu handeln. Insofern spielen bei Kant auch Absichten eine Rolle.

sichten des Handelnden zum Prüfstein der moralischen Qualität machen. Die Tugendethik war eine moralphilosophische Hauptströmung der Antike und erlebt gegenwärtig eine durchaus vielgestaltige Renaissance. Zu den antiken Tugendethikern zählt z. B. Platon, in der gegenwärtigen Diskussion wären A. MacIntyre und P. Foot zu nennen.[17]

3.1.2 Die epistemologische Komponente

Woher weiß man, wie die moralische Bewertung inhaltlich auszufallen hat? Diese Frage beantworten heißt angeben, worin die *epistemologische Komponente* der moralischen Bewertung besteht. Auch hier kann man – wenn man von den bereits besprochenen apriorischen Ansätzen absieht – drei Konzeptionen unterscheiden: den *Naturalismus*, den *Intuitionismus* und die *theologischen* Ansätze. Im *Intuitionismus* versucht man die Prämisse, nach der Erkenntnisse über die Welt prinzipiell nur durch Beobachtung verifiziert oder falsifiziert werden können, zu erweitern. Dazu soll eine von der der Naturwissenschaften verschiedene Erkenntnismethodologie legitimiert werden, derzufolge moralische Fakten zwar nicht in der Weise erkannt werden können, in der handelsübliche Fakten erkannt werden, dafür aber nichtsdestotrotz erkannt werden können. Man versucht also, den *Beobachtungsbegriff* zu erweitern. Dem Intuitionismus zufolge sind grundlegende »moralische Wahrheiten« irgendwie intuitiv und ohne Aufwerfen weiterer Begründungsprobleme erkennbar. Als Vertreter des Intuitionismus sind M. Scheler und N. Hartmann zu nennen.[18] Im *Naturalismus* möchte man zeigen, daß moralische Prädikate eben doch vollständig in Tatsachenterminologie analysierbar sind; so wurde u. a. vorgeschlagen, das moralische Prädikat »ist gut« als synonym zu dem deskriptiven Prädikat »ist dem Fortschritt der Menschheit dienlich« zu behandeln. Man versucht also, den *Empiriebegriff* zu erweitern. Dem Naturalismus zufolge sind »moralische Wahrheiten« letztendlich doch nichts anderes als Tatsachenwahrheiten, die kraft dieses Status auch keine alternative

17 Vgl. Platon: *Politeia;* 4. Buch, MacIntyre 1981 und Foot 1978.
18 Vgl. Scheler 1921 und Hartmann 1926.

Erkenntnismethodologie erfordern.[19] Zu den naturalistischen Positionen kann man den schon erwähnten Utilitarismus zählen, aber auch die populären Versuche, moralische Güte darin aufgehen zu lassen, den »natürlichen Gang der Dinge« nicht zu beeinflussen. *Theologische* Ansätze schließlich lokalisieren die Quelle des moralischen Wissens in irgendeiner Form göttlicher Offenbarung. Wenn irgend etwas vorliegt, das als Ausdruck eines göttlichen Willens anzusehen ist und moralische Forderungen artikuliert, dann weiß man um die Richtigkeit dieser Forderungen, weil man weiß, daß sie göttlicher Abstammung sind. Einen theologischen Ansatz würde z. B. derjenige vertreten, der sich zur epistemologischen Legitimation seiner moralischen Behauptungen auf die Bibel stützen würde.

3.1.3 Das Problem

Mit Ausnahme des intuitionistischen und des theologischen Ansatzes lehnt Menger alle diese verschiedenen Ansätze zu einer philosophischen Grundlegung der Moral mit dem gleichen Argument ab. Dabei ist es wichtig zu bemerken, daß sich seine Kritik insofern gegen die vorgestellten Ansätze wendet, als sie versuchen, wirklich das »Wesen des moralisch Guten« anzugeben. Seine Kritik ist eine Kritik an einem moralphilosophischen Essentialismus, eine Kritik an dem Versuch, eine *Realdefinition* moralischer Güte zu geben.

Trotz aller moralphilosophischen Kontroversen dürfte es eine allen Kombattanten gemeinsame Überzeugung sein, daß die Aufgabe der Moral darin besteht, Antworten auf die Frage »Was soll ich tun?« zu geben. Wenn nun eine der vorgeschlagenen Antworten richtig wäre, müßte sich diese Frage im Prinzip relativ leicht beantworten lassen. Dies allerdings sei – so Menger – keineswegs der Fall. Nehmen wir z. B. an, eine deontologisch-naturalistische Position wäre richtig, derzufolge das moralisch Gute darin besteht, seine Pflicht zu tun, und die Pflicht bestehe darin, sich

19 Da die Konzeptionen des Intuitionismus bzw. des Naturalismus durch eine Erweiterung des Umfangs der Begriffe von Beobachtung bzw. Empirie legitimiert werden sollten, kann man beide Positionen als »pseudoempirisch« bezeichnen.

gemäß dem natürlichen Ablauf der Dinge zu verhalten. Auf den ersten Blick mag das ganz gut aussehen, sieht man aber genauer hin, erkennt man, daß aus dieser Angabe *überhaupt keine* konkrete Vorschrift folgt:

»Der Natur entspricht, daß wir den Acker bebauen und ein einfaches Leben führen. Aber ebenso kann man sagen: Die Natur will, daß wir Verstand und Findigkeit, die sie uns doch mitgegeben hat, gebrauchen, drahtlos telegraphieren und uns schließlich in den Weltraum zur Besiedlung anderer Himmelskörper erheben. Wir sehen also, daß, erst wenn Festsetzungen darüber getroffen sind, *was* dem Willen der Natur entspricht, die an sich mit den verschiedensten Festsetzungen verträgliche Aussage ›gut ist, was dem Willen der Natur entspricht‹ einen Inhalt erhält, sehen aber zugleich, daß, sobald solche Festsetzungen getroffen sind, die erwähnte Aussage entbehrlich ist.«[20]

Auf analoge Weise versagen nach Menger auch die anderen Bestimmungsversuche für moralische Güte. Um eine Antwort auf die Frage »Was soll ich tun?« zu erhalten, reicht die Angabe des vorgeblichen Wesens der moralischen Güte nicht hin. Stets müssen *externe* Bestimmungen herangezogen werden, um eine für das Handeln relevante Direktive zu erhalten. *Das* aber zeigt, daß die vorgestellten Grundlegungsversuche zunächst *leer* sind, und dann, wenn sie eine inhaltliche Bestimmung erfahren haben, *redundant:*

»Natur, Gerechtigkeit, Vervollkommnung, Vollendung, das Schöne und auch die Pflicht, sowie das Wohl des einzelnen, das Wohl einer Menschengruppe und das Wohl des Staates oder die Interessen von Menschen und Menschengruppen sind zur Umgrenzung des Guten und des Bösen oder zur Beantwortung der Frage »Was sollen wir tun?« ungeeignet, solange nicht nähere Festsetzungen getroffen werden, wie sich diese Ideale in der Praxis auswirken sollen. Sind aber diese Festsetzungen getroffen, dann ist das einzig praktisch Relevante eben das betreffende System von Geboten und Verboten, seine Benennung mit dem Ideal aber spielt lediglich die Rolle einer verbalen Verbrämung.«[21]

Die intuitionistischen und theologischen Ansätze schließlich werden auf derselben Grundlage zurückgewiesen wie die apriorischen: Gemäß der logisch-empiristischen Erkenntnistheorie, die wir in 1.2 ansatzweise kennengelernt haben, sind sowohl die Intuition als auch die göttliche Offenbarung als Quellen des Wissens

20 In diesem Band: S. 76f.
21 A.a.O.: S. 82.

unzulässig. Im Falle der göttlichen Offenbarung scheint es klar zu sein, daß die Akzeptanz eines Moralsystems auf *dieser* Basis ein Akt des *Glaubens, nicht* aber des *Erkennens* ist. Theologische Ansätze können daher zwar beliebig präzise praktische Handlungsanweisungen für alle möglichen Anwendungsgebiete der Moral liefern, können aber nicht befriedigend erklären, *warum* man denn nun ausgerechnet einem bestimmten theologischen Ansatz Glauben schenken soll und nicht etwa einem ganz anderen oder gar überhaupt keinem. Im Falle des Intuitionismus sieht es nicht besser aus. Die Intuition kann aufgrund ihrer Privatheit nicht als Erkenntnisinstrument angesehen werden. Natürlich kann man sich in allen moralischen Fragen von der Intuition leiten lassen, aber sobald die an der Behandlung eines moralischen Problems beteiligten Personen unterschiedliche moralische Intuitionen haben, entsteht das Problem, welche Intuition die richtige ist. Auf einer rein intuitiven Grundlage kann ein solcher Konflikt nicht in einem epistemologisch ernstzunehmenden Sinn entschieden werden. Insofern kann Mengers Argument der Leerheit oder Redundanz von Realdefinitionen des »Guten« in leicht abgewandelter Form auch auf die theologischen und intuitionistischen Ansätze angewendet werden. Solange ein bestimmtes Normensystem von allen akzeptiert ist, bedarf es keiner theologischen oder intuitionistischen Fundierung; eine solche Fundierung wäre insofern *redundant.* Sobald ein bestimmtes Normensystem aber nicht mehr von allen akzeptiert ist, kann eine erkenntnisartige Entscheidung von Normenkonflikten weder durch eine theologische noch durch eine intuitionistische Argumentation getroffen werden; eine solche Fundierung wäre insofern *leer.*

3.2 Was bleibt von der Moralphilosophie?

Nun muß man sich wieder fragen, ob es denn überhaupt eine Moralphilosophie geben kann, die über die Feststellung hinausgeht, daß es sich bei der bisherigen Moralphilosophie um vergebliche Liebesmüh gehandelt hat. Es scheint ganz unmöglich zu sein, moralischen Urteilen einen erkenntnisartigen Status zuzuschreiben. Die Begriffe der Moral sind damit im Prinzip als überflüssig anzusehen.

An diesem Punkt muß man sich daran erinnern, daß die Kritik

Mengers als Kritik an Versuchen einer *Realdefinition* moralischer Begriffe aufzufassen ist. Nun kann man zugestehen, daß alle diese Versuche, so verstanden, versagen. Aber damit muß noch gar nicht das letzte Wort zur Moralphilosophie gesprochen sein. Man könnte diesen hohen Anspruch entschärfen und die These vertreten, daß die besprochenen Ansätze durchaus Facetten jenes Phänomens erfassen, das wir als »Moral« bezeichnen. Wenn sich eine Person trotz persönlicher Einbußen *pflicht*gemäß verhält, dann goutieren wir dies häufig, aber sobald dieses pflichtgemäße Verhalten einhergeht mit einer völligen Ignoranz gegenüber den *Konsequenzen* dieses Handelns, lehnen wir es ab und sprechen von unmenschlichem Starrsinn. Gar nicht so selten nennen wir eine Person *»tugendhaft«*, die sich zwar pflichtgemäß verhält, aber ihr Verhalten ändert, wenn sie bemerkt, daß pflichtgemäßes Verhalten nicht mehr den Zweck erfüllen würde, zu dessen Beförderung die Pflicht eingeführt wurde. Zu solchen Urteilen kommen wir oft *intuitiv*, beziehen uns dabei aber doch auf durchaus *natürliche* Eigenschaften einer Person oder Handlung. Es kommt uns so vor, als seien moralische Urteile im Sinne einer universellen Geltung sehr wohl *apriorisch*, und der tiefe Graben zwischen Wichtigkeit und Relativität der Moral bringt uns dann beizeiten schon dazu, in Phasen moralischer Desorientierung auf *göttliche* Offenbarung zu setzen oder zumindest zu hoffen.

Daran sieht man, daß es schon eine Verwendung für die moralischen Ausdrücke gibt. Sie spielen eine Rolle innerhalb einer sozialen Gemeinschaft, die ein bestimmtes Normensystem akzeptiert hat. Sie werden verwendet, um anzuzeigen, daß man das Normensystem in Anschlag bringt. Indem er die moralischen Ausdrücke gebraucht, setzt sich der Sprecher in irgendeinen Bezug zu einem Normensystem. Das Studium der Verwendungsweisen solcher Wörter wie ›Pflicht‹, ›Tugend‹ etc. kann nützlich sein, um das Normensystem herauszuschälen, das von den Menschen akzeptiert wird, die diese Ausdrücke einheitlich gebrauchen. Gegenüber dem ursprünglichen Anspruch, eine Bestimmung des Wesens moralischer Güte zu liefern, ist dies natürlich nurmehr eine Schwundstufe. Das muß aber gar nicht enttäuschend sein, denn der kritisierte Anspruch scheint ja bereits auf einem Fehler zu beruhen, nämlich dem Fehler einer Hypostasierung (Vergegenständlichung) bestimmter Ausdrücke, die in der moralischen Sprache eine Rolle spielen. Nimmt man sich nun dieser Schwundstufe an, kann eine Beschreibung jenes komplexen Phänomens, das wir als »Moral« bezeichnen, vielleicht besser gelingen als wenn man ganz auf die beanstandeten Ausdrücke verzichten wollte. Auf dieser Basis kann man zu einer Beschreibung eines geltenden Normensystems kommen. Eine solche Beschreibung liefert freilich keine moralische Erkenntnis; sie schreibt uns nicht Normen vor, sondern gibt uns Auskunft darüber, welche Normen wir akzeptiert haben. Sie gibt uns keine Antwort auf die Frage »Was soll ich tun?«, sondern sie gibt uns eine Antwort auf die Frage »Was soll ich innerhalb dieses Normensystems, das ich akzeptiert habe, tun?«

3.2.1 Deontische Logik

Die Beschreibung eines Normensystems gegeben zu haben bedeutet nun, einen Anwendungsfall für das geschaffen zu haben, was ich als Mengers positiven Beitrag zur Moralphilosophie bezeichnen möchte. Dieser positive Beitrag besteht in der Ausarbeitung einer »Logik der Sitten«, einem Unternehmen also, das man gemäß heutiger Terminologie der *deontischen Logik* zuzuschlagen hätte.[22] Die deontische Logik untersucht die logischen Beziehungen, die zwischen normativen Sätzen und zwischen Mengen von normativen Sätzen gelten. Ihre Grundbegriffe sind die Begriffe des Gebotenseins und des Erlaubtseins. Wenn eine bestimmte Handlung *p* als geboten (*»Op«; »O«* steht für »Obligation«) oder erlaubt (*»Pp«; »P«* steht für »Permission«) klassifiziert ist, kann man daran gehen, die logischen Relationen anzugeben, die zwischen Normen der Form *Op* und *Pp* bestehen. Dazu werden die logischen Funktionen eingesetzt, die Negation ($\neg$), die Konjunktion ($\wedge$), die Alternation ($\vee$) und die Implikation ($\rightarrow$). Außerdem werden die deontischen Operatoren des Gebotenseins und der Erlaubtheit auf weitere Handlungen *q, r, n* etc. angewendet, um so die logische Untersuchung komplexerer Normensysteme zu ermöglichen (in denen z. B. bedingte Normen vorkommen oder Normen, die sich auf Handlungskombinationen beziehen). Als kleinen Abstecher in die deontische Logik möchte ich hier kurz das *deontische Urteilsquadrat* anführen. Es verzeichnet einige der wichtigsten logischen Relationen normativer Sätze:

22 Für eine Einführung in die deontische Logik vgl. Hilpinen 1971.

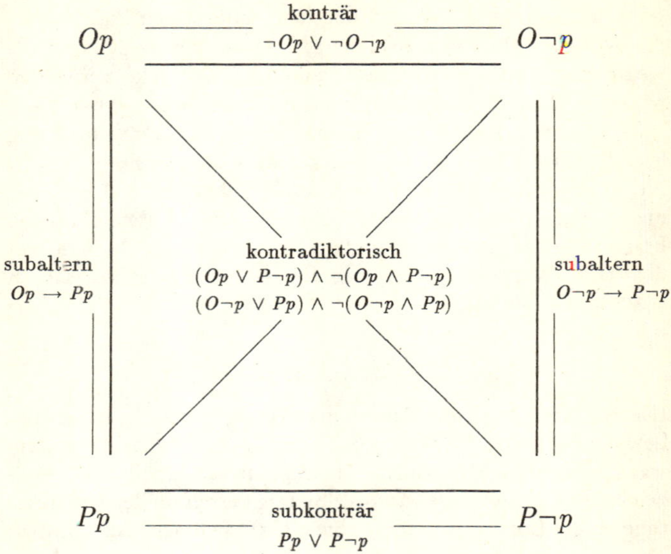

Der konträre Gegensatz zwischen *Op* und *O¬p* ist dadurch charakterisiert, daß mindestens eine der beiden Positionen nicht gelten kann. Es bleibt die Möglichkeit offen, daß beide Positionen nicht gelten. Wenn *p* geboten ist, dann ist es nicht der Fall, daß *p* nicht geboten ist und umgekehrt. Es kann jedoch der Fall sein, daß *p* weder geboten noch nicht geboten ist – dann nämlich, wenn *p* freigestellt ist. *Der kontradiktorische Gegensatz* zwischen *Op* und *P¬p* bzw. zwischen *O¬p* und *Pp* ist dadurch charakterisiert, daß eine und nur eine Position gelten muß. Wenn *p* geboten ist, dann kann *p* nicht zu tun nicht erlaubt sein und umgekehrt. Es ist aber nicht möglich, daß *p* weder geboten ist noch zu unterlassen erlaubt ist. *Der subkonträre Gegensatz* zwischen *Pp* und *P¬p* ist dadurch charakterisiert, daß mindestens eine Position gelten muß. Es bleibt die Möglichkeit offen, daß beide Positionen gelten. Wenn es nicht erlaubt ist, *p* zu tun, muß es erlaubt sein, *p* nicht zu tun und umgekehrt. Es kann aber sein, daß es erlaubt ist, *p* zu tun oder auch nicht zu tun – *p* ist dann wiederum freigestellt. *Die subalterne Beziehung* zwischen *Op* und *Pp* bzw. zwischen *O¬p* und *P¬p* schließlich ist eine einfache Implikation. Wenn der Satz

mit dem Gebotenheitsoperator gilt, gilt auch der mit dem Erlaubtheitsoperator, aber nicht umgekehrt.
Der Ausarbeitung einer Logik von Normensystemen widmet Menger das Kapitel IV seines Buches. Dabei geht Menger insofern weit über das deontische Urteilsquadrat hinaus, als es ihm auch um eine *Logik der Einstellungen zu Normensystemen* geht. Eine solche Erweiterung des Programms erscheint angemessen, wenn man bedenkt, daß die Akzeptanz eines Normensystems gemäß logisch-empiristischer Epistemologie kein Akt des *Erkennens*, sondern ein Akt des *Entschließens* ist. In diesem Zusammenhang tauchen neue logische Probleme auf. So kann z. B. nicht von »X wünscht A und X wünscht B« auf »X wünscht A und B« geschlossen werden. Es ist nämlich möglich, zwar zwei unterschiedliche Wunschgegenstände zu haben (z. B. ein romantisches Abendessen mit dem Ehepartner und eine abenteuerliche Landpartie mit einer alten Liebe aus der Schulzeit), aber trotzdem nicht die Konjunktion dieser beiden Wunschgegenstände zu wünschen (das Beispiel verdeutlicht diesen Umstand ziemlich gut). Menger bemüht sich insgesamt darum, nicht nur einen Konsistenztest für ein gegebenes Normensystem zu formulieren, sondern auch die Verträglichkeitsverhältnisse unterschiedlicher Normensysteme und unterschiedlicher Einstellungen zu Normensystemen darzustellen. Das Kapitel IV ist als Hauptteil des Buches anzusehen.

4 Neuer Kognitivismus

Wie bereits erwähnt, blieb der moralphilosophische Nonkognitivismus in der einen oder anderen Form eine Grundannahme der analytischen Philosophie, als die epistemologischen und semantischen Thesen des Logischen Empirismus bereits von niemandem mehr vertreten wurden. Diese Lage hat sich in den letzten zwei Jahrzehnten verändert. Neuere Ergebnisse aus Epistemologie und Semantik wurden dahingehend ausgelegt, daß sich moralische Urteile eben doch erkenntnisartig auffassen lassen. Insgesamt machte die durch den Wiener Kreis mitinitiierte »Wende der Philosophie«[23] ihrerseits eine Entwicklung durch, die auch manchen analytischen Philosophen zu der These brachte, daß ein angemesse-

23 Vgl. Schlick 1930a.

nes Verständnis des Erkenntnisbegriffes jedenfalls keine kategorische Absage an die Kognitivität moralischer Urteile involvieren könne. Die neuen Wertkonzeptionen, die ausgearbeitet wurden, lassen sich in zwei Gruppen einteilen: Es gibt eine Gruppe von Positionen, die sich bei der Rekonstruktion moralischer Urteile an der *Natur der Wissenschaften* orientieren, und eine Gruppe von Positionen, die sich dazu an der *Natur des Menschen* orientieren. In einem knappen Überblick zusammengefaßt, finden sich Theorien moralischer Urteile, nach denen

→ Orientierung an der Natur der Wissenschaften

1. Tatsachenurteile nicht ohne die Involvierung von Werturteilen denkbar sind (Akzentuierung der *Bedingungen der Wissenschaft*)[24],
2. Objektivitätskriterien für wissenschaftliche Urteile realistisch beschaffen sind, und zwar so, daß die Objektivität moralischer Urteile durch sie jedenfalls nicht ausgeschlossen werden kann (Akzentuierung der *Struktur der Theorienbildung einer Wissenschaft*)[25],
3. die Möglichkeit der Angabe einer objektiven nichtmoralischen Basis des moralischen Urteilens Gründe liefert, moralische Urteile als objektiv anzuerkennen (Akzentuierung der *Relationen zwischen einzelnen Wissenschaften*)[26],

→ Orientierung an der Natur des Menschen

1. Werte als Ergebnis der Evolution genetisch basiert und damit der Erkenntnis genauso zugänglich sind wie alle anderen Eigenheiten des *homo sapiens*, die den Gegenstand der Humanwissenschaften bilden (Akzentuierung der *evolutionären Substanz des Menschen*)[27],
2. keine scharfe Trennlinie zwischen den Bedeutungskomponenten von Ausdrücken, die sowohl eine deskriptive als auch eine normative Bedeutung haben, so gezogen werden kann, daß moralische Ausdrücke als nichtkognitiv ausweibar wä-

24 Vgl. Putnam 1981: Kap. 6-9, Sayre-McCord 1988 und Kutschera 1982: Kap. 6.3.

25 Vgl. Boyd 1988 und Werner 1983 u. 1985.

26 Vgl. Brink 1989: Kap. 2-3 u. 5-7, Williams 1985, Putnam 1981: S. 196ff., Wiggins 1976 und McDowell 1985.

27 Vgl. McShea 1978, Flanagan 1982 und Goldman 1993.

ren (Akzentuierung der *epistemologischen Rolle der Sprache*)[28],
3. eine adäquate Bedeutungstheorie zeigt, daß moralische Dispute nicht notwendig keine inhaltlichen Dispute sind (Akzentuierung der *Bedingungen der Kommunikation*)[29].

Aus Platzgründen ist es freilich unmöglich, alle diese Theorien zu schildern und kritisch zu würdigen. Wenigstens eine von ihnen möchte ich aber doch etwas eingehender behandeln, nämlich die Theorie von Hilary Putnam (sie gehört zur allerersten Position in der obigen Liste). Diese Wahl ist durchaus nicht zufällig, handelt es sich bei Putnam doch um einen der herausragendsten Vertreter der analytischen Philosophie. Putnams Theorie zufolge sind wissenschaftliche Aussagen so beschaffen, daß eine Dichotomie zwischen Tatsachen- und Werturteilen jedenfalls nicht in der Schärfe etablierbar ist, daß es zur Begründung eines moralphilosophischen Nonkognitivismus hinreichen könnte.

4.1 Putnam und die Werte in der Wissenschaft

4.1.1 Die Tugenden der Erkenntnis

Putnams Argumentation kann man in etwa wie folgt schematisieren:

1. Alle Werturteile sind kognitiv gehaltlos.
2. Urteile, die notwendig kognitiv gehaltlose Urteile zu ihren Prämissen zählen, sind ihrerseits kognitiv gehaltlos.
3. Urteile, die notwendig Werturteile zu ihren Prämissen zählen, sind kognitiv gehaltlos.
4. Wissenschaftliche Urteile zählen notwendig Werturteile zu ihren Prämissen.
5. Wissenschaftliche Urteile sind kognitiv gehaltvoll.
6. Es ist nicht der Fall, daß alle Werturteile kognitiv gehaltlos sind.

Putnam beginnt mit der Feststellung, daß es einer allgemein verbreiteten Auffassung zufolge tatsächlich eine Tatsachen-Werte-Dichotomie gibt. Er nimmt allerdings an, daß der Vertreter einer

28 Vgl. Putnam 1981: S. 185-190 u. 266-279 sowie Kutschera 1982: Kap. 3.3 u. 6.1.

29 Vgl. Hurley 1985 und Wiggins 1976.

solchen Dichotomie konzedieren würde, daß auch die Wissenschaft mindestens einen Wert voraussetzt – nämlich den der Wahrheit. Will man verstehen, warum Wissenschaft überhaupt betrieben wird, muß man annehmen, daß die Entdeckung einer Tatsachenwahrheit nicht egal ist, sondern objektiv wertvoller als ihre Nichtentdeckung.
Man begegnet hier aber sofort dem Problem, daß durchaus nicht klar ist, was man unter »Wahrheit« verstehen soll. Die bloße Deklaration einer Behauptung als wahr ist offensichtlich noch kein besonders guter Grund für die Annahme, sie sei tatsächlich wahr. Stattdessen, so Putnam, gebe es ein »System von Kriterien rationaler Akzeptierbarkeit«[30], welches in Anschlag gebracht werden muß, sobald es an die Prüfung einer als wahr deklarierten Behauptung geht. Daran sieht man, daß es sich bei dem von der Wissenschaft vorausgesetzten Wert der Wahrheit um nichts anderes handelt als den Wert der Rationalität, wie sie in den Kriterien rationaler Akzeptierbarkeit zum Ausdruck kommt. Diese wiederum bestehen in

- instrumenteller Leistungsfähigkeit,
- Kohärenz,
- Komplettheit und
- funktionaler Einfachheit.

Der Pfiff an dieser Argumentation besteht darin, daß sie zu zeigen beansprucht, daß es mitnichten ein wertfreies Fällen von Tatsachenurteilen geben kann. Sobald wir von irgend etwas *aufrichtigerweise* behaupten, es sei eine Tatsache, haben wir zur Legitimation eben dieser Behauptung die Kriterien rationaler Akzeptierbarkeit, also die Werte der Wissenschaft ins Spiel gebracht – ein Umstand, der zeigt, *daß schon der Begriff der Tatsache und damit a fortiori der Begriff der empirischen Welt Werte involviert.*
Unter diesen Bedingungen sieht die Lage für den Vertreter einer Tatsachen-Werte-Dichotomie natürlich denkbar ungünstig aus. Man könnte sich auf den Standpunkt zurückziehen, daß es sich bei den hier behaupteten Werten um keine *ethischen* Werte handelt[31], aber die These eines harten Nonkognitivismus, nach der

30 Putnam 1981: S. 176; ein solches System wird von Putnam nicht einfach postuliert, sondern auf der Basis einer Absage an die Korrespondenztheorie der Wahrheit entwickelt.

31 Vgl. hierzu 4.1.2.

alle Werturteile sinnlos sind, wäre nach Putnam jedenfalls widerlegt. Dem Nonkognitivisten bliebe höchstens die Verzweiflungstat, auch die Kriterien rationaler Akzeptierbarkeit nonkognitivistisch zu interpretieren. In diesem Fall wird seine Argumentation aber extrem unplausibel, zumal in Ermangelung eines neutralen Rationalitätsbegriffes, der als Prüfstein gelten könnte, selbst der Begriff der Tatsache völlig willkürlich wird. Gerade dies aber ist für den Vertreter einer Tatsachen-Werte-Dichotomie natürlich ein unannehmbares Ergebnis.
Putnam zufolge führt also eine genauere Betrachtung der Methode des wissenschaftlichen Erkenntnisgewinns dazu, daß eine Dichotomie zwischen Tatsachen und Werten entweder von der Seite der Tatsachen oder der der Werte durchlässig wird: Entweder nimmt man einige Werte als tatsächlich, d. h. objektiv, an, oder die Tatsachen selbst werden gefühlsabhängig. Überspitzt formuliert: Der Begriff einer Tatsachen-Werte-Dichotomie läßt sich nur dann konstruieren, wenn es keine Tatsachen-Werte-Dichotomie gibt.

4.1.2 Rationalität ⇔ wissenschaftliche Rationalität?

Wenn man nun akzeptiert, daß es den objektiven Wert der Rationalität gibt, aber trotzdem die Existenz objektiver Werte in der Ethik leugnet, muß man offenbar eine vollständige Explikation des Rationalitätsbegriffes präsentieren können, die zeigt,
1. daß Rationalität nichts anderes ist als wissenschaftliche Rationalität, und
2. daß Rationalität in moralischen Fragen nicht applizierbar ist.

Dabei sieht es in der gegenwärtigen Situation freilich so aus, als sei diese Präsentation bereits gelungen. Putnam aber versucht zu zeigen, daß dieses Unternehmen bereits am ersten Erfordernis scheitert[32]. Dazu skizziert er sieben Versuche, den Begriff der Rationalität so zu explizieren, daß Rationalität auf den Bereich der Wissenschaft beschränkt ist. Alle diese Versuche – so Putnam – scheitern jedoch.
1. Versuch: *Instrumentalismus:* Der Auffassung des Instrumentalismus zufolge wird Wissenschaft aufgrund praktischer Verwert-

32 Zum zweiten Erfordernis vgl. 4.1.3.

barkeit betrieben, und es ist die Inanspruchnahme wissenschaftlicher Rationalität, die zur Entdeckung von Mittel-Zweck-Relationen führen kann. Wenn es bestimmte Ziele gibt, dann ist es die Rationalität, mit deren Hilfe wir herausfinden können, welche Wege zum Ziel führen. Rationalität ermöglicht uns das Ersinnen von Verfahren, die auf zuverlässige Weise die erfolgreiche Bewältigung praktisch-technischer Probleme, z. B. den Bau einer Brücke, gewährleisten. Ist der instrumentalistische Rationalitätsbegriff aber adäquat? Nach Putnam hat der Instrumentalismus die entscheidende Schwachstelle, daß es durchaus nicht der Fall sei, daß die Wissenschaft nur aufgrund ihrer Anwendungen von Wert ist. Der Instrumentalismus liefert also eine inadäquate Charakterisierung der Wissenschaft und es ist daher nicht klar, warum die Rationalität nur in der Methode des wissenschaftlichen Erfolgs bestehen sollte. Es wäre z. B. auch wertvoll, eine rationale Heuristik für die Wahl von Zwecken zu haben. Warum sollte ein solches Anliegen nicht in den Rationalitätsbegriff integrierbar sein? Die instrumentalistische Rationalitätsauffassung ist demnach zumindest unvollständig, »engstirnig«, um es mit Putnam zu sagen.

2. Versuch: *Phänomenalismus:* Man könnte versuchen, den Instrumentalismus gegen die vorgebrachte Kritik zu immunisieren, indem man ihn von einer Charakterisierung der Wissenschaft zu einer umfassenden Epistemologie ausweitet. Einen solchen Versuch stellt der Phänomenalismus dar, demzufolge alles sinnvolle Reden ein Reden über Sinnesempfindungen ist. Jede Erkenntnis sei darstellbar als ein Satz oder eine Menge von Sätzen der Form: »Wenn man Handlung *H* ausführt, wird man das Erlebnis *E* haben.« Nach dieser Konzeption sind nicht nur Wissenschaft und Rationalität, sondern überhaupt alle Tatsachen instrumentalistisch aufzufassen. Eine Tatsache zu beschreiben hieße anzugeben, welche Handlungen auszuführen sind, damit man ein bestimmtes Erlebnis hat. Alles Wissen wäre also ein Wissen von Mittel-Zweck-Relationen, und zwar auch dann, wenn wir uns nicht aus Gründen technischer Verwertbarkeit dafür interessieren. Der Phänomenalismus wies allerdings seinerseits zwei Schwachstellen auf. *Erstens* konnte die erforderliche Übersetzungsleistung nicht erbracht werden: Es war einfach nicht möglich, alle wissenschaftlichen Aussagen in Aussagen über unsere Empfindungen nach bestimmten Handlungen zu übersetzen. *Zweitens* zog der Phänomenalismus die epistemologische Schwierigkeit nach sich, daß nicht klar

war, warum ein Kommunikationspartner mit seinen Beschreibungen ausgerechnet die gleichen Empfindungen verbinden sollte wie sein Gegenüber. Dieser Umstand resultiert daraus, daß Empfindungen private Gegenstände sind. Es ist nicht überprüfbar, ob zwei Personen P_1 und P_2 beim Ausführen der Handlung H wirklich die gleiche Empfindung E haben; es kann mithin passieren, daß sie sich den Worten nach über den gleichen Sachverhalt verständigen und doch etwas ganz unterschiedliches meinen.

3. Versuch: *Physikalismus:* Die speziellen Schwierigkeiten des Phänomenalismus legten es nahe, ihn durch eine physikalistische Parallelvariante des Instrumentalismus zu ersetzen. Sinnvolle Aussagen waren dieser Variante zufolge Aussagen über öffentlich beobachtbare Ereignisse, also letzten Endes Sätze oder Satzmengen der Form: »Wenn man Handlung *H* ausführt, wird das öffentlich beobachtbare Ereignis *Er* stattfinden«. Es konnte nicht fehlen, daß der Physikalismus in die komplementären Schwierigkeiten des Phänomenalismus geriet. *Erstens* ist nicht klar, wie sich Sätze, in denen sich intentionale Termini finden (wie ›denkt an‹ oder ›fühlt, daß‹) in die physikalische Sprache übersetzen lassen sollen. *Zweitens* mußte die Introspektion als legitimer Modus zur Gewinnung von Beobachtungsaussagen ausgeschlossen werden; ein Unterfangen, welches nicht auf befriedigende Weise zu bewerkstelligen war, zumal *selbst* auf einem behavioristischen Hintergrund *selbst* einfachste Beobachtungsaussagen, in denen das Personalpronomen »ich« die Subjektstelle einnimmt, für gewöhnlich nur dann von anderen geglaubt werden, wenn eine zum Gesamtwissenscorpus kohärente Theorie vorliegt, derzufolge man davon ausgehen kann, daß die einschlägige Person die kolportierte Tatsache auch wirklich wahrgenommen hat.[33] Diese Theorie aber müsse wenigstens implizit eine Theorie sein, die die Introspektion als legitimen Modus zur Gewinnung von Beobachtungsaussagen anerkennt.

4. Versuch: *Die rationale Liste:* Das Scheitern des Instrumentalismus brachte die Philosophen dazu, den Rationalitätsbegriff weiter zu fassen. Unter der neuen Interpretation zählte man Prognosen, Retrodiktionen, Erklärungen sowie Gesetzesaussagen in den Be-

33 Dies wäre z. B. *nicht* der Fall, wenn eine Person berichtet, sie habe durch *Hellsehen* festgestellt, daß Jodie Foster zweifache Oscarpreisträgerin ist.

reich rationaler Aussagen. Die Schwierigkeit dieses Versuchs, die eingangs des Abschnitts angeführte Problemstellung zu bewältigen, besteht darin, daß nicht klar ist, warum diese und nur diese Aussagetypen den Rationalitätsbegriff erschöpfend erläutern sollten. Denn selbst wenn es nicht gelingen sollte, Aussagen oder gar Wertaussagen zu formulieren, die rational akzeptierbar und gleichzeitig keinem durch die Liste erfaßten Aussagentyp zuzuordnen sind, müßte doch die Liste selbst, *um als Kriterium dienen zu können,* interpretiert werden, damit sie nicht paradigmatische Fälle rationaler Aussagen ausschließt bzw. alle Aussagen als rational ausweist, und, *um überhaupt ein Kriterium für und nicht nur eine Hypothese über die Rationalität zu sein,* epistemologisch gerechtfertigt werden, damit sie wirklich die gewünschte Kraft zur Separation rational akzeptierbarer von nicht rational akzeptierbaren Aussagen hat.

5. Versuch: *Die Methode der Wahrheit 1:* Die Desiderate der angestrebten Explikation des Rationalitätsbegriffs könnten geliefert werden, wenn es gelänge, eine Methode anzugeben, die die Methode der Wissenschaften ist und *als einzige* zuverlässig die Entdeckung von Tatsachenwahrheiten von der Art und nur der Art der o. a. Aussagentypen ermöglicht. Als Kandidat für diese Methode wurde die *Induktion* vorgeschlagen, deren Formulierung wiederum in einer formalisierten *induktiven Logik* bestehen sollte. Ihr Anliegen war es, eine Bestätigungsfunktion zu definieren, mit deren Hilfe Hypothesen in Abhängigkeit von bestimmten empirischen Daten Bestätigungsgrade zugeordnet werden können. Da die Darstellung der induktiven Logik den Rahmen meines Unternehmens sprengen würde, führe ich nur kurz ihre Schwierigkeit an. Das Problem der induktiven Logik bestand darin, daß es nicht möglich war, sie auf eine Weise zu formalisieren, die ohne Rückgriff auf informelle Faktoren ausgekommen wäre. Die Methode selbst war also stets auf Prämissen angewiesen, die mit der Methode selbst nicht als rational ausgewiesen werden konnten: Immer mußte nach nicht-formalisierbaren Gesichtspunkten eine Vorabauswahl von Hypothesen getroffen werden, damit der formale Apparat in Anschlag gebracht werden konnte.[34] *Das aber hieß nichts anderes, als daß formale Rationalität keine materiale Rationalität garantiert.*

34 Vgl. hierzu vor allem Goodman 1955: 3.4, 3.5 und 4.

6. Versuch: *Die Methode der Wahrheit 2:* Putnam diskutiert einen weiteren Versuch, die Methode der Wissenschaften zu charakterisieren: den Popperschen Falsifikationismus. Für ihn gilt ein dem der induktiven Logik vergleichbares Problem: Man kann nicht *alle* Theorien mit hohem Falsifizierbarkeitsgrad testen, sondern muß auch hier eine Vorabauswahl treffen. Wollte man nun die Erfüllung von Poppers Kriterium dem Status nach von einer Rationalitäts*explikation* zu einer *Bedingung* für die Rationalität herunterstufen, geriete man in das Problem hinein, daß es ein zu enges Kriterium ist. Ihm würde z. B. Darwins Evolutionstheorie zum Opfer fallen, und man wird nicht erwarten können, daß Naturwissenschaftler auf so hochgradig fruchtbare und hochgradig erklärungskräftige Theorien wie die Evolutionstheorie verzichten, nur weil sie nicht hochgradig falsifizierbar sind.
7. Versuch: *Bonität der Abduktion und die Folgen:* Insbesondere unser Akzeptieren der Evolutionstheorie scheint zu zeigen, daß die sogenannte »wissenschaftliche Methode« viel verschmiertere Ränder hat als man zu glauben geneigt war. Wir sind offensichtlich bereit, »Schlüsse auf die beste Erklärung« (Abduktionen) als Element der Menge rational akzeptierbarer Aussagentypen anzuerkennen. Dann ist allerdings nicht mehr einsehbar, warum Werturteile *nicht* rational akzeptierbar sein können sollten. Warum sollte man nicht aus »x ist rücksichtslos«, »x ist grausam«, »x hat größten Spaß daran, Frösche vermittels Strohhalm zum Platzen zu bringen« etc. auf »x ist ein moralisch schlechter Mensch« schließen können? Zwei Einwände wären denkbar: *Erstens,* daß es sich bei dem vorliegenden Schluß um einen begrifflichen Sprung handelt, der als solcher erst noch zu rechtfertigen wäre. Man würde sich dann aber mit der Tatsache konfrontiert sehen, daß derartige Schlüsse selbst in der Physik anzutreffen sind. *Zweitens,* daß Prädikationen wie »ist grausam« o. ä. bereits ihrerseits wertend sind und von daher rational nicht akzeptierbare Prädikationen darstellen. In diesem Fall bekäme man das Problem, daß die entsprechenden Prädikationen z. B. in den Geschichtswissenschaften laufend auftauchen und nicht klar ist, wie sie adäquat durch unschuldige Prädikationen ersetzt werden könnten.

4.1.3 Der nicht rational akzeptierbare rationale Nazi

Putnam versucht nun einen Fall anzuführen, in dem *die Rationalität in Wertfragen bemüht werden kann,* wenngleich es auf den ersten Blick nicht so aussieht: den Fall des sogenannten rationalen Nazis. Der rationale Nazi wirft an diesem Punkt insofern ein Problem auf, als wir zwar einerseits für gewöhnlich auch Ziele als rational oder irrational bezeichnen, andererseits aber nicht zu sehen ist, *wie* wir den Nazi gerechtfertigterweise als irrational bezeichnen können, wenn er zwar Ziele verfolgt, die wir moralisch mißbilligen, aber in seiner Urteilsbildung stets die Kriterien rationaler Akzeptierbarkeit beherzigt. Die Frage lautet hier, wie wir unsere moralische Abscheu durch eine rationale Kritik der nationalsozialistischen *Ziel*setzungen untermauern können.

Der rationale Nazi kann uns nach Putnam den Grund seiner Zielsetzungen auf dreierlei Weise darzulegen versuchen:

1. Er behauptet, daß die Ziele der Nazis moralisch gut seien.
2. Er behauptet, daß die herkömmlichen Moralbegriffe abzulehnen sind.
3. Er behauptet, daß seine Zielsetzung eine Geschmacksfrage ist, in die ihm niemand hineinzureden habe.

Im ersten Fall können wir ihn als irrational kritisieren, weil er zur Begründung seiner Behauptung gezwungen ist, auf falsche Faktenaussagen zurückzugreifen. Er wird gezwungen sein, eine »jüdische Weltverschwörung«, den »Herrschaftsanspruch der arischen Rasse« und ähnliche Abstrusitäten zu postulieren. Putnam schreibt:

»Die Ziele heißen zu Recht ›irrational‹, wenn sie derart sind, daß sie, wenn man sie akzeptiert und verfolgt, [...] dazu führen, daß man verrückte und verfehlte Argumente für sie vorbringt [...].«[35]

Im zweiten Fall können wir ihn als irrational kritisieren, weil er zur Begründung seiner Behauptung gezwungen ist, z. B. eine völlig verquere und inadäquate Darstellung zwischenmenschlicher Beziehungen zu geben. Wenn er verlangt, daß nichtjüdische Mitglieder einer Stadtgemeinschaft es begrüßen sollen, daß die jüdischen Mitglieder deportiert und ermordet werden, wird er vermutlich eine nach unserem Verständnis keineswegs probate Psychologie vertreten. Seine Ziele sind irrational, wenn

35 Putnam 1981: S. 281.

»[...] sie dazu führen, daß man sich ein irrationales Alternativschema zur Darstellung gewöhnlicher moralisch-deskriptiver Fakten (bezüglich Mitgefühl z. B.) zu eigen macht.«[36]

Im dritten Fall wäre das Verhalten des Nazis völlig willkürlich. Wer aber Handlungsentscheidungen trifft, die das Leben anderer negativ beeinträchtigen, steht unter Rechtfertigungsdruck. Diesem nicht nachzukommen, sondern ohne Rechtfertigung willkürlich zu handeln, sei

»[...] ein Paradebeispiel für Irrationalität, und nicht bloß für Irrationalität, sondern für eine verkehrte Gesinnung.«[37]

Dabei ist zu betonen, daß es nicht darum geht, den Nazi als böse erscheinen zu lassen, *weil* er irrational ist. Jeder, der schon einmal unglücklich verliebt war, weiß, daß sich ungeahnte Höhen der Irrationalität sehr schnell erreichen lassen, ohne daß man sie *der Irrationalität halber* als böse charakterisieren würde. *Daß* der Nazi böse ist, wird aus seinen Taten hinreichend deutlich. Es kommt hier darauf an, daß die Irrationalität seiner Ziele zeigt, daß Rationalität nicht auf Zweck-Mittel-Rationalität reduzierbar ist und daß Rationalität in ethischen Fragen appliziert werden kann.

4.1.4 Zusammenfassung

Putnam zufolge gibt es den objektiven Wert der Wahrheit. Dieser allerdings setzt den objektiven Wert der Rationalität, manifestiert in den Kriterien rationaler Akzeptierbarkeit, voraus. Dabei ist klar, daß sowohl die Explikationen für die Kriterien rationaler Akzeptierbarkeit als auch die Methoden für das Detektieren ihres Erfülltseins ihrerseits besser oder schlechter ausfallen können. Die Versuche zur Ausarbeitung besserer Rationalitätsauffassungen aber sind weder beliebig noch können sie an einer bereits bekannten »wahren« oder »idealen« Rationalität gemessen werden. Als Richtlinie für ihre Ausarbeitung muß daher eine »Idee des Guten« angenommen werden, und diese Idee ist nach Putnam keine andere als die »Idee des menschlichen Gedeihens«, die Idee der Eudämonie.[38]

36 A.a.O.
37 A.a.O.: S. 282.
38 Vgl. a.a.O.: S. 181.

Die Kriterien rationaler Akzeptierbarkeit können nicht auf den Anwendungsbereich Wissenschaft beschränkt werden. Man kann nicht zeigen, daß Rationalität in wissenschaftlicher Rationalität aufgeht. Die Kriterien können auch auf praktisches Verhalten angewendet, d.h. für Werturteile urbar gemacht werden. Wir haben also eine Methode, praktisches Verhalten zu bewerten, die die gleiche Methode ist wie die, mit der wir die Akzeptabilität wissenschaftlicher Theorien bewerten. Die Bewertung von Verhalten ist ein Thema der Moral, während die Bewertung wissenschaftlicher Theorien ein Thema der Wissenschaft ist. Da die Wissenschaft aber anerkanntermaßen kognitiven Gehalt hat, indiziert die Gleichheit der Methode, daß auch moralische Urteile kognitiven Gehalt haben können. Die Akzeptabilität einer Dichotomie zwischen rationalen Urteilen und Werturteilen ist demnach allenfalls definitorisch zu begründen, wäre dann aber eine *petitio principii* und als solche nicht einzusehen: Es gibt keine adäquate Explikation des wissenschaftlichen Rationalitätsbegriffes, die ohne eben jene nicht formalisierbaren Überzeugungen auskommen könnte, die angeblich die moralischen Urteile der rationalen Akzeptierbarkeit berauben.
Die Beschränkung des Wertes der Rationalität auf die Wissenschaft führt also, abgesehen davon, daß die einschlägigen Versuche der Epistemologen zumeist nicht frei von Inkohärenzen waren, in ein Dilemma: *Entweder* faßt man den Rationalitätsbegriff so eng, daß er wirklich nicht in moralischen Fragen anwendbar ist – in diesem Fall muß man auch große Teile der Wissenschaft als irrational bezeichnen; *oder* man faßt ihn so weit, daß er alle wissenschaftlich akzeptierten Aussagen integrieren kann – in diesem Fall integriert er auch moralische Urteile. Daß auch moralische Urteile auf einen rationalen Prüfstein gestellt werden können, zeigt, daß uns die Rationalität bei der Lösung moralischer Probleme dienstbar sein kann.

4.2 Der Sprung zum Bösen

Eine Kritik an Putnams Auffassung hätte offenbar zu zeigen, daß zwischen Wissenschaft und Ethik eben keine Parallele der geschilderten Art zu ziehen ist. Von dem skizzierten Argument müßte also gezeigt werden, daß es nicht hinreicht, um Wert- und Tatsachenurteile so weit aneinander anzugleichen, daß auch Werturteile als Tatsachenurteile angesehen werden können. Eine Kritik der Ausführungen Putnams scheint mir vor allem drei Hauptpunkte ansprechen zu müssen:

1. Objektive Werte in der Wissenschaft.
2. Die Kriterien rationaler Akzeptierbarkeit in der Wissenschaft und in der Ethik.
3. Das Verhältnis von praktischer Rationalität und moralischer Qualität.

4.2.1 Objektive Werte in der Wissenschaft

Es dürfte klar sein, daß es für Putnams Argumentation von entscheidender Bedeutung ist, daß der von ihm bemühte objektive Wert der Wahrheit auch wirklich als solcher eine Voraussetzung der Wissenschaft ist. Ist das aber der Fall? Erscheint es nicht überzogen, zu behaupten, die Wissenschaft setze den objektiven Wert der Wahrheit voraus? Man darf also fragen, ob die Wissenschaft statt des objektiven Wertes der Wahrheit nicht vielmehr nur ein *Interesse* an der Wahrheit voraussetzt. Darauf ließe sich freilich entgegnen, daß auch das Interesse an der Wahrheit ein Interesse an etwas ist, das zwar existiert, aber so beschaffen ist, daß es objektive Werte inkorporiert. Warum aber sollte man die angeführten Kriterien rationaler Akzeptierbarkeit für objektive Werte halten? Zunächst einmal liegt der Verdacht nahe, daß die von Putnam angeführten Kriterien lediglich von *sekundärer* Bedeutung sind. Ehe wir nämlich in bezug auf eine Theorie die Kriterien der instrumentellen Leistungsfähigkeit, der Kohärenz, Komplettheit und Einfachheit ins Spiel bringen, hat sich die Theorie als *empirisch adäquat* erweisen müssen. Die aus der Theorie resultierenden Beobachtungssätze müssen sich in der Empirie bewähren, und *dann* ist die Theorie ein Kandidat für einen Leistungsvergleich mit anderen Theorien, deren resultierende Beobachtungssätze sich gleichermaßen bewährt haben. Sofern man nun nicht mit Reichenbach behauptet, daß hier gar keine unterschiedlichen Theorien vorliegen, kann man Putnams Kriterien in Anschlag bringen, um eine bestimmte Theorie auszuzeichnen. Wenn dies richtig ist, zeigt sich, *daß zunächst die empirische »Passung« der Prüfstein einer Theorie ist, ehe ihre rationale Akzeptierbarkeit im engeren Sinne Putnams bedeutsam wird.*

Von der empirischen Adäquatheit wird man aber kaum behaupten können, daß sie einen objektiven Wert darstellt. Wenn eine Theorie für ein bestimmtes Experiment z. B. eine Probekörper-Auftreffgeschwindigkeit von 60 km/h prognostiziert, die tatsächlichen Messungen aber hartnäckig auch in längeren Versuchsreihen ganz andere Werte ergeben, wird man vermutlich irgendwann die einschlägige Theorie verwerfen – ungeachtet der Tatsache, daß sie vielleicht alle sekundären Kriterien rationaler Akzeptierbarkeit erfüllt. Umgekehrt wird man vermutlich eher eine Theorie akzeptieren, die diese Kriterien vielleicht nicht in maximalem Maße erfüllt, dafür aber Beobachtungsaussagen liefert, die tatsächlich mit den angestellten Messungen übereinstimmen. Von dieser Übereinstimmung ist allerdings nicht zu sehen, inwiefern sie einen objektiven Wert darstellen sollte. Nun gibt es zwar eine ganze Reihe von Gütekriterien für wissenschaftliche Theorien, und weder ist entschieden, in welchem Verhältnis sie zueinander stehen, noch sind sie alle in befriedigender Weise expliziert, aber es dürfte doch klar sein, daß der empirischen Adäquatheit eine primäre Position einzuräumen ist.
Es bleibt daher unklar, warum man zur Bildung des Begriffes der Tatsache wenigstens implizit auf objektive Werte rekurrieren muß. Aller Theoriegeladenheit der Beobachtung zum Trotz müssen Tatsachenaussagen in der Empirie überprüft werden, wenn sie sich bewähren sollen, und wenn sie diese Prüfung bestehen, verleiht ihnen dieser Umstand keinen objektiven Wert. Man kann sich vorstellen, daß solche Prüfprozesse schon eine Weile im Gange waren, ehe man anfing, sich über weitere Kriterien rationaler Akzeptierbarkeit Gedanken zu machen. Der sekundäre Charakter dieser Kriterien legt *gerade* die Annahme nahe, daß zunächst verschiedene Theorien oder theorieartige Gebilde über einen bestimmten Ausschnitt der Welt existieren mußten, damit überhaupt ein Raum für weitere Kriterien der Theorienwahl entstehen konnte. Die angeführten objektiven Werte scheinen also keine objektiven Werte zu sein, sondern vielmehr so etwas wie Innenausstattungen von Theorien, die sich erst auf einem bestimmten Niveau der Theorienformulierung überhaupt ausbilden können. Insofern scheint es nicht nötig zu sein, objektive Werte im Räsonieren über Tatsachen zu präsupponieren; das aber heißt nichts anderes, als daß eben kein Argument gegen eine Tatsachen-Werte-Dichotomie vorliegt. Wer also von wertgeladenen Tatsa-

chen redet, setzt seinerseits implizit wertgeladene Werte voraus; es wäre zuallererst erforderlich, diese Präsupposition zu rechtfertigen, ehe vom »Wert der Wahrheit« die Rede sein kann.
Es hilft dann auch nicht, die Ausbildung der Kriterien rationaler Akzeptierbarkeit quasi als Offenbarung einer »Idee des Guten« auszuweisen.[39] Denn wenn es möglich ist, im Zusammenspiel von Theorie, Methodologie und Beobachtung die Entwicklung der Wissenschaft so zu gestalten, daß in zunehmendem Maße Theorien vereinheitlicht, präzisiert und eleganter geformt werden können, dann läßt sich höchstens in einem euphorischen Sinne sagen, dies alles werde von einer Idee des Guten geleitet. Im übrigen bleibt auch unklar, ob die Wissenschaftsentwicklung der menschlichen Eudämonie in maximalem Maße förderlich ist. Viele würden das bestreiten, und es wäre zu fragen, ob hier nicht ein *externes* Kriterium jenseits der Vorschläge Putnams herangezogen werden muß, um diese Frage zu beantworten.
Die Annahme des objektiven Wertes der Wahrheit scheint fehlzugehen. Erstens wird diese Annahme nur behauptet, aber nicht begründet, und zweitens wird auch nicht klar, warum die Kriterien, in denen der Wahrheitsbegriff aufgehen soll, von objektivem Wert sind.

4.2.2 Rationale Akzeptierbarkeit in Wissenschaft und Ethik

Ganz unabhängig von der Bestimmung des Status der Kriterien rationaler Akzeptierbarkeit kann doch nicht bestritten werden, *daß* sie zu den Gütekriterien wissenschaftlicher Theorien zählen. In der Tat scheint Putnam zu zeigen, daß es nicht möglich ist, den Geltungsbereich dieser Kriterien auf die Wissenschaft zu beschränken. Daraus folgt aber noch nicht, daß diese Kriterien in gleicher Weise in der Moral gelten würden: Die Unmöglichkeit einer strengen Abgrenzbarkeit bedeutet ja nicht gleich die vollständige Vergleichbarkeit zweier Bereiche. Betrachten wir deshalb einmal das von Putnam angeführte Kriterium der Kohärenz etwas genauer, denn es scheint, als würde die Kohärenzforderung den

39 Vgl. 4.1.4.

Stellenwert, den sie in der Wissenschaft hat, im moralischen Leben nicht annähernd erreichen.
Sobald in einer wissenschaftlichen Theorie eine Inkohärenz entdeckt wird, muß das dem seriösen Wissenschaftler zu denken geben. Über die als prinzipiell und daher nicht als sonderlich besorgniserregend anzusehende Fallibilität seines Wissens hinaus weiß er, daß in seiner Theorie entweder eine Behauptung falsch bzw. unplausibel ist oder doch zumindest eine weitere Behauptung formuliert *und begründet* werden muß, um die Inkohärenz zu beheben. Die *scientific community* wird – so steht es zumindest zu hoffen – kaum ein Mitglied weiterhin anerkennen, das eine offenkundige Inkohärenz in der von ihm vertretenen Theorie nicht als Anlaß zu einer Modifikation derselben betrachtet. Die Kohärenzforderung scheint also in der Wissenschaft allgemein anerkannt zu sein, und zwar als eine Forderung, die die Wissenschaftstheorie in der Praxis der wissenschaftlichen Theorienbildung vorgefunden und formuliert hat, nicht jedoch als eine Forderung, die die Wissenschaftstheorie dem wissenschaftlichen Arbeiten auferlegt hätte. Die Nichterfüllung der Kohärenzforderung ist also ein Manko einer wissenschaftlichen Theorie, das nicht auf die leichte Schulter zu nehmen ist. Daß eine Theorie es aufweist, bedeutet nicht ihre Falschheit, aber es bedeutet, daß man ihre Wahrheit nicht mehr ohne weiteres behaupten kann, wenn man weiterhin ernstgenommen werden will; man wird wenigstens beteuern müssen, die Inkohärenz beheben zu wollen.
Im Bereich der Moral dürfte von all dem nicht die Rede sein können. In moralischen Weltbildern scheint die Kohärenzforderung bestenfalls zufällig zu gelten und kein wesentliches Merkmal eines akzeptablen moralischen Blickwinkels zu sein. Nehmen wir als Beispiel die Praxis der Tierversuche: Jeder hält es für hochgradig verwerflich, Menschen große Schmerzen zuzufügen, damit ein bestimmter Stoff auf eine bestimmte Wirkung getestet werden kann. Tieren zu diesem Zweck große Schmerzen zuzufügen, hält man oftmals für nicht so verwerflich und manchmal sogar für geboten. Dies scheint eine offenkundige Inkohärenz zu sein. Wie aber wird sie gehandhabt? Sie scheint kaum zu einer Modifikation des moralischen Weltbildes Anlaß zu geben. Zuweilen versucht man zwar, eine zusätzliche Annahme zu formulieren, die diese Handlungsweise in einen kohärenten Zusammenhang bringt (man redet davon, daß das menschliche Leben einen »höheren Wert«

besitze), aber eine *Begründung* für solche zusätzlichen Annahmen wird nicht gefordert. Trotz auffallender Inkohärenzen in seinem moralischen Weltbild braucht ein Mitglied der *moral community* nicht seine Ausgrenzung zu befürchten, wenn es diese Inkohärenzen ignoriert. Die Leichtgewichtigkeit der Inkohärenz im moralischen Weltbild stellt damit eine vergleichsweise klare Disanalogie zwischen Ethik und Wissenschaft dar.

Zuzugestehen ist allerdings, daß die Kohärenzforderung durchaus für die Moral*philosophie* gilt. In der *Theorie* der Moral gilt sie mit der gleichen Gewichtigkeit wie in der Wissenschaft. Das ist nun nicht weiter verwunderlich, denn wenn eine Theorie der Moral als wissenschaftlich auftreten können will, wird sie die Gütekriterien für wissenschaftliche Theorien im gleichen Maße erfüllen müssen wie jede andere wissenschaftliche Theorie auch. Für die moralische Praxis folgt daraus allerdings nichts, denn die Kohärenzforderung ist nicht von der Moraltheorie in der moralischen Praxis vorgefunden und formuliert worden, sondern kann bestenfalls der moralischen Praxis als Forderung auferlegt werden. Das bedeutet, daß die Kohärenzforderung im Bereich der Ethik nur als Gütekriterium für die Moral*philosophie* ausgemacht werden kann. Die Disanalogie zwischen Ethik und Wissenschaft im Hinblick auf den Stellenwert der Kohärenz bleibt also erhalten.

Trotz der Tatsache, daß sich der Geltungsbereich der Kriterien rationaler Akzeptierbarkeit nicht auf die Wissenschaft beschränken läßt, gibt es Anzeichen dafür, daß diese Kriterien in der Moral nicht in der gleichen Weise gelten wie in der Wissenschaft.

4.2.3 Rationalität und Moralität

Ungeachtet all dieser Kritik dürfte es Putnam gelungen sein, die Möglichkeit einer rationalen Kritik praktischer Zielsetzungen aufzuzeigen. Seine in 4.1.3 geschilderte Argumentation belegt in kaum bestreitbarer Weise, daß Ziele als rational oder irrational klassifiziert werden können. Man wird allerdings fragen dürfen, ob diese Möglichkeit hinreicht, um auch die *moralische* Qualität von Zielsetzungen zu beurteilen. Putnam selbst betont, daß er mit seiner Argumentation nicht sagt,

»[...] daß das *Schlechte* am Nazisein dies ist, daß es zu verzerrten und irrationalen *Überzeugungen* führt. Was am Nazisein schlecht ist, sind die

Taten, zu denen es führt. Der Nazi ist böse *und* überdies hat er eine irrationale Weltauffassung.«[40]

Selbst wenn an der Korrektheit dieser Äußerung kaum zu zweifeln ist, bleibt doch unklar, wie die moralische Bewertung des Nazis gerechtfertigt werden kann. Seine Irrationalität wurde zwar sehr überzeugend demonstriert, aber wenn man sie – völlig zu Recht – von seiner moralischen Qualität entkoppelt, ist es ganz offensichtlich, daß man das *moralische* Urteil anders begründen muß. Das allerdings wird von Putnam nicht getan. Es wird zwar behauptet, daß der Nazi böse ist, aber sämtliche Begründungsleistungen reichen lediglich hin, ihn als irrational zu rubrizieren. Damit aber hängt die moralische Beurteilung des Nazis, so klar sie auch ausfällt, in der Luft, und es ist nicht zu sehen, wie Putnam die moralische Schlechtheit des Nazis, die es doch eigentlich zu begründen gilt, andemonstrieren kann. Die Plötzlichkeit, mit der der qualitative Sprung von der Irrationalität des Nazis zu seiner Schlechtheit ausgeführt wird, kann nicht darüber hinwegtäuschen, daß es ein Sprung über eine argumentative Kluft ist.
Wir befinden uns offenbar in einer Situation, die dadurch gekennzeichnet ist, daß Rationalität und Moralität nicht gleichgesetzt werden können: Handlungen können als rational rekonstruiert werden, ohne daß dadurch ihre moralische Unbedenklichkeit feststünde; umgekehrt lassen sich auch Handlungen denken, die man zwar nicht als rational rekonstruieren kann, dafür aber als Zeichen der moralischen Integrität des Handelnden werten würde.[41]
Festzuhalten ist, daß Putnams Argumentation zeigt, daß und wie eine praktische Handlung oder ein praktisches Handlungsziel als rational bzw. irrational ausgewiesen werden kann. Für die Begründung eines ethischen Kognitivismus ist das jedoch nicht hinreichend. Es könnte daher sein, daß gerade die von Putnam als Argument für den Kognitivismus angeführte Zulässigkeit von »Schlüssen auf die beste Erklärung« den Nonkognitivismus favorisiert – weil er die beste Erklärung für die Phänomenologie der Moral liefert.

40 Putnam 1981: S. 281.
41 Beispiele für solche Handlungen liefert die Spieltheorie in Gestalt defektiven bzw. kooperativen Verhaltens in N-Personen-Gefangenendilemmata.

4.3 *Schlußbemerkung*

Wenn man die Entwicklung der empiristisch orientierten Moralphilosophie seit der Zeit des Wiener Kreises verfolgt, sieht man sehr deutlich, wie eine zunächst mit allem denkbaren Nachdruck ins Sinnlose verbannte Fragestellung in modifizierter Form dann doch wieder auf der Bühne der philosophischen Diskussion auftaucht.

Vielleicht kann man das Unternehmen, das *Wesen* des Guten zu erfassen, tatsächlich als sinnlos zu den Akten legen. Es bleibt dann doch die Möglichkeit, den *Begriff* des Guten, der ja in unserem moralischen Leben sehr wohl Verwendung findet, zu klären und zu rekonstruieren. Nach dem Versagen der apriorischen, theologischen und pseudoempirischen Versuche einer »Grundlegung der Moral« bleibt doch die Option einer empiristischen Analyse der Moral. Diese Analyse wird vermutlich nicht in der Lage sein, uns so etwas wie moralische Erkenntnis zu präsentieren. Sie wird keine *Wert*wissenschaft sein können.[42] Dafür kann sie uns helfen, das zweifellos empirisch vorfindbare Phänomen Moral besser zu verstehen. Sie wird also eine *Wertungs*wissenschaft sein können. Sie kann eine Beschreibung und Systematisierung des *de facto* vorfindbaren Wertungsverhaltens liefern. Auf dieser Grundlage läßt sich vielleicht die Frage beantworten, wie die Genealogie der Moral aussieht und welche Funktion die Institution Moral erfüllt. Vor diesem Hintergrund ist es dann denkbar, Verfahren zu entwickeln, mit deren Hilfe einzelne Handlungs- oder Prinzipienentscheidungen darauf geprüft werden können, ob sie im Rahmen der üblichen Funktion der Moral sinnvoll oder nicht sinnvoll sind. In diesem Zusammenhang kann es dann auch wieder nützlich sein, sich der Terminologie bereits verworfener Ansätze zu bedienen. So wird eine adäquate Bestandsaufnahme des »moralisch« genannten Wertungsverhaltens kaum ohne konsequentialistische

42 John Mackie schloß daraus, daß eine Theorie der Moral wenigstens zum Teil eine *Irrtums*theorie wird sein müssen, da unsere moralische Sprache so aufgebaut ist, als *gäbe* es erkennbare objektive Werte. Simon Blackburn hat demgegenüber darauf hingewiesen, daß der hohe Stellenwert, den die Moral für uns hat, unseren Gebrauch der moralischen Sprache durchaus rechtfertigt, auch wenn sie falsche ontologische Präsuppositionen zu machen scheint; vgl. Mackie 1977: Kap. 1 und Blackburn 1984: Kap. 6.

Terminologie auskommen. Das muß aber eben keinen Rückfall in einen essentialistisch verstandenen Konsequentialismus bedeuten. Warum sollte man einem überkommenen Essentialismus auch die Rolle eines terminologischen Usurpators zugestehen? Auch bestimmte tradierte begriffliche Trennungen wird man nicht mehr unbedingt akzeptieren müssen. Vielleicht sind z. B. manche geltenden Pflichten der Konsequenzen wegen begründet, die ihre Einhaltung bzw. Nichteinhaltung nach sich zieht. Eine empiristisch orientierte Philosophie der Moral muß nicht ein und nur ein fundamentales Moralprinzip angeben, um eine akzeptable Theorie der Moral zu sein. Sie kann der ganzen Bandbreite moralischen Urteilens gerecht werden, ohne durch begriffliche *Vor*entscheidungen definiert zu haben, welche Urteile überhaupt als moralische Urteile gelten können. Dadurch vermeidet sie unnötige empirische Inadäquatheiten essentialistischer Moraltheorien. Die empiristisch orientierte Philosophie der Moral, wie sie sich in Gestalt der analytischen Moralphilosophie manifestiert, ist eben ein Unternehmen der *Rekonstruktion* und *nicht* der *Grundlegung* der Moral.

Dieser vielleicht schwach erscheinende Anspruch der analytischen Moralphilosophie bedeutet *nicht,* daß sie jedweder moralischen Entscheidung neutral gegenüberstehen muß. Es ist nicht so, daß sie nicht in der Lage wäre, moralische Entscheidungen *kritisch* zu betrachten. Zu den Modulen einer kritischen moralphilosophischen Apparatur wäre sicherlich die Theorie Putnams zu zählen. Sie steht aber keineswegs allein da.

Ein weiteres Modul bestünde in einer Anwendung der *Entscheidungstheorie.* Hier sind in den letzten Jahrzehnten viele interessante Arbeiten vorgelegt worden.[43] Es wurde ein entscheidungstheoretisches Modell entwickelt, mit dem sich zeigen läßt, daß es unter bestimmten Bedingungen auch im Sinne rein egoistischer Interessen rational sein kann, sich in sozialen Interaktionen kooperativ zu verhalten. Selbst wenn man also eine eher ernüchternde Hypothese über die Interessen der Menschen zugrundelegt, kann man ein Verhalten als rational charakterisieren, das wir vielleicht als »moralisch korrekt« bezeichnen würden. Dieses Ergebnis widerspricht immerhin der verbreiteten Meinung, daß die Moral eine Institution ist, um die man sich im eigenen Interesse

43 Vgl. Taylor 1987: Kap. 1-4 und Binmore 1994: Kap. 2.

besser herumdrücken sollte. Man darf die Rolle der Entscheidungstheorie allerdings auch nicht überschätzen. Oftmals sind es gerade die Situationen, in denen Kooperativität *keine* rationale Wahl wäre, in denen wir es als Zeugnis moralischer Güte werten, sich eben *doch* kooperativ zu verhalten. Aber auch dann hilft die Theorie immerhin dabei, Situationen zu charakterisieren, die moralisch problematisch sind und kann auf diese Weise demjenigen helfen, der sich anschickt, derartige Situationen zu entschärfen.

Eine dritte Theorie, die hier nicht unerwähnt bleiben darf, ist der *universale Präskriptivismus* von Richard Hare.[44] Hares Idee ist, daß die Bedeutung allgemeiner moralischer Ausdrücke wie »sollte« und »muß« ganz durch ihre *logischen* Eigenschaften bestimmt wird. Die moralische Sprache ist nach Hare dadurch gekennzeichnet, daß moralische Urteile zwei logische Eigenschaften aufweisen, nämlich *Universalisierbarkeit* und *Präskriptivität. Präskriptiv* ist ein Urteil genau dann, wenn die Sachlage, daß eine Person *P* einem Urteil, das in der Situation *S* die Handlung *H* fordert, zustimmt *und* in *S nicht H* ausführt, impliziert, daß *P*'s Zustimmung zu dem Urteil aus *logischen* Gründen unaufrichtig war. Präskriptive Urteile sind also dadurch ausgezeichnet, daß sie mindestens einen Imperativ implizieren. Ein moralisches Urteil zu verstehen und zu akzeptieren bedeutet also, in einschlägigen Situationen auch ihm gemäß zu handeln: Moralische Urteile haben eine *vor*schreibende Kraft. *Universalisierbar* ist ein Urteil genau dann, wenn es identische Urteile über alle in ihren universellen Eigenschaften identischen Fälle zur Folge hat. In ihren universellen Eigenschaften identisch sind Fälle genau dann, wenn in ihrer Beschreibung lediglich unterschiedliche Individuenkonstanten auftauchen. Wenn ich z. B. das Urteil aufstelle, daß das Töten unschuldiger Lebewesen moralisch falsch ist, dann hat dieses Urteil zur Folge, daß ich jedes Töten eines unschuldigen Lebewesens für moralisch falsch halte, und zwar unabhängig davon, welches einzelne Lebewesen betroffen ist. Ein universalisierbares Prinzip aufgestellt zu haben bedeutet, daß man es unabhängig von der Position akzeptiert, die man selbst innerhalb der Situation einnimmt, auf die man das Prinzip anwendet. Hinter diesen etwas umständlichen Formulierungen verbirgt sich der Umstand, daß moralische Urteile einen allgemeinen Geltungsanspruch haben:

44 Vgl. Hare 1981: Teil 1.

Wenn ich meine, daß einer Person *P* in der Situation *S* Handlung *H* getan werden soll, dann erschiene es widersprüchlich, wenn ich nicht, wäre ich an *P*'s Stelle, fordern würde, daß auch mir in *S H* getan werden sollte. Mit Hilfe dieser beiden Kennzeichen lassen sich nun moralische Urteile identifizieren. Wir wissen, daß moralische Ausdrücke auch eine außermoralische Verwendung haben – in Geschmacksurteilen oder außermoralischen hypothetischen Imperativen. Es wird deutlich, auf welche Kennzeichen man zu achten hat, wenn es gilt, moralische Verwendungen moralischer Ausdrücke zu identifizieren. Sobald dies möglich ist, dürfte auch nicht schwer herauszufinden sein, welche natürlichen Eigenschaften und Tatsachen eine Rolle spielen, wenn moralische Urteile gefällt werden. Im Rahmen dieser Konzeption werden dies Eigenschaften und Tatsachen sein, deren Realisierung durch den Menschen möglich ist und die Lebensbedingungen verbessert oder verschlechtert. Daraus wird ersichtlich, wie diese Konzeption die normative oder auch präskriptive Bedeutung moralischer Urteile zu erklären vermag. Die Normativität moralischer Urteile wird damit erklärt, daß die Moral ein Teil des sozialen Lebens ist, der der Erfüllbarkeit grundlegender Bedürfnisse empfindungsfähiger Lebewesen zuarbeitet. Sie dient der Ächtung der Rücksichtslosigkeit. Das moralische Wertungsverhalten basiert damit letztlich auf subjektiven Präferenzen. So wird z. B. die Folter als moralisch verwerflich angesehen, weil sie furchtbar schmerzhaft ist und alle ein Interesse daran haben, nicht gefoltert zu werden. Die Folter steht im Widerspruch zur Erfüllung des grundlegenden Bedürfnisses nach körperlicher Unversehrtheit, und daher präferieren wir ihr Verbot. *Moralische Güte und moralisches Übel sind überhaupt nicht denkbar ohne die vorgängige Existenz von Bedürfnissen, deren Erfüllung die Bedingung von Zufriedenheit und deren Nichterfüllung Vorbote des Leidens ist.* Unter dieser Perspektive liegt die Normativität moralischer Urteile auf der Hand: Moralische Urteile sind wesentlich mit der motivationalen Triebfeder unseres Handelns, nämlich unseren Bedürfnissen, verknüpft.

Und schließlich gehört zu einer kritischen Philosophie der Moral auch eine »Logik der Sitten«. Diese muß nicht unbedingt in Mengers System bestehen, aber insbesondere in einer pluralistischen Welt, in der unterschiedliche Normensysteme koexistieren, die darüberhinaus auch noch von ihren jeweiligen Anhängern unterschiedlich eingeschätzt werden, kann es sowohl zum Verständnis moralischer Konflikte wie zum Verständnis moralischer Toleranz hilfreich sein, auf Mengers Arbeit zu rekurrieren.

Aus dem Blickwinkel der analytischen Moralphilosophie kann man abschließend vermuten, daß man sich in moralischer Hinsicht vielleicht nicht in gleicher Weise irren kann wie in wissenschaftlicher Hinsicht. Gleichwohl scheint man auch in moralischer Hinsicht bessere oder schlechtere Handlungsentscheidungen treffen zu können. Die analytische Moralphilosophie kann also durchaus hilfreich sein für diejenigen, die an moralischen Institutionen partizipieren wollen; und sie kann hilfreich sein, um herauszubekommen, wer nur *sagt,* daß er an moralischen Institutionen partizipieren will. Insofern deutet die Diskussion insgesamt darauf hin, daß es durchaus eine adäquate Theorie der Moral geben kann, die nicht nur von psychologischem oder soziologischem, sondern auch von moralischem Interesse ist.

5 Ausgewählte Literatur

Albert, H. (1972): *Konstruktion und Kritik;* Hamburg: Hoffmann und Campe.

Ayer, A.J. (1936): *Sprache, Wahrheit und Logik;* übers. v. H. Herring, Stuttgart: Reclam 1987.

Binmore, K. (1994): *Game Theory and the Social Contract* I & II*;* Lexington/Mass.: D. C. Heath.

Blackburn, S. (1984): *Spreading the Word;* Oxford: Oxford University Press.

Boyd, R. N. (1988): »How to be a Moral Realist«; in: McCord 1988.

Brink, D. O. (1989): *Moral Realism and the Foundations of Ethics;* Cambridge/Mass.: Cambridge University Press.

Carnap, R. (1931): »Die Überwindung der Metaphysik durch logische Analyse der Sprache«; *Erkenntnis,* 2.

– (1963): »Kaplan on Value Judgments«; in: Schilpp 1963.

Czaniera, U. (1992): »Die vierte These des Tractatus: Sturz und Reinthronisation der Philosophie«; *Deutsche Zeitschrift für Philosophie,* Vol. 40, Nr. 7.

– (1994): »Normative Tatsachen oder Tatsachen des Normierens?«; *Logos,* N. F. 1, Heft 3.

Flanagan, O. J. (1982): »Quinean Ethics«; *Ethics,* Vol. 93.

Foot, P. (1978): *Virtues and Vices and other Essays in Moral Philosophy;* Oxford: Oxford University Press.

Gibbard, A. (1990): *Wise Choices, Apt Feelings – A Theory of Normative Judgement;* Cambridge/Mass.: Harvard University Press.
Goldman, A.I. (1993): »Ethics and Cognitive Science«; *Ethics,* Vol. 103.
Goodman, N. (1955): *Tatsache, Fiktion, Voraussage;* übers. v. H. Vetter, Frankfurt/M.: Suhrkamp 1988.
Hare, R.M. (1952): *Die Sprache der Moral;* übers. v. P. v. Morstein, Frankfurt/M.: Suhrkamp 1983.
– (1962): *Freiheit und Vernunft;* übers. v. G. Meggle, Frankfurt/M.: Suhrkamp 1983.
– (1981): *Moralisches Denken;* übers. v. Chr. Fehige u. G. Meggle, Frankfurt/M.: Suhrkamp 1992.
Harman, G. (1977): *Das Wesen der Moral;* übers. v. U. Wolf, Frankfurt/M.: Suhrkamp 1981.
Hartmann, N. (1928): *Ethik;* Berlin: de Gruyter.
Hilpinen, R. (ed.) (1971): *Deontic Logic: Introductory and Systematic Readings;* Dordrecht: Reidel Publishing Company.
Honderich, T. (ed.) (1985): *Morality and Objectivity;* London: Routledge & Kegan Paul.
Hume, D. (1751): *Eine Untersuchung über die Prinzipien der Moral;* übers. v. G. Streminger, Stuttgart: Reclam 1985.
Hurley, S. L. (1985): »Objectivity and Disagreement«; in: Honderich 1985.
Kant, I. (1785): *Grundlegung zur Metaphysik der Sitten;* Bd. IV der Königl. Preuß. Akademie-Ausgabe, Berlin: 1911.
Kaplan, A. (1963): »Logical Empiricism and Value Judgments«; in: Schilpp 1963.
Kliemt, H. (1993): »Ökonomische Analyse der Moral«; in: Ramb, B.-Th./Tietzel, M. (eds.), *Ökonomische Verhaltenstheorie;* München: Vahlen.
Kraft, V. (1951): *Die Grundlagen einer wissenschaftlichen Wertlehre;* Wien: Springer.
– (1968): *Die Grundlagen derErkenntnis und der Moral;* Berlin: Duncker und Humblot.
Kutschera, F. v. (1982): *Grundlagen der Ethik;* Berlin, New York: de Gruyter.
MacIntyre, A. (1981): *After Virtue. A Study in Moral Theory;* Notre Dame: University of Notre Dame Press.
Mackie, J. L. (1977): *Ethik. Auf der Suche nach dem Richtigen und Falschen;* übers. v. R. Ginters, Stuttgart: Reclam 1983.
McCord, G. S. (ed.) (1988): *Essays on Moral Realism;* Ithaca: Cornell University Press.
McDowell, J. (1985): »Values and Secondary Qualities«, in: Honderich 1985.
McShea, R. J. (1978): »Biology and Ehtics«; *Ethics,* Vol. 88.

Mill, J.S. (1871): *Der Utilitarismus;* übers. v. D. Birnbacher, Stuttgart: Reclam 1985.
Mises, R. v. (1939): *Kleines Lehrbuch des Positivismus;* Frankfurt/M.: Suhrkamp 1990.
Platon: *Politeia.*
Popper, K. R. (1935): *Logik der Forschung,* Tübingen: J. C. B. Mohr (Paul Siebeck) [9]1989.
– (1945): *Die offene Gesellschaft und ihre Feinde;* übers. v. P. K. Feyerabend, Tübingen: Francke 1957.
Putnam, H. (1981): *Vernunft, Wahrheit und Geschichte;* übers. v. J. Schulte, Frankfurt/M.: Suhrkamp 1990.
Quine, W. V. O. (1953): *Von einem logischen Standpunkt;* übers. v. P. Bosch, Frankfurt/M., Berlin: Ullstein 1979.
– (1981): *Theorien und Dinge;* übers. v. J. Schulte, Frankfurt/M.: Suhrkamp 1991.
Rawls, J. (1971): *Eine Theorie der Gerechtigkeit;* übers. v. H. Vetter, Frankfurt/M.: Suhrkamp 1979.
Scheler, M. (1921): *Der Formalismus in der Ethik und die materiale Wertethik;* Halle: Niemeyer.
Schilpp, P. A. (ed.) (1963): *The Philosophy of Rudolf Carnap;* La Salle/Illinois: Open Court.
Schlick, M. (1930a): »Die Wende der Philosophie«; *Erkenntnis,* 1.
– (1930b): *Fragen der Ethik;* Frankfurt/M.: Suhrkamp 1984.
Singer, P. (1979): *Praktische Ethik;* übers. v. J.-C. Wolf, Stuttgart: Reclam 1984.
Stevenson, C. L. (1944): *Ethics and Language;* New Haven: Yale University Press.
Taylor, M. (1987): *The Possibility of Cooperation;* Cambridge: Cambridge University Press.
Warnock, M. (1960); *Ethics since 1900;* Oxford: Oxford University Press [3]1990.
Werner, R. (1983): »Ethical Realism«; Ethics, Vol. 93.
– (1985): »Ethical Realism Defended«; *Ethics,* Vol. 95.
Wiggins, D. (1976): »Truth, Invention and the Meaning of Life«; in: McCord 1988.
Williams, B. (1985): »Ethics and the Fabric of the World«; in: Honderich 1985.
Wittgenstein, L. (1921): *Tractatus logico-philosophicus;* Frankfurt/M.: Suhrkamp 1984.
– (1965): »Vortrag über Ethik«; übers. v. J. Schulte, in: *Vortrag über Ethik und andere kleine Schriften;* Frankfurt/M.: Suhrkamp 1989.

Karl Menger

Moral, Wille und Weltgestaltung

Grundlegung zur Logik der Sitten

Editorische Vorbemerkung

Für die vorliegende Edition des Textes »Moral, Wille und Weltgestaltung. Grundlegung zur Logik der Sitten« konnte die im Jahre 1934 im Verlag Julius Springer in Wien erschienene Druckfassung im wesentlichen unverändert übernommen werden.

Die Zitierweise Mengers mußte allerdings durchgängig heutigen Maßstäben angepaßt werden. Menger selbst begnügte sich zumeist mit der Angabe des zitierten Autors oder verzichtete selbst darauf. Es erschien daher unvermeidlich, sämtliche namentlichen oder thematischen Verweise Mengers auf andere Autoren in Anmerkungen aufzuführen. Alle Anmerkungen stammen vom Herausgeber. Eine weitere Modifikation des Originaltextes wurde dadurch nahegelegt, daß Menger für mengenalgebraische Symbole eine Schreibweise gewählt hat, die erstens veraltet und zweitens etwas irreführend ist, da diese Zeichen im gleichen Text auch noch in anderer Bedeutung verwendet werden. Sie wurden daher gemäß folgender Tabelle durchgängig durch die heute üblichen mengenalgebraischen Symbole ersetzt:

	Mengers Notation	heutige Notation
Schnittmenge:	$A \,.\, B$	$A \cap B$
Vereinigungsmenge:	$A + B$	$A \cup B$
Differenzmenge:	$A - B$	$A \setminus B$
Nullmenge:	0	$\emptyset$

Für seine freundliche Unterstützung beim Zustandekommen dieses Bandes bedanke ich mich bei Prof. Dr. Rainer Hegselmann. Ich danke außerdem Björn Haferkamp für seine konstruktive Kritik sowie Dagmar Borchers für ihre Hilfe bei Kopierarbeiten und bei der Suche nach Zitaten.

1. Gemeinsame Züge der älteren Moralsysteme und Ethiken

(Ein einleitender Brief über einiges,
was im folgenden nicht enthalten ist)

Du drückst mir Dein Erstaunen aus, lieber Freund, mich in Untersuchungen über ethische Probleme verwickelt zu finden. Tatsächlich beschäftigen mich diese Fragen schon seit langem. Daß ich aber neben diesem Interesse die ganze Zeit hindurch den exakten Wissenschaften so intensiv (ja dem Anschein nach völlig) hingegeben war, das hatte außer der Anziehungskraft dieser Wissenszweige selbst seinen Grund eben darin, daß mathematisch-logisches Forschen mir als eine unerläßliche Schulung für alle Zweige geistiger Betätigung erscheint und ganz vorzüglich auch, so sonderbar Dich dies dünken mag, für die Behandlung der Fragen der Moral. Ja, in ihrer Anwendbarkeit auf die Probleme der Ethik erblicke ich eine für das Leben wichtige Seite der exakt-wissenschaftlichen Erkenntnisse oder jedenfalls der exakt-wissenschaftlichen Denkweise.[1]

Du knüpfst an Deine Verwunderung zwei Befürchtungen: Einerseits werde mein Temperament mich verführen, vorschnell in der Ethik, die doch lediglich Erkenntnisse über Sittlichkeit anstrebt, gefühlsmäßig wertende Aussagen zu machen; anderseits könnte meine exakt-wissenschaftliche Denkweise mich verleiten, in der Moral, welche aus Gefühlen heraus Sittlichkeit formen will, rein verstandesmäßig vorzugehen. Dieser Gefahren war ich mir völlig bewußt, und ich werde mich bemühen, so wie es Deiner Warnung entspricht, einerseits verstandesmäßige Tätigkeit auf die ethischen Untersuchungen zu konzentrieren, ohne in dieselben irgendwelche Gefühlsäußerungen einfließen zu lassen – anderseits

1 Der für empiristisch orientierte Philosophen vielleicht etwas seltsam klingende Titel des Buches dürfte eine ironische Anspielung auf zwei Klassiker sein: Schopenhauers »Die Welt als Wille und Vorstellung« und Kants »Grundlegung zur Metaphysik der Sitten«. Dies wird insbesondere dann deutlich, wenn man den wesentlich nüchterneren Titel der englischen Ausgabe betrachtet: »Morality, Decision and Social Organization. Toward a Logic of Ethics.«

die meinen persönlichen Gefühlen entsprechenden Wertungen, wenn ich sie überhaupt zur Sprache bringen soll, ganz gesondert und als solche gekennzeichnet hinter die Resultate der theoretischen Überlegungen zu stellen.

Welches die Ergebnisse meiner Beschäftigung mit ethischen Fragen sind? Du wirst sie aus folgenden Blättern kennenlernen. In diesem Brief will ich Dich nur auf einige gemeinsame Züge der älteren Erwägungen über diesen Gegenstand aufmerksam machen, die Du in meinen Überlegungen *nicht* finden wirst.

Vor allem hat es die nach Erkenntnissen über die Sittlichkeit suchende Ethik als eine ihrer Hauptaufgaben betrachtet, nach »dem Begriff des Sittlichen« zu forschen, Erkenntnis »des Wesens des Guten« zu erlangen, »die Umschreibung der Pflichten« zu liefern, »das Prinzip der Tugend« zu erkennen usw. Ich nun werde mich mit keiner dieser Fragen beschäftigen.

Entsprechend haben die bisherigen Absichten zu einer Sittlichkeitsformung, wie wir sie in den großen Moralsystemen, bei Philosophen und teilweise auch in den Rechtsnormen vorfinden, sosehr sie in manchen Punkten voneinander abweichen, doch das Gemeinsame, daß jedes einzelne dieser Systeme mit dem Anspruch auf Allgemeingültigkeit seiner Regelung der Sittlichkeit auftritt in dem Sinne, daß für alle Menschen das von ihm Geforderte das Sittliche (nicht unsittlich und auch nicht bloß indifferent), das von ihm Verbotene das Unsittliche (nicht sittlich und auch nicht bloß indifferent) sei, und dazu noch im Sinne einer raum-zeitlichen Allgemeingültigkeit. Die menschlichen Beziehungen sind aber zumindest nach Ort und Zeit verschieden – ganze Gruppen von menschlichen Beziehungen entstehen und vergehen beispielsweise mit technischem Fortschritt –, so daß in anderen Gebieten und in späteren Perioden diese Absichten zur Sittlichkeitsformung ganze Gruppen von menschlichen Beziehungen nicht erfassen und ungeregelt lassen. Nun, meine Absicht ist es nicht, ein bestimmtes Moralsystem mit Anspruch auf seine Allgemeingültigkeit hinzustellen oder aufzustellen, weder eines der bekannten noch ein neues, von den bisherigen Systemen abweichendes, und zwar führen weder meine Überlegungen mich zwangsläufig zu irgendeinem solchen System noch läßt mein Gefühl eine solche einheitliche Regelung angesichts der tatsächlichen Verhältnisse mir wünschenswert erscheinen.

Sofern die bisherigen Ethiken über Begriffsentwicklungen, We-

sensdarlegungen, Umschreibungen usw. hinausgekommen sind, haben sie in ihrer überwiegenden Mehrzahl »Begründungen der Moralbegriffe« und »Rechtfertigungen der Moralsysteme« zu liefern vorgegeben. Sie stützten die moralischen Vorschriften auf den Willen der Natur oder auf Gerechtigkeit oder auf das Streben nach Vervollkommnung oder auf den Weg der Vollendung oder auf das Schöne oder auf die Pflicht oder auf das Wohl der Menschheit oder auf das Wohl des Staates oder auf das Wohl der einzelnen oder auf die Interessen von Menschen oder von Menschengruppen oder auf ein absolut Wertvolles oder auf dergleichen. Ich, mein Freund, werde in meinen erkenntnismäßigen Ausführungen lediglich Tatsachen festzustellen, zu beschreiben und zu ordnen suchen – von Begründungen und Rechtfertigungen wird dabei naturgemäß gar nicht die Rede sein; in etwaigen von den erkenntnismäßigen Ausführungen getrennten und besonders gekennzeichneten wertenden Teilen aber – wenn Du wünschen solltest, daß von Wertungen überhaupt die Rede sei – werde ich ausschließlich auf meine persönlichen Gefühle mich berufen – von allen den genannten Prinzipien wird nicht die Rede sein.
Auch die Rechtssysteme der Staaten bleiben jeweils hinter den sich ändernden Verhältnissen zurück, doch müssen manche neu auftretende Gruppen von menschlichen Beziehungen zum mindesten einige Zeit nach ihrem häufigen Erscheinen im Interesse der Aufrechterhaltung der Ordnung durch zusätzliche Vorschriften geregelt werden. Gerade diese Elastizität der Rechtssysteme ist aber vielleicht einer der Gründe dafür, daß viele ethische Untersuchungen den im Recht geregelten Beziehungen ausweichen, wie übrigens auch die Moralsysteme vielfach eine Klärung ihres Verhältnisses zu den Rechtssätzen vermeiden. Es ist ein allgemeiner Zug in der Haltung, wenn schon nicht im Wortlaute zahlreicher ethischer Untersuchungen, daß eine rechtliche Regelung nur die gröberen menschlichen Verhältnisse, eine moralische aber die tieferen, mehr innerlichen Beziehungen finden, so daß die höhere Moral erst mit der Beurteilung des rechtlich Indifferenten beginnt, also dort anfängt, wo das Recht endet, und entsprechend ist die Haltung gegenüber Wirtschaftlichkeitsnormen, Hygiene usw. Da nun gerade die für die Praxis bedeutungsvollsten menschlichen Beziehungen im Recht geregelt werden und mit wirtschaftlichen, hygienischen und anderen Fragen zusammenhängen, so muß ein Verzicht auf die Untersuchung rechtlicher und anderer prakti-

scher Umstände in der Ethik vor allem mit sich bringen, daß die Ethik die den modernen Menschen am meisten bewegenden Fragen nicht behandelt. Ich nun werde, unbekümmert um die verschwommenen Grenzen zwischen Moral einerseits und Recht, Wirtschaftlichkeit, Hygiene usw. andererseits, die ich weder zu verlöschen noch deutlich zu ziehen suchen werde, da beides für meine Zwecke belanglos wäre, möglichst allgemein das menschliche Verhalten und seine Regelung untersuchen.
Erwarte aber nicht etwa inhaltliche Untersuchungen über Fragen von Politik oder Wirtschaft oder Biologie von mir! So wichtig auch vielfach diese Gegenstände für die menschlichen Beziehungen im allgemeinen und für die in der herkömmlichen Ethik betrachtete Seite des menschlichen Verhaltens im besonderen sind, so handelt es sich in meinen Überlegungen ja, wie ich Dir geschrieben habe, um Anwendungen exaktwissenschaftlicher Denkweise, welche nur die formale Seite der Fragen erfaßt, während alles Entdecken und Sammeln des empirischen Materials, das für die praktischen Aufgaben von ausschlaggebender Bedeutung ist, völlig außerhalb der Grenzen fällt, die ich mir setzen mußte.
Nimm noch hinzu, daß die von den meisten Ethikern mit so besonderer Breite besprochenen Fragen, was Ethik sei, was den Gegenstand dieser Wissenschaft bilde, welche Aufgaben sie habe usw., völlig außerhalb des Bereiches der von mir behandelten Probleme liegen, so hast Du einerseits beinahe eine Zusammenstellung des hauptsächlichen Inhaltes der herkömmlichen Bücher über Ethik und weißt anderseits, daß ich über alle diese Gegenstände nicht sprechen und an den endlosen sie betreffenden Polemiken mich nicht beteiligen werde.
Aber damit will ich dieses Schreiben schließen und Dir einige erkenntnistheoretisch-logische Aufzeichnungen senden, nicht zu einem erkenntnistheoretischen System zusammengestellt – denn so sehr ich systematische Theorien in den einzelnen exakten Wissenschaften schätze und über mathematische Fragengruppen auch selbst zu entwickeln suche, so wenig bin ich für Systematik in der Erkenntnistheorie eingenommen, und zudem sind für die ethischen Fragen nur wenige, ganz primitive erkenntnistheoretische Bemerkungen erforderlich, während ich kompliziertere Untersuchungen Dir einmal gelegentlich der Behandlung anderer Fragen mitzuteilen hoffe – sondern ich will diese Aufzeichnungen einfach so aneinanderreihen, daß Du eine ungefähre Vorstellung davon

gewinnen magst, worum es sich in meinen ethischen Untersuchungen handeln kann, falls Du nach Kenntnisnahme der Dir eben mitgeteilten langen Liste von Gegenständen, die Du bei mir *nicht* behandelt findest, überhaupt noch den Wunsch fühlen solltest, die Ergebnisse meiner Untersuchungen zu erfahren.

II. Einige Richtlinien für die folgende Behandlung der ethischen Fragen
(Erkenntnistheoretisch-logische Aufzeichnungen über Gut und Böse)

1. Die Entwicklung der Moral eines Menschen und die moralischen Einteilungen der Menschen

Die Entwicklung des Gebrauches der Worte »gut« und »böse« beim einzelnen Individuum erfolgt so, daß das Kind von den Erwachsenen seiner Umgebung hört, daß dieselben unter den menschlichen Handlungen und Unterlassungen manche als gut und manche als böse bezeichnen. Seitens der Erzieher des Kindes erfolgen diese billigenden und mißbilligenden Benennungen im Tone von Lust- bzw. Unlustäußerungen mit der entschiedenen Absicht, auch beim Kinde den nämlichen Gebrauch der Worte »gut« und »böse« zu erreichen, und mit dem Hauptziel, die tatsächlichen Entschlüsse des Heranwachsenden in die Richtung des von ihm (dem Erzieher) als gut Bezeichneten zu lenken und aus der Richtung des von ihm als böse Bezeichneten abzulenken, zu welchem Zwecke durch Belohnungen und Bestrafungen, Verheißungen und Drohungen, Suggestionen und andere Mittel Lust oder zumindest die Erwartung irgendwelcher Art von Lust mit dem als gut Bezeichneten und Unlust oder zumindest die Erwartung irgendwelcher Art von Unlust mit dem als böse Bezeichneten verknüpft wird. Für die Anerziehbarkeit von Lustgefühlen und ihre Schöpfung durch Angewöhnung gibt es auch sonst Beispiele, sogar rein physiologische, vor allem aber ästhetische. Dennoch ist klar, daß die Erreichung des Zieles des Erziehers durch primäre lust- und unlustbetonte Erlebnisse des Kindes sehr erschwert wird. Sie gelingt im allgemeinen nur bis zu einem gewissen Grade sowohl hinsichtlich des Gebrauches der Worte »gut« und »böse«, als auch hinsichtlich der tatsächlichen Entschlüsse, als auch vielfach hinsichtlich der Übereinstimmung von Wortgebrauch und Handlungen, obwohl Unterschiede zwischen Reden und Handeln als Heuchelei bezeichnet und meistens besonders gerügt werden.

Der Heranwachsende findet neben dem von ihm erlernten Gebrauch der Worte »gut« und »böse« das System der Gesetze des Staates vor, dessen Bewohner er ist. Diese rechtlichen Vorschriften belegen viele, wenn auch durchaus nicht alle der seitens der Erzieher als böse bezeichneten Verhaltungsweisen und unter Umständen noch andere dazu mit Strafen. Unterschiede zwischen dem gesetzlich Verbotenen und dem als böse Bezeichneten sind beispielsweise: daß (um die Strafvorschriften nicht illusorisch zu machen) mit gesetzlichen Strafen nur solche Verhaltungsweisen verfolgt werden, die im allgemeinen auch ohne Geständnis des zu Strafenden feststellbar sind, nicht aber Gedanken oder ohne Geständnis im allgemeinen unerweisbare Handlungen – daß die gesetzlich verfolgten Handlungen (teils der präziseren Formulierung halber, teils weil die Gesetze lediglich auf praktisch belangreiches Verhalten gerichtet sind) vielfach genaue Grenzen besitzen (z. B. ein Maximalalter der Jugendlichen bestimmen, bis zu welchem ein erwachsener Partner für geschlechtlichen Verkehr bestraft wird, eine Minimalsumme nennen, von der angefangen Diebstahl oder Fundverheimlichung bestraft wird) usw.
Der Herangewachsene findet ferner die Worte »gut« und »böse« im Munde seiner Volksgenossen vor, und zwar von den verschiedenen Menschen durchaus nicht in voller Übereinstimmung verwendet, so daß vielfach ein und dasselbe menschliche Verhalten von verschiedenen Menschen als gut, als indifferent und als böse bezeichnet wird. In Fällen, wo die überwiegende Mehrheit der Menschen, mit welchen ein Individuum in direkten Beziehungen steht, in ihrer Beurteilung eines Verhaltens übereinstimmt, hat die Befolgung oder Nichtbefolgung dieser »öffentlichen Meinung«, die sich mit den gesetzlichen Vorschriften nicht immer deckt, für das Individuum gleichfalls praktische Konsequenzen.
Unter dem Eindruck der Erkenntnis dieser Sachlage und anderer Umstände sowie unter dem Einfluß stark gefühlsbetonter Erlebnisse ändert mancher herangewachsene Mensch im Laufe seines Lebens allmählich oder plötzlich, einmal oder mehrmals die allgemeine Richtung seiner Entschließungen, d. h. die Art seines Verhaltens in bestimmten Situationen, sowie seinen Gebrauch der Worte »gut« und »böse« ab. Von der erkenntnismäßigen Seite ist für das Zustandekommen einer solchen Änderung vor allem das maßgebend, was den Mangel an Starrheit der Worte »gut« und »böse« zum Bewußtsein bringt, also die Verschiedenheit ihres Ge-

brauches bei verschiedenen Menschen, die Unterschiede zwischen ihrer Verwendung seitens gewisser Einzelwesen, seitens der Gesetze und seitens der öffentlichen Meinung, ferner (bei größerer Umsicht) die Verschiedenheit der öffentlichen Meinung in verschiedenen Bevölkerungsgruppen, die Verschiedenheit der Gesetze in verschiedenen Staaten, die Wandlungen der Gesetze im Laufe der Zeit, die Möglichkeit des Einzelnen direkt oder indirekt auf die Umgestaltung der Gesetze Einfluß zu üben, die offenkundige Willkür der erwähnten Grenzen in den Gesetzen usw. Von Einfluß sind ferner die Kenntnisnahme historischer, wirtschaftlicher, biologischer und anderer Tatsachen und Theorien. Von der gefühlsmäßigen Seite sind besonders Erlebnisse maßgebend, die zur Zeit der Erziehung noch nicht auftreten konnten, also vor allem solche aus der Sphäre des Machtwillens und des Liebeslebens. Z. B. ändert mancher zu sexueller Ungebundenheit erzogene Mensch unter dem Eindruck ihn abstoßender Erlebnisse oder gegen ihn selbst sich richtender Folgen sexueller Ungebundenheit anderer seinen Gebrauch des Wortes »erlaubt«; anderseits modifiziert bisweilen ein nach der Regel »Jeder außereheliche Geschlechtsverkehr ist böse« erzogene Mensch unter dem Einfluß einer ihn während der Ehe zu einer dritten Person unwiderstehlich erfassenden Liebe seinen Gebrauch des Wortes »böse« usw.
Mit Rücksicht auf die praktischen Folgen geäußerter moralischer Beurteilungen je nach ihrer Übereinstimmung oder Nichtübereinstimmung mit den Gesetzen und der öffentlichen Meinung lassen manche Menschen ihre Äußerungen über Gut und Böse von der Richtung ihrer tatsächlichen Entschlüsse mehr oder weniger abweichen, ja bei einigen, z. B. bei manchen Demagogen, können wir sogar beobachten, daß ihre Äußerungen über Moral je nach den Umständen und den angesprochenen Personen verschieden sind. Dazu kommt, daß die tatsächlichen definitiven Entschlüsse eines Menschen nicht immer seinen durch Erziehung und die geschilderten Umstände entstandenen eigenen allgemeinen Wünschen bezüglich seines Verhaltens gemäß sind, so daß neben die tatsächliche Richtung der Entschlüsse eines Menschen und seine Äußerungen über Gut und Böse als Drittes noch die Richtung seiner Wünsche hinsichtlich der allgemeinen Richtung seines eigenen Handelns tritt, welche im wesentlichen das bildet, was als seine Gewissensstimme bezeichnet wird.
Wichtig ist, daß die Anteilnahme eines Menschen an den verschie-

denen Normen verschieden und zwar abgestuft ist. Die Normen über Diebstahl sind jedem Menschen wichtig, da jeder fortwährend in die Lage kommt zu stehlen und bestohlen zu werden. Die Normen hinsichtlich sexueller Perversitäten sind für den normalen Menschen von geringem Interesse. Die spezielle Art der Regelung monarchischer Erbfolge ist für den Bürger völlig gleichgültig.

Zugleich mit dem Gebrauch der Worte »gut« und »böse« wird der Gebrauch des Wortes »sollen« erlernt. Das Kind lernt die vom Erzieher gesprochenen Worte »du sollst dies tun« dahin verstehen, daß der Erzieher das betreffende Tun wünscht und das Nichttun vielleicht bestrafen wird. Es lernt später die mit »du sollst« beginnenden religiösen Gebote als von Gott kundgetane Wünsche bezüglich des menschlichen Verhaltens kennen, deren Übertretung mit Strafen geahndet wird. Es lernt ferner, daß man stets das Gute tun soll und das Böse nicht tun soll, womit, rein logisch betrachtet, eine der Gebrauchsarten des Wortes »gesollt« mit dem Gebrauch des Wortes »gut« identifiziert wird und sich daher parallel entwickelt. Der Heranwachsende lernt schließlich die staatlichen Gebote als gesollt kennen. Nähere Betrachtung zeigt also, daß der Gebrauch des Wortes »sollen« mit Äquivokationen behaftet ist. »Du sollst« kann Ausdruck eines Wunsches des Sprechenden oder Wiedergabe des Wunsches eines Dritten sein oder Übereinstimmung des als gesollt Bezeichneten mit einem (eventuell als selbstverständlicher Bezugspunkt angenommenen und gar nicht eigens genannten) System von Normen, vor allem von Rechtsnormen, ausdrücken oder synonym mit »gut« verwendet werden. Entsprechend lernt man die Frage »Soll ich dies tun?« äquivok aussprechen, bisweilen statt »Wünschst du, daß ich dies tue?« oder statt »Wünscht ein bestimmter Dritter, daß ich dies tue?« oder statt »Ist dies einem (eventuell nicht eigens genannten) System von Normen, z. B. von Rechtsnormen, gemäß?« oder statt »Ist dies gut?«

Viele Erwachsene kommen im Laufe ihres Lebens in die Lage, durch Erziehung ihrerseits den Gebrauch der Worte »gut« und »böse« fortzupflanzen und an der Schöpfung einer allgemeinen Entschlußrichtung bei Heranwachsenden mitzuwirken. Sie tun dies gewöhnlich in einer Form, die zwischen der ihnen seinerzeit anerzogenen und der von ihnen selbst abgeänderten liegt. Die im Laufe ihrer persönlichen Entwicklung erfolgte Änderung, die on-

togenetische Entwicklung der Worte »gut« und »böse«, wird zur Basis ihrer Erziehung der jüngeren Menschen, also zu einer phylogenetischen Änderung, insbesondere dann, wenn sie bei vielen Menschen einer Generation in gleicher Richtung aufgetreten ist.
Im übrigen wollen wir die phylogenetische Entwicklung der Worte »gut« und »böse«, d. h. die Geschichte der Wandlungen in ihrem Gebrauch bei den Deutschen, bzw. ihrer anderssprachigen Äquivalente bei anderen Völkern, die sich in ihrer Etymologie widerspiegelt, nicht verfolgen, so interessant für gewisse Zwecke die Ergebnisse derartiger Untersuchungen sein mögen. Selbst wenn nämlich beispielsweise sich herausstellte, daß »gut« in manchen Sprachen ursprünglich nur das Kräftige oder das Vornehme oder bei den Deutschen speziell das Gothische bezeichnete, so wäre derlei für unsere Zwecke doch nicht belangreicher als etwa der Umstand, daß König in den slawischen Sprachen kral heißt, was eine Verballhornung des Namens von Karl dem Großen ist, oder das deutsche Wort »Kaiser« aus Caesar entstanden ist, für die Verfassungslehre.[2]
Tatsache ist als Ergebnis der geschilderten Entwicklung *erstens*, daß der einzelne Mensch hinsichtlich zahlreicher konkreter menschlicher Handlungen und Unterlassungen in konkreten Situationen die Fragen »Ist dies gut?«, »Ist dies nicht gut (d. h. böse oder indifferent)?«, »Ist dies böse?«, »Ist dies nicht böse (d. h. gut oder indifferent)?« mit »ja« oder »nein« beantwortet. Der einzelne Mensch wird nicht hinsichtlich *aller* konkreten menschlichen Verhaltensweisen die Fragen »Ist dies gut?«, »Ist dies sittlich gleichgültig?«, »Ist dies böse?« mit »ja« oder »nein« beantworten. Er wird in manchen Fällen nach langer Überlegung antworten: »Das kann ich nicht sagen.« Ja fast jeder Mensch kommt im Laufe seines Lebens mehrmals tatsächlich in Situationen, in welchen er hinsichtlich des von ihm selbst eingeschlagenen Verhaltens diese Frage nicht beantworten kann. Der einzelne nimmt also nicht eine Einteilung *sämtlicher* konkreter menschlicher Verhaltungsweisen

2 Dies ist nicht so selbstverständlich, wie es angesichts von Mengers Ausführungen scheinen mag. So war es z. B. für Nietzsches Auffassung der Moral ganz entscheidend, daß man im Griechenland zu Zeiten Homers mit dem Ausdruck »gut« (*ἀγαθός*) vor allem jene Menschen charakterisierte, die kämpfen, Intrigen spinnen und erfolgreich herrschen; vgl. Nietzsche, F. (1887): *Zur Genealogie der Moral;* 1. Abhandlung, Unterkapitel 4; Bd. v der kritischen Studienausgabe, Berlin 1980.

in gute, indifferente und böse vor. Aber jeder einzelne vollsinnige erwachsene Deutsche weist die Mehrzahl der konkreten menschlichen Verhaltungsweisen einer dieser drei Kategorien zu, indem er sie als gut oder als sittlich gleichgültig oder als böse bezeichnet, und jeder einzelne vollsinnige erwachsene Franzose nimmt eine entsprechende Dreiteilung mit der Benennung »bon«, »indifférent«, »mauvais« vor. Dabei sind mit Rücksicht auf die erwähnte Abstufung des Interesses des einzelnen Menschen an den verschiedenen Normen die Grenzen zwischen der Klasse der ihm indifferenten Normen einerseits und den Klassen der von ihm gebilligten und mißbilligten Normen anderseits oft nicht ganz scharf.

Tatsache ist *zweitens*, daß verschiedene Menschen hinsichtlich vieler konkreter menschlicher Handlungen und Unterlassungen auf die Fragen »Ist dies gut?«, »Ist dies indifferent?«, »Ist dies böse?« die nämliche Antwort, hinsichtlich vieler menschlicher Verhaltungsweisen aber untereinander verschiedene Antworten geben. Einen Raubmord bezeichnen fast alle Menschen als böse; eine Tötung im Duell bezeichnen manche als geboten, manche als indifferent, manche als böse; die Tötung eines Gegners im Kriege wird von vielen als gut, von vielen als indifferent, von wenigen als böse bezeichnet.

Beachten wir die erwähnte Möglichkeit von Unterschieden zwischen dem tatsächlichen Handeln, den Äußerungen über Gut und Böse und den inneren moralischen Beurteilungen, so sehen wir, daß jeder Mensch nicht nur *eine* Dreiteilung, sondern mindestens *drei* Dreiteilungen der Verhaltungsweisen vornimmt: eine in die ihm innerlich als gut, indifferent und böse erscheinenden, eine in die von ihm gut, indifferent und böse genannten und eine in die von ihm in der Tat regelmäßig befolgten, die von ihm bald befolgten, bald vermiedenen und die von ihm regelmäßig vermiedenen Verhaltungsweisen. Spricht man bei gewissen Untersuchungen von *einer* Dreiteilung, sieht man also von den Unterschieden der verschiedenen Dreiteilungen ab oder, noch anders ausgedrückt, beschränkt man sich auf die Betrachtung des Falles der Übereinstimmung der verschiedenen Dreiteilungen, so geschieht dies, um die Untersuchungen nicht allzusehr zu verwickeln, ohne daß aber bestritten werden soll, daß gerade die Abweichungen zwischen den verschiedenen Dreiteilungen und ihre Entstehung beim einzelnen, sowie gleiche Abweichungen zwischen den verschiedenen

Dreiteilungen zahlreicher verschiedener Menschen ein wichtiges Moment bei genaueren Untersuchungen darstellen und für sich einen interessanten Untersuchungsgegenstand bilden.

2. Die Ideale

Im Vorangehenden – so wird man sagen – war nur die Rede von dem, was gut und böse *genannt* wird. Die Moralsysteme aber machen darüber Aussagen, was gut und böse *ist*, und auch das Streben der Ethik war vor allem darauf gerichtet, zu erkennen, was gut und böse *ist*. Da man den Satz auszusprechen pflegt »Wir sollen tun, was gut ist, und sollen nicht tun, was böse ist«, so wurde die Frage: »Welche Verhaltungsweisen sind gut?« auch in der Form gestellt: »Was sollen wir tun?«
Gut ist, *was dem Willen der Natur entspricht*, lautet eine Antwort.[3] Aber was entspricht dem Willen der Natur? Überall in der Natur sehen wir das Kräftige siegen; die Natur will den Sieg und die Blüte des Starken und die Vernichtung und das Verschwinden des Schwachen. Es ist bis zu einem gewissen Grade klar, was für ein System von Normen für das menschliche Verhalten diesen Überlegungen entspricht. Aber ebenso kann man sagen: Auch das Mitleid, das viele Starke mit Schwächeren fühlen, ist ein von der Natur stammendes menschliches Gefühl, dessen Auswirkung also dem Willen der Natur entspricht. Es ist klar, daß diesen Überlegungen ein dem obigen ganz widersprechendes System von Geboten und Verboten entspricht. Oder ein anderes Beispiel: Der Natur entspricht, daß wir den Acker bebauen und ein einfaches Leben führen. Aber ebenso kann man sagen: Die Natur will, daß wir Verstand und Findigkeit, die sie uns doch mitgegeben hat, gebrauchen, drahtlos telegraphieren und uns schließlich in den Weltraum zur Besiedlung anderer Himmelskörper erheben. Wir sehen also, daß, erst wenn Festsetzungen darüber getroffen sind, *was* dem Willen der Natur entspricht, die an sich mit den verschiedensten Festsetzungen verträgliche Aussage »gut ist, was dem Willen der Natur entspricht« einen Inhalt erhält, sehen aber zu-

3 Eine solche Position habe ich als »naturalistisch« klassifiziert; vgl. 3.1.2 in der Einleitung.

gleich, daß, sobald solche Festsetzungen getroffen sind, die erwähnte Aussage entbehrlich ist.
Gut ist, *das Gerechte zu tun,* ist eine zweite Antwort. Aber was ist in einem konkreten Falle gerecht? Jedem das zu geben, was ihm zukommt. Aber was kommt in einem konkreten Falle jedem zu? Sobald ein System von Festsetzungen hierüber getroffen ist, liegt hierauf eine Antwort vor, die aber offenbar eben in dem speziellen System von Festsetzungen besteht, während die Aussage, daß das durch diese Normen festgelegte Verhalten gerecht sei, offenbar belanglos ist. Sind hingegen keine zusätzlichen Festsetzungen getroffen oder handelt es sich gerade darum, solche zu treffen, dann liegen sowohl was die Entstehung beim einzelnen als auch was den Gebrauch seitens verschiedener Menschen betrifft, die Verhältnisse für das Wort »gerecht« genau so, wie sie in der vorigen Aufzeichnung für das Wort »gut« geschildert wurden, so daß in diesen Fällen die Zurückführung des Guten auf das Gerechte keinen Fortschritt bringt. Insbesondere weichen in diesen Fällen die Verwendungen des Wortes »gerecht« seitens verschiedener Menschen in manchen Punkten voneinander ab. Allerdings kann man den Gebrauch des Wortes präzisieren, z. B. indem man festsetzt, gerecht solle heißen, was von irgendeinem bestimmten Menschen gerecht genannt wird; dann liegt aber eben wieder eine zusätzliche Festsetzung vor, die eine entscheidende Grundlage des so präzisierten Wortgebrauches bildet.
Gut ist, *was dem Streben nach Vervollkommnung, dem Weg zur Vollendung entspricht;* gut ist *das Schöne,* sind weitere Antworten. Aber worin besteht die Vervollkommnung, der Weg zur Vollendung, das Schöne? Und zwar nicht nur im allgemeinen, sondern welche Entscheidung gebietet uns das Streben nach Vervollkommnung in irgendeinem ganz konkreten Fall zu treffen? Sobald unter Berufung auf die erwähnten Ideale ein System von Normen festgelegt ist, spielt wieder nur dieses System, nicht seine ideale Benennung eine tatsächliche Rolle.
Gut ist, das zu tun, *was die Pflicht befiehlt,* ist eine weitere Antwort. Aber was befiehlt die Pflicht? Hier ist die Sachlage insofern von den zuvor betrachteten Idealen verschieden, als Kant in seiner »Grundlegung zur Metaphysik der Sitten« den großen Versuch gemacht hat, die Pflicht mit einem einzigen formalen Prinzip aufs engste zu verknüpfen, nämlich mit dem sogenannten kategorischen Imperativ »Handle stets nach derjenigen Maxime, von der

du wollen kannst, daß sie ein allgemeines Gesetz werde!«[4] Ohne uns hier mit der erkenntnistheoretischen Natur, den Gründen des Geltungsanspruches dieses Prinzips oder den sonstigen Kant selbst und den meisten Philosophen wichtigen Problemen zu befassen, welche sich auf diesen Imperativ beziehen, wollen wir für unsere Zwecke lediglich die folgende Frage uns vorlegen: Was fließt in konkreten Situationen aus dem kategorischen Imperativ an konkreten Vorschriften?

Bei der Untersuchung dieser Frage drängt sich vor allem die Bemerkung auf, daß man, um von einer Maxime wollen zu können, daß sie allgemeines Gesetz werde, zunächst einen gewissen Überblick über die Konsequenzen haben muß, die das betreffende allgemeine Gesetz nach sich ziehen würde. Jeder Mensch hat also, bevor er den Imperativ auf eine Entscheidung anwenden kann, eine Erkenntnistätigkeit zu vollbringen. Die Durchführung derselben, ja selbst die Erlangung eines auch nur *ungefähren* Überblickes über die Konsequenzen einer allgemeinen Vorschrift (ein *genauer* Überblick ist völlig unerreichbar) ist aber schon in ziemlich einfachen, im menschlichen Leben täglich auftretenden Situationen, wenn überhaupt, so jedenfalls nur mit Schwierigkeiten möglich, denen ein durchschnittlich begabter Mensch noch dazu vor jedem Entschluß kaum gewachsen ist. Sind diese Schwierigkeiten schon fast unüberwindlich, wenn es sich um den für unsere Betrachtung statischen Fall handelt, daß sämtliche Menschen ihre Pflicht (d. h. den kategorischen Imperativ) erfüllen, so steigern sie sich ins Unermeßliche im Falle ethischer Dynamik, d. h. wenn es sich fragt, wie der einzelne darauf reagieren soll, daß ein anderer absichtlich seine Pflicht verletzt und bewußt dem kategorischen Imperativ zuwiderhandelt, oder wenn es sich darum handelt, Gesetze und Formen des Zusammenlebens zu ändern.

Ein Ergebnis der Überlegungen ist aber von vornherein klar: Es gibt in fast jeder konkreten Situation mehrere einander ausschließende Entscheidungen, die, wenn sie in derselben Situation von allen Menschen getroffen würden, zu einem möglichen Zusammenleben der Menschen führen würden. Fragt ein Mann etwa, ob er in strenger Einehe leben soll, so kann der kategorische Imperativ, wenn die Zahl der Männer die der Frauen nicht übertrifft, dies bejahen, denn es ist im erwähnten Falle völlig durchführbar,

4 Vgl. in der ausgewählten Literatur Kant 1785: S. 421.

daß alle Männer in strenger Einehe leben. Fragt er sich, ob er polygam leben dürfe, so kann der kategorische Imperativ dies, wenn die Anzahl der Frauen die der Männer übertrifft, nicht verneinen, insofern als bekanntlich Polygamie die Lebensform großer und mächtiger Kulturkreise, also sicher eine allgemein durchführbare Lebensform ist. Der kategorische Imperativ in der angeführten Form geht denn auch nicht bloß dahin, daß man so handeln soll, daß die Maximen des Handelns zu allgemeinen Gesetzen werden können – (dieses letztere Gebot wird zwar in der »Kritik der praktischen Vernunft« als Grundgesetz der reinen praktischen Vernunft bezeichnet, erfaßt aber der »Grundlegung zur Metaphysik der Sitten« zufolge lediglich die engeren, strengen, unnachlaßlichen Pflichten) – sondern lautet: Handle stets nach Maximen, von denen du zugleich *wollen kannst,* daß sie zu allgemeinen Gesetzen werden. Der erwähnte Überblick über die Konsequenzen eines allgemeinen Gesetzes ist also nur eine Vorbedingung für die Anwendung des so gefaßten Imperativs auf einen konkreten Fall. Wenn ein Mensch vor einer zu treffenden Entscheidung den erforderlichen Überblick über die Konsequenzen der verschiedenen für diesen Fall denkbaren allgemeinen Gesetze erlangt hat, so muß er, um den Imperativ anzuwenden, nach derjenigen Maxime handeln, für welche er das entsprechende allgemeine Gesetz nebst allen seinen Konsequenzen *wollen kann.*
Aber welche Gesetze *kann er wollen?* Wenn hier »können« erstens die logische Möglichkeit bedeutet, so sind es alle widerspruchsfreien Gesetze, also im allgemeinen *mehrere,* und es ist keine bestimmte Entscheidung vorgeschrieben. Wenn »wollen können« zweitens das irgendwelchen Idealen Gemäße bedeutet, dann müssen, damit aus dem Imperativ Vorschriften resultieren, diese Ideale genannt und präzisiert werden (was Kant nicht explizit tut) und diese Präzisierung ist es dann, woran in letzter Linie die Herleitung konkreter Vorschriften knüpft. Ist aber drittens einfach gemeint, daß er nach jenen Maximen handeln soll, die er als Allgemeingesetze tatsächlich *will,* dann knüpft die Herleitung konkreter Vorschriften für jeden einzelnen in letzter Linie an das System der von ihm gewollten Gesetze.
Ein ganz extremes Beispiel erhält man, wenn ein Mensch auf die Frage, ob er in völliger geschlechtlicher Enthaltsamkeit leben solle, den kategorischen Imperativ anzuwenden sucht. Derselbe besagt, daß er dieser Maxime gemäß leben soll, falls er völlige

Enthaltsamkeit als allgemeines Gesetz wollen kann. Was erstens die rein logische Möglichkeit betrifft, so ist klar, daß die Norm, alle Menschen sollen völlig enthaltsam leben, nicht widerspruchsvoll ist (wie es z. B. die schon rein logisch unmögliche Norm wäre, alle Männer sollen völlig enthaltsam leben, die Frauen dagegen sollen heterosexuellen Verkehr haben). Was zweitens diese allgemeine Norm vom Standpunkt gewisser Ideale betrifft, so ist natürlich klar, daß gemäß jedem den Fortbestand des Menschengeschlechtes bejahenden Ideal das allgemeine Gesetz völliger Enthaltsamkeit zu verwerfen ist, da es ja das Aussterben des Menschengeschlechtes mit der jetzt lebenden Generation zur Folge hätte. Für das Ideal der Ausrottung der Menschheit eines Misanthropen oder völligen Pessimisten hingegen wäre der Enthaltsamkeitsselbstmord eine der Verwirklichungen. Ob drittens jemand das allgemeine Gesetz mit seinen Konsequenzen tatsächlich will, das ist eine nur von ihm selbst beantwortbare Frage, die im erwähnten Beispiel sicher von fast allen Menschen verneint wird.
Es ist klar, daß in zahlreichen nicht allzu extremen und gerade darum praktisch bedeutsamen Fällen allgemeine Regeln sich angeben lassen, welche erstens widerspruchsfrei sind, zweitens, gewissen Idealen gemäß, gewissen Idealen zuwider sind und drittens von vielen Menschen tatsächlich gewollt, von vielen tatsächlich nicht gewollt werden. Dazu kommt noch folgendes: Wenn ein Durchschnittsmensch, vor eine Wahl gestellt, diejenige Entscheidung trifft, von der er wünscht, daß jeder andere Mensch in dem gleichen Falle sie treffe, so wird er sich unter Umständen dabei doch sicher vorbehalten, eine andere Entscheidung zu treffen, als er sie in der betreffenden Situation einem Schwachsinnigen, einem gemeingefährlich Veranlagten oder vielleicht auch einem Siechen zubilligen würde, und er kann sich dabei auf den kategorischen Imperativ mit den Worten berufen, daß ein Gemeingefährlicher, vor die betreffende Wahl gestellt, wie er, nicht »den gleichen Fall« repräsentieren würde. Mit demselben Argumente kann sich aber auf den kategorischen Imperativ auch ein sich selbst als besonders kräftig oder hervorragend betrachtendes Individuum berufen, wenn es sich selbst und eventuell noch einigen gleich Hervorragenden oder einer gewissen Menschengruppe Ausnahmsmaximen zubilligt, indem es sagt: »Ich handle nach derjenigen Maxime, von der ich will, daß sie allgemeines Gesetz, d. h. in jedem gleichen Fall zur Maxime werde; wenn aber ein anderer Mensch in dieselbe

Situation versetzt wird, wie ich, so liegt ein gleicher Fall doch nur dann vor, wenn er ebenso stark ist wie ich; und ebenso stark wie ich ist niemand. bzw. nur der und der, bzw. nur diese und jene Menschengruppe.« Ein anderes Individuum kann freilich bestreiten, daß das ersterwähnte einen Sonderfall darstellt, sowie auch, daß der betreffende Sonderfall im betreffenden Gesetz besonders berücksichtigt werden soll. Dies zeigt, daß konkrete Folgerungen aus dem kategorischen Imperativ erst herleitbar sind nach Festlegung von Bestimmungen darüber, ob und welche Individuen in welchen Gesetzen verschiedene Berücksichtigung finden sollen.

Zusammenfassend sehen wir, daß ohne Festlegung eines speziellen Systemes von Normen auch der kategorische Imperativ und der durch ihn festgelegte Begriff der Pflicht nicht zu konkreten Vorschriften führen, daß aber, wenn durch allgemeine Ideale oder den Eigenwillen der Individuen sowie durch Sonderstellung gewisser Individuen oder Individuengruppen solche Normensysteme zum Imperativ der Pflicht hinzugenommen werden, für die Praxis nur diese Normensysteme, nicht aber der Umstand, daß man durch sie das Wort »Pflicht« erklärt, das Maßgebende sind.

Von anderer Art scheint auf den ersten Blick eine weitere Antwort auf die Frage »Was sollen wir tun?« zu sein, die Antwort nämlich, man solle so handeln, *wie es dem Wohl von irgend etwas entspricht,* z. B. wir sollen alle unsere Handlungen zum Wohl des Staates einrichten. Aber worin besteht das Wohl des Staates? Besteht es darin, daß alle seine Einwohner friedlich und möglichst wohlhabend beisammenleben? Besteht es darin, daß er andere Staaten besiegt und neue Gebiete erwirbt? Besteht es in einer möglichst gleichen Verteilung der Macht und der Güter unter seinen Bewohnern? Oder darin, eine mächtige und begüterte Aristokratie zu züchten? Und wenn das letztere, worin soll die Aristokratie bestehen? In Geburt, in geistigen oder körperlichen Merkmalen, in allgemein anerkannten Verdiensten? usw. Ganz dieselben Erwägungen lassen sich natürlich mit Bezug auf das Wohl jeder anderen Gruppe von Menschen und in bezug auf das Wohl der ganzen Menschheit anstellen. Ähnliche Überlegungen kann man auch an den Satz knüpfen, daß jeder so handeln solle, wie es seinem eigenen Wohl entspricht. Worin besteht nämlich das Wohl eines Menschen? In der Erfüllung aller seiner Wünsche, oder führen dieselben, ganz abgesehen von ihrer Unvereinbarkeit mit den Wünschen anderer Menschen, oft gar nicht zu seinem Wohl, und wer hat dann zu entscheiden, worin sein Wohl besteht?

Es bedarf wohl kaum einer Erwähnung, daß die letzten Bemerkungen wörtlich mit Bezug auf das *Interesse* der Menschheit oder einer Menschengruppe wiederholt werden könnten, sowie auch mit Bezug auf das Interesse des einzelnen, wofern dieser letztere Ausdruck nicht etwa synonym mit den subjektiven Wünschen des einzelnen verwendet wird.[5] Denn die Aussagen darüber, worin das objektive Interesse von Menschengruppen oder Einzelmenschen besteht, weichen bei verschiedenen Menschen voneinander ab; und so wie beim Worte »gerecht« im Falle, daß nicht auf zusätzliche Vorschriften Bezug genommen wird, liegen auch beim Worte »Interesse« die Verhältnisse: nämlich genauso, wie beim Worte »gut« selbst, so daß die Zurückführung des letzteren auf das erstere keinen Fortschritt bringt.
Wir sehen also: Natur, Gerechtigkeit, Vervollkommnung, Vollendung, das Schöne und auch die Pflicht, sowie das Wohl des einzelnen, das Wohl einer Menschengruppe und das Wohl des Staates oder die Interessen von Menschen und Menschengruppen sind zur Umgrenzung des Guten und des Bösen oder zur Beantwortung der Frage »Was sollen wir tun?« ungeeignet, solange nicht nähere Festsetzungen getroffen werden, wie sich diese Ideale in der Praxis auswirken sollen. Sind aber diese Festsetzungen getroffen, dann ist das einzig praktisch Relevante eben das betreffende System von Geboten und Verboten, seine Benennung mit dem Ideal aber spielt lediglich die Rolle einer verbalen Verbrämung.
Eine Illustration des eben Gesagten erhalten wir, wenn wir uns z. B. vorstellen, daß die Menschen, müde der bisherigen sittlichen Zustände und zermürbt vom ewigen Zank infolge der Kollision ihrer Wünsche zu einer ungeheuren Vollversammlung zusammentreffen, in der sie in den reinsten Absichten, sogar entschlossen, auf Vorrechte und Eigentum zu verzichten und bloß von der Absicht beseelt, das Gute und Sittliche zu verwirklichen, den Beschluß fassen, das Wohl der Menschheit zum Leitstern eines Neuaufbaues ihres Zusammenlebens zu machen: Nach kürzester Zeit werden sie darüber, worin das Wohl der Menschheit besteht, in Streit geraten. Beschließen sie hierauf, ihrer edlen Absichten sich erinnernd, eine *gerechte* Neuordnung ihrer Verhältnisse, so wird dies zu neuem, nicht geringerem Hader führen.

5 Positionen dieser Art habe ich als »konsequentialistisch« klassifiziert; vgl. 3.1.1 in der Einleitung.

3. Die logische Rolle der Ideale

Rein logisch betrachtet ist der Vorgang der folgende: Einer fragt »Was ist gut?« Man antwortet mit der Angabe eines der erwähnten Ideale, etwa »Gut ist das Gerechte«. Fragt der erste weiter »Worin besteht das Ideal?«, also z. B. »Was ist gerecht?«, so kann man die Antwort eventuell noch weiter hinausschieben (weitere Worte zwischenschalten), aber schließlich muß man, wenn der Fragende konkrete Verhaltungsmaßregeln erfahren will, wenn irgendwie, so mit einem konkreten System von Normen antworten. Der ganze Vorgang läuft also darauf hinaus, daß man das dem letzterwähnten System von Festsetzungen Entsprechende mit dem Namen des Ideals, z. B. gerecht, benennt und dann das dem Ideal Gemäße, in unserem Beispiel das Gerechte, gut nennt. Auf die Frage »Was ist gut?« wird demnach in letzter Linie das irgendeinem bestimmten Normensystem Entsprechende gut genannt, und zwar faktisch meistens mit logisch belanglosen Zwischenschaltungen eines oder mehrerer Ideale. Logisch belanglos und zwecklos aber ist diese Zwischenschaltung von Idealen, z. B. die Aussage »gut ist das Gerechte« und die Bezeichnung des gewissen Normen Gemäßen mit dem Worte »gerecht« deshalb, weil jede solche zwischenschaltende Aussage in der Festsetzung besteht, daß gewisse Worte (z. B. »gut« und »gerecht«) synonym gebraucht werden sollen, während der Logiker definitorische Einführung von Termen nur zum Zwecke einer Abkürzung von Aussagen, also nur dann vornimmt, wenn die eingeführten Terme längere Ausdrücke ersetzen, nicht aber wenn sie bloß die Sprache komplizierende Synonyma von an sich schon kurzen Ausdrücken sind.

Der logischen Rolle der Ideale analog ist die des Wortes »Wert«, wenn man auf die Frage »Was ist gut?« antwortet »Gut ist das Liebenswerte (d. h. dasjenige, das zu lieben richtig ist)«. Um Konkretes zu erfahren, muß man nämlich offenbar weiterfragen »Was ist liebenswert? Was zu lieben ist richtig?« Erhält man hierauf die Antwort »Das wird durch Intuition erkannt« oder »Das ist evident«, so ist der Sachverhalt rein logisch betrachtet folgender: Auf die Frage »Was ist gut?« wird mit Zwischenschaltung der Worte »wert« oder »richtig« in letzter Linie geantwortet »Dies ist evident«.[6]

6 Die Idee der Evidenz als Wahrheitskriterium (auch im Bezug auf mo-

Völlig analog in seiner logischen Struktur wäre folgender Sachverhalt: Einer fragt »Welche Arzneien sind heilsam?« Ein zweiter antwortet »Heilsam sind diejenigen Arzneien, die essenswert sind (d. h. die zweckmäßigerweise eingenommen werden)«. Der erste fragt weiter »Welche Arzneien sind essenswert?« Der zweite antwortet »Das wird durch die Erfahrung festgestellt«. Was bei diesem Gespräch auf die Frage »Welche Arzneien sind heilsam?« geantwortet wird, ist also (mit Zwischenschaltung der Worte »essenswert« oder »zweckmäßig«) der Satz »Dies wird durch die Erfahrung festgestellt«. Selbstverständlich könnte man das letzte Beispiel auch in gewissem Sinne umkehren: Einer fragt »Welche Arzneien sind essenswert?« Ein zweiter antwortet »Die heilsamen«. Der erste fragt weiter »Welche Arzneien sind heilsam?« Der zweite sagt »Das wird durch die Erfahrung festgestellt«. Aber auch diese Umkehrbarkeit hat ihr Analogon für die ethischen Ausdrücke, nämlich in folgendem Sachverhalt: Einer fragt »Was ist liebenswert?« Ein zweiter antwortet »Das Gute«. Der erste fragt weiter »Was ist gut?« Der zweite antwortet »Das ist evident«. Hier wird die Frage »Was ist liebenswert?« unter Zwischenschaltung des Wortes »gut« beantwortet mit »Das ist evident«. Solche Diskussionen liegen in der Ethik nicht nur vor, sondern derartige Fragen und Antworten gelten als wichtige Leistungen angesehener Ethiker.

Ein Moralschöpfer, der aus diesen Ausführungen Nutzen zieht, wird ein System von möglichst konkreten Normen aufstellen und allgemeine Normen möglichst vermeiden. Der Glaube nämlich, daß aus allgemeinen Normen irgendwelche konkrete Normen über menschliches Verhalten deduzierbar oder sonst irgendwie logisch ableitbar seien, ist fast immer trügerisch und beruht wohl auf ungenügendem Einblick in die systematische Theorie des logischen Zusammenhanges von Sätzen, die einen der Gegenstände der neuen Logik bildet. Logisch ableitbar ist z. B. aus der Norm »Du sollst nicht stehlen« die Norm »Du sollst nicht Äpfel stehlen«. Aber erheblich mehr scheint jenen vorzuschweben, die an eine »Pyramide« ethischer Normen denken, bestehend aus einer Spitzennorm, einer kleinen Schicht speziellerer Normen, mehreren sich verbreiternden Schichten immer speziellerer Normen und

ralische Behauptungen) wurde formuliert von Brentano; vgl. Brentano, F. (1889): *Vom Ursprung sittlicher Erkenntnis;* Hamburg 1955.

schließlich einer umfangreichen Schicht zahlreicher konkreter Vorschriften, wobei die Normen jeder Schicht aus den allgemeineren der vorangehenden Schicht deduzierbar sein sollen. Der extreme Fall, nämlich die Bestimmung des Guten selbst durch ein Ideal (eine Grundnorm), wurde in der vorigen Aufzeichnung behandelt. Genaue Untersuchung zeigt aber, daß dieselben Verhältnisse, die wir an der Spitze der Pyramide festgestellt haben, zwischen je zwei Schichten vorliegen, wie denn auch nie ein Beispiel für wahrhaft deduktive Systeme von Normen angegeben wurde. Die in der Rechtslehre untersuchte Pyramide von Rechtssätzen, deren verschiedene Schichten miteinander in sogenanntem Delegationszusammenhang stehen (eine Körperschaft A befiehlt, man solle tun, was die Körperschaft B befiehlt; diese befiehlt, man solle tun, was die Körperschaft C befiehlt; diese befiehlt, gewisse Steuern zu zahlen, wobei dann die dritte Norm aus der zweiten und diese aus der ersten hergeleitet werden kann), diese Pyramide ist in den tatsächlichen Rechtssystemen unbestreitbar zu beobachten, ist aber nicht das, was den *Ethikern* vorzuschweben scheint, wenn sie von einem deduktiven System ethischer Normen sprechen.

Auch von einem *indirekten* Beweise von Normen durch den Nachweis, daß ihre Nichtsetzung oder die Setzung anderer Normen zu Widersprüchen führen würde, kann wohl überhaupt keine Rede sein. Logisch widerspruchsvoll ist z. B. die Norm »alle Männer sollen enthaltsam sein, alle Frauen sollen sexuellen Verkehr haben«, denn diese Norm führt zusammen mit dem Satz, daß sexueller Verkehr zwischen einem Mann und einer Frau stattfindet, nach den elementaren Regeln der Logik zu einem Widerspruch. Aber erheblich mehr scheint (und zwar wiederum offenbar infolge ungenügenden Einblickes in die Logik) jenen vorzuschweben, welche glauben, gewisse Normen, seien es auch so primitive wie die Norm »du sollst nicht morden«, indirekt beweisen zu können, wie denn auch keinerlei logisch einwandfreier indirekter Beweis einer Norm bekannt ist.

Noch bestärkt im Streben nach möglichst konkreten Normen würde der Moralschöpfer, wenn er sich fragte, welche Normen denn im Laufe der Geschichte tatsächlich befolgt wurden. Es sind, zumindest im mittelalterlichen und neuzeitlichen Europa, die Gebote der Staaten und die Gebote der Religionen, während die von den Ethikern sonst betrachteten oder gar aufgestellten Normen

praktisch meist bedeutungslos waren! Und dies hat sicherlich nicht bloß darin seinen Grund, daß die Übertretung der staatlichen und religiösen Normen mit Strafen vor oder nach dem Tode bedroht wird, sondern vor allem auch darin, daß die Normensysteme von Staaten und Glaubensgemeinschaften konkrete Vorschriften enthalten – die Normensysteme der Staaten auch Vorschriften für Ungläubige, die Normensysteme der Religionen auch Vorschriften für Zeiten des Wechsels oder des Zusammenbruchs der Staatsgewalt. Ginge eine Gemeinschaft hingegen bei gewissen Ethikern in die Lehre und setzte als Norm fest »Der Mensch soll gut sein. Gut ist das Liebenswerte. Was liebenswert ist, lehrt die Intuition«, dann kann man sich, auch wenn die Übertretung dieses Gebotes mit den furchtbarsten Strafen bedroht würde, den Wirrwarr des sittlichen und rechtlichen Lebens in der betreffenden Gemeinschaft vorstellen, es sei denn, daß durch konkrete zusätzliche Vorschriften das Gute festgelegt oder das Evidenzerlebnis hinsichtlich des Liebenswerten durch Angabe von konkreten Normen beschrieben oder exemplifiziert würde. Sobald dies aber geschehen wäre, würde die tatsächliche Regelung offenbar ausschließlich an diese zusätzlichen Vorschriften knüpfen, der dem Ethiker entlehnte Beitrag zu diesem Normensystem könnte aber, ohne die Gefahr, daß er vermißt würde, weggelassen werden. Und nicht wesentlich anders wäre der vorigen Aufzeichnung zufolge die Sachlage in einem Staat, der das Gebot aufstellen würde: »Jeder Mensch soll seine Pflicht tun. Pflicht ist das Handeln nach dem kategorischen Imperativ«.
Oder stellen wir uns eine Gemeinschaft vor, in der als Norm festgesetzt würde »Den Herrenmenschen ist die Befriedigung aller Wünsche erlaubt. Die anderen sollen Nächstenliebe üben und den Herrenmenschen dienen«. Dann ist klar, daß ohne Festsetzung genauer Kennzeichen, die bei jedem Mitglied der Gemeinschaft zu entscheiden gestatten, ob er ein Herrenmensch sei oder nicht, auch in dieser Gemeinschaft eine Rechtsprechung unmöglich wäre und das sittliche Leben sich in völliger Verwirrung befände. Was Nietzsche vorschwebte, war offenbar das Kriterium: Herrenmensch sei derjenige, der selbst als solcher sich betrachtet, d. h. der sich die entsprechenden Rechte herausnimmt und sich über die Sklavenmoral hinwegsetzt.[7] Verfolgen wir auf Grund die-

7 Vgl. Nietzsche 1887: 1. Abhandlung.

ses Kriteriums die erwähnte Norm rein logisch in ihre Konsequenzen, so sehen wir, daß die Sklavenmoral ohne weiteres von den Herrenmenschen in gewissen Gesetzen festgelegt werden könnte. Wie aber werden Gegensätze zwischen Herrenmenschen geregelt? Gleichbedeutend mit dieser Frage ist auf Grund des Kriteriums die folgende: Wie werden Gegensätze zwischen zwei Menschen geregelt, von denen jeder tut, was er will? Es ist klar, daß eine solche Regelung nur mit wesentlicher Einengung der Möglichkeiten für das Handeln der Herrenmenschen (insbesondere mit Bezug aufeinander) möglich ist, wofern es mehr als einen Herrenmenschen gibt. Immerhin kann man sich vorstellen, daß neben dem Gesetzessystem für die Sklaven ein Gesetzessystem für die Herren aufgestellt wird, das sie im wesentlichen nur in ihren gegenseitigen Beziehungen, nicht aber gegenüber den Sklaven Beschränkungen unterwirft, wie es ja im Altertum und in gewissem Grade im Mittelalter tatsächlich in Kraft war. Nehmen wir nun aber an, einem Herrenmenschen widerfahre etwas, was einem Sklaven zu tun verboten ist, etwa eine Beleidigung oder Freiheitsbeschränkung oder Ausbeutung, und der Täter sei auch festgestellt. Dann kann sich dieser Täter, wer immer er auch sein mag, einer Bestrafung oder jedenfalls einer Bestrafung auf Grund der Sklavengesetze durch die Behauptung entziehen, daß er ein Herrenmensch sei, wofür er auf Grund des Kriteriums als Beweis einfach die Tatsache, daß er die betreffende Tat begangen hat, anführen könnte. Hieraus geht hervor, daß das erwähnte Kriterium die Anwendung der Sklavengesetze illusorisch machen würde, mit anderen Worten, das erwähnte Kriterium ist mit einer doppelten Moral rein logisch nicht verträglich. Oder noch anders ausgedrückt: Wenn eine doppelte Moral gelten soll, dann müssen für die Fälle, in denen die eine, und für die Fälle, in denen die andere gelten soll, andere Kriterien als bloß das jeweilige Urteil des handelnden Subjektes angegeben werden, also präzise äußerliche Merkmale, wie z. B. der Abstammung, des Körpers, des Geistes, der Leistungen usw., Nietzsches Kriterium dagegen ist zu einer Regelung des sittlichen und rechtlichen Lebens ungeeignet, wie ja übrigens schon Plato erkannt hat zufolge den Antworten, die er Sokrates dem Kallikles im Gorgiasdialog geben läßt.[8]

8 Kallikles ist ein radikaler Hedonist. Er geht davon aus, daß das gute Leben einfach darin besteht, hemmungslos dem Vergnügen nachzuja-

Die Forderung nach möglichster Konkretisierung der Normen wird noch unterstrichen durch die Bemerkung, daß ja selbst die sogenannten konkreten Normen, da sie Gattungsnamen enthalten, deren Begrenzung naturgemäß mehr oder weniger unscharf ist, bei ihrer Anwendung und Auslegung ohnehin weiten Spielraum für Willkür und sogenanntes Ermessen lassen.
Werfen wir in diesem Zusammenhang noch einen Blick auf diejenigen Ethiken, die sich nicht auf eines der genannten Ideale berufen, sondern eine bestimmte *Tugend* in den Vordergrund stellen, z. B. das Mitleid oder die Güte oder die Vornehmheit oder die Fairneß oder anderes. Das Gebot, eine bestimmte dieser Tugenden zu entfalten, schließt entschieden konkretere Vorschriften in sich als etwa das Gebot, stets das Liebenswerte zu tun oder seine Handlungen zum Wohle der Menschheit einzurichten. Es schreibt vor allem in einer größeren Gruppe von Situationen das Verhalten mit ziemlicher Klarheit vor. Das Gebot, mitleidig zu sein, schließt z. B. in sich, daß man an einer vollen Tafel sitzend einem vorbeigehenden Hungernden Speise reicht, daß man einem Überbürdeten eine Last tragen hilft usw., während aus den Geboten, stets das Liebenswerte oder das dem Wohle der Menschheit Entsprechende zu tun, ohne nähere Vorschriften darüber, *was* wertvoll ist bzw. *was* dem Wohle der Menschheit entspricht, nicht einmal derartig primitive Folgerungen gezogen werden können. Aber auch hinsichtlich der Gebote, eine bestimmte Tugend zu entfalten, kann keine Rede davon sein, daß sie in *allen* Situationen Vorschriften

gen, und zwar ohne geregelte Auswahl der Vergnügungen. Sein Standpunkt gleicht daher demjenigen Nietzsches insofern, als Kallikles das *subjektive* Urteil der Person als Kriterium für die sittliche Güte ihres Lebens ansieht. Sokrates führt die Position des Kallikles *ad absurdum*, indem er zeigt, daß eine Jagd nach dem Vergnügen *ohne* Selektion durch Heranziehung des *inter*subjektiv gültigen Kriteriums der Vernünftigkeit kein gutes Leben bewirkt, sondern eine Sisyphus-Arbeit der Bedürfnisbefriedigung, die ihr Ziel prinzipiell stets verfehlt. Mengers Standpunkt gleicht daher demjenigen des Sokrates insofern, als Menger ein rein subjektives Kriterium für sittliche Güte aufgrund seiner Fruchtlosigkeit bzw. Leerheit für ungeeignet hält, Handlungen als moralisch gut bzw. moralisch schlecht zu klassifizieren. Wenn man will, daß im Hinblick auf die Regelung des praktischen Lebens zwischen moralisch guten und moralisch schlechten Handlungen unterschieden werden kann, muß man mehr Faktoren berücksichtigen als bloß die Meinungen der Handelnden; vgl. Platon: *Gorgias.*

über das zu beobachtende Verhalten oder *eindeutige* Vorschriften über die zu treffende Entscheidung machen. Ja, gerade in vielen Fällen, die besonders zahlreiche Konsequenzen haben, bringen derartige Gebote keinerlei Vorschrift mit sich oder beschränken nur in geringem Umfang den Bereich der möglichen Entscheidungen. Stellen wir uns z. B. einen Mann vor, der ein großes Vermögen besitzt und das Gebot des Mitleids befolgen will! Schreibt das Gebot ihm vor, sein gesamtes Vermögen den Armen zu verschenken, oder entspricht es dem Gebot, daß er sein Vermögen möglichst gewinnbringend verwalte und einen möglichst großen Teil seines Einkommens verschenke, oder welche sonstigen Wirtschaftsakte werden ihm durch das Gebot befohlen? Schreibt ferner das Gebot des Mitleides einem Menschen vor, jedem anderen Menschen, der von quälender Liebe zu ihm erfaßt ist, sich hinzugeben, oder entspricht es dem Gebot, vor allem auf die Qualen der Eifersucht Rücksicht zu nehmen und einem einzigen Menschen treu zu bleiben, oder welches sonstige sexuelle Verhalten wird durch das Gebot befohlen? Ebenso ließe sich durch zahlreiche Beispiele zeigen, daß die anderen Gebote, eine bestimmte Tugend zu beobachten, gerade in vielen Situationen, in welchen die Entscheidung besonders folgenreich ist, über die zu treffende Entscheidung keine Vorschrift beinhalten.

Dieser Sachverhalt ist übrigens von vornherein durchaus verständlich, wenn wir die logische Rolle derartiger Gebote näher prüfen. Jedes der Worte »mitleidig«, »gütig«, »vornehm«, »fair« usw. dient zur Bezeichnung gewisser Verhaltungsweisen in manchen Situationen, aber durchaus nicht zur Bezeichnung von Verhaltungsweisen in *allen* Situationen und durchaus nicht zur Bezeichnung einer *einzigen* Verhaltungsweise in jeder in Betracht kommenden Situation, sondern unter Umständen zur Bezeichnung mehrerer einander ausschließender Verhaltungsweisen in einer und derselben Situation. Beispielsweise nennen wir mitleidig einen Menschen, der mit den Leiden der anderen Menschen leidet und dieses fremde Leid zu beheben sucht, z. B. durch Gaben, durch tätige Hilfe, durch tröstende Worte usw. Von einer Anwendbarkeit dieses Wortes auf alle oder auch nur auf die meisten praktisch wichtigen Situationen kann selbstverständlich nicht im entferntesten die Rede sein und ebensowenig von einem streng umgrenzten oder gar eindeutigen Gebrauch des Wortes in denjenigen Fällen, in denen von Mitleid überhaupt gesprochen wird.

All dies liegt auch jenseits des Zweckes der Sprache des täglichen Lebens. Wird der Begriff einer derartigen Tugend, z. B. des Mitleids, nicht etwa durch ein umfassendes System strenger Normen definitorisch präzisiert – (was in den betreffenden Tugendethiken nicht geschieht und was, wenn es geschähe, die Tatsache, daß die betreffenden Normen gerade mit dem Worte »Normen des *mitleidigen* Handelns« bezeichnet werden, belanglos und eben diese Normen zum wirklichen Ausgangspunkt der Beurteilungen machen würde) –, so besteht der Inhalt des Gebotes, eine derartige Tugend, z. B. Mitleid, zu entfalten, also offenbar darin, in denjenigen Situationen, in welchen üblicherweise das Wort »mitleidig« zur Anwendung gelangen kann, eine derjenigen Entscheidungen zu treffen, welche als mitleidige Handlungen bezeichnet werden. Es ist aber natürlich klar, daß auf diese Weise in vielen möglichen Situationen keine Entscheidung vorgeschrieben wird und in vielen wichtigen Situationen mehrere Entscheidungen möglich sind. Aus diesen Gründen ist auch ein derartiges Gebot, wenngleich es viel konkreter als die besprochenen Ideale ist, nicht als ausschließliches Gebot zur Regelung der Sitten verwendbar, zu welch letzterem Zwecke entweder ein ganzes System solcher Gebote oder aber noch wesentlich konkretere Vorschriften erforderlich sind.

4. Das Wesen des Guten und das Sinnlose

»Immer noch wurde in den bisherigen Aufzeichnungen nur von dem gesprochen, was gut und böse *genannt* wird. Was aber *ist* gut und böse? Ist denn eine Handlung und Unterlassung nicht gut oder böse oder indifferent jenseits und unabhängig davon, ob sie gut oder böse oder indifferent genannt wird? Wenn schon nicht irgendwo die Idee des Guten wohnt und dafür, ob wir etwas gut nennen, sein Anteil an dieser Idee maßgebend ist, so muß doch irgendwie die Spezies der guten Handlungen und Unterlassungen präexistieren, damit wir überhaupt die Gruppe dieser Verhaltungsweisen zusammenfassen und die einzelnen Verhaltungsweisen dieser Gruppe als gut benennen, also das Wort ›gut‹ überhaupt verwenden können« – so wird man sagen.

Wir werden die Frage, ob etwas jenseits und unabhängig von dem, was gut genannt wird, gut *ist,* nicht bejahen und nicht verneinen, sondern nicht behandeln. Wir beschränken uns darauf, die in der ersten Aufzeichnung erwähnten Tatsachen über den wirklichen Gebrauch der Worte »gut« und »böse« gemäß ihrer dort geschilderten Genealogie festzustellen und sagen nicht mehr.

Insbesondere liegt es uns völlig fern, etwa zu sagen: *»Gut ist, was gut genannt wird.«* Deshalb wäre es ein völliges Mißverständnis unserer Auffassung, wenn man gegen dieselbe etwa vorbrächte, sie sei damit unvereinbar, daß es gute Handlungen gibt, die nicht gut genannt werden, ja in solcher Stille sich abspielen, daß sie überhaupt nie zu einer Beurteilung gelangen, wie auch anderseits manche Handlungen, ohne daß sie gut sein mögen, von einigen (nämlich bösen) Menschen gut genannt werden. Den Satz »Gut ist, was gut genannt wird« würden wir *erstens* wegen seiner geringen Präzision nicht aussprechen, da ja aus seiner Formulierung nicht hervorgeht, ob gemeint ist, gut sei, was von irgendeinem Menschen oder was von vielen Menschen oder was von allen Menschen gut genannt wird usw., was drei völlig voneinander verschiedene Bereiche von Verhaltungsweisen sind. Aber auch jede dieser präziseren Aussagen liegt uns ganz fern, denn da in ihr der Gebrauch des Wortes »gut« festgelegt werden soll und hierbei auf das als gut Bezeichnete Bezug genommen wird, so müssen wir in ihr *zweitens* die definitorische Einführung eines äquivoken Gebrauches des Wortes »gut« erblicken. Und während die Einführung von Synonyma bloß den ästhetischen und ökonomischen Absichten des Logikers zuwiderläuft, so sprechen gegen die Einführung von Äquivokationen noch erheblich wichtigere Gründe. Aber wenn wir auch *drittens* eine solche Aussage dahin auffassen, daß durch sie neben dem Wort »gut« noch der Gebrauch eines Wortes »gut« von gleichsam höherer Stufe, etwa eines Wortes »wahrhaft gut« o. dgl. eingeführt und festgelegt werden soll, z. B. den Satz »Gut ist, was die Mehrzahl der Menschen gut nennt« dahin, daß festgesetzt wird, als wahrhaft gut das und nur das zu bezeichnen, was die Mehrzahl der Menschen gut nennt, – auch dann würden wir diesen Satz nicht aussprechen, denn wir fühlen uns zu keiner definitorischen Einführung irgendeines Wortes »gut von höherer Stufe« veranlaßt. Aus denselben Gründen (und, wenn möglich, noch mehr) liegt uns der Satz *»Gut ist für jeden, was ihm gut scheint«* des antiken Relativismus fern. Was wir in früheren Aufzeichnungen machten, das war lediglich die Feststellung, daß gewisse Verhaltungsweisen gut und böse genannt werden; ferner gingen wir der Art nach, wie der Gebrauch dieser Worte beim einzelnen sich entwickelt und wiesen auf Differenzen hin zwischen dem Gebrauch dieser Worte bei verschiedenen Menschen sowie bei einem Menschen zu verschiedener Zeit: und auf diese Feststellungen haben wir uns beschränkt.

»Aber was ist das *Wesen* des Guten und Bösen? Freilich kann es nicht durch Erfahrung festgestellt werden, aber es offenbart sich doch unserer *Wesensschau!*«[9]

»Was ist das in *richtiger* Liebe Geliebte? Wir fragen damit nicht nach dem, was erfahrungsgemäß tatsächlich geliebt wird, sondern nach dem Liebens*werten*, und das ist zwar völlig unabhängig von dem, was wertvoll *genannt* wird, aber es ist doch *evident!*«

»Was gilt im Gebiete des *Sollens*, im Reich der *Werte* mit seiner Hierarchie? Das hat nichts mit dem Wünschen zu tun, aber es läßt sich doch durch unsere *Intuition* erkennen!«

»Mit dem Satz ›Diese Tat ist gut‹ wird etwas anderes *gemeint* als mit dem Ausdruck von Wünschen. Er *bedeutet* etwas anderes als ›diese Tat gefällt mir‹ und als ›diese Tat gefällt vielen Menschen‹ und als ›diese Tat gefällt allen Menschen‹. Er bedeutet etwas Gegenständliches wie der Satz ›Diese Wiese ist grün‹, und *was* er bedeutet, erkennen wir durch *einen eigenen Sinn.*«

Wenn jemand dieses oder ähnliches sagt, so ist er, was seine eigene Person betrifft, völlig unwiderlegbar. Wir werden denn auch hinsichtlich keiner fremden Person den Versuch machen, derartige Aussagen zu bestreiten oder gar die Möglichkeit ihrer Wahrheit zu leugnen. Wir nehmen bloß das jedem andern zugestandene Recht, für die Beschreibung des eigenen Innenlebens die letzte Instanz zu sein, auch für unsere Person in Anspruch und sagen diesbezüglich nach genauer Beobachtung wahrheitsgemäß folgendes: Wir wissen natürlich, daß man Gefühlen, Wünschen und Relationen zwischen Gefühlen und gewissen Verhaltungsweisen und Zuständen Ausdruck geben kann, und wissen, daß und wie durch Erziehung und sonstige Umstände der Gebrauch der Worte »gut« und »böse« bei den Menschen entsteht, wie diese Worte verwendet werden und wie ihr Gebrauch sich durchaus nicht immer mit den Ausdrücken der Wünsche des Sprechenden deckt. Das alles ist völlig klar und in den vorigen Aufzeichnungen etwas näher

9 Positionen dieser Art habe ich als »intuitionistisch« klassifiziert; vgl. 3.1.2 in der Einleitung.

geschildert. Eine darüber hinausgehende Schau für das Wesen von Gut und Böse, eine Evidenz für das Liebenswerte, eine Intuition für das Gebiet des Sollens und das Reich der Werte mit seiner Hierarchie, einen eigenen Sinn für das, was jenseits und unabhängig von den geschilderten Umständen mit Wertaussagen gemeint ist, oder für das, was sie sonst bedeuten, haben wir *nicht* und werden deshalb mit niemandem, der für seine Person derlei zu besitzen behauptet, über die auf diese Fähigkeiten gestützten Ergebnisse diskutieren.

Sind also diese Fragen, die wir beiseite schieben, und die Antworten, die andere auf diese Fragen geben, *sinnlos?* Auch diese Frage werden wir weder bejahen noch verneinen, sondern nicht behandeln. Denn wehe dem, der Aussagen als sinnlos erklärt! Er gleicht einem Mann, der, um seinen Feind zu vernichten, den er in einem unentrinnbaren Sumpf erblickt, statt seines Weges zu gehen, sich mit gezücktem Dolch in den Sumpf stürzt.

Wir machen – indem jedem, der sich etwa dafür interessieren sollte, überlassen bleibt, daraus seine Schlüsse über uns zu ziehen – einfach Feststellungen. The rest is silence...

Es ist wohl ohne weiteres klar, daß das hier über das Gute Gesagte zu Ausführungen über Werturteile überhaupt verallgemeinert werden kann. Darüber hinaus hängt es aber mit allgemeinen erkenntnistheoretischen Überlegungen zusammen, die sich bis in die Grundlagenfragen von Mathematik und Logik erstrecken und für diesen anderen Extremfall vom Verfasser (allen sonstigen bis dahin in mathematischen Grundlagenfragen herrschenden Richtungen durchaus entgegengesetzt) andernorts durchgeführt worden sind: indem die (in letzter Zeit in diesen Diskussionen sich mehrenden) Behauptungen »diese Methoden, Verfahren, Schlußweisen, Axiome und Begriffe sind sinnvoll, jene sinnlos« als Einbruch von psychologischen und wertenden Aussagen in die Mathematik aus dieser in die Biographie der diese Aussagen aussprechenden Personen verwiesen wurden, während vorgeschlagen wurde, das Wort »mathematische Theorie« für die (von lobenden und tadelnden, erlaubenden und verbietenden Verbrämungen freien) Umformungen von gewissen Aussagen mit Hilfe von genau anzugebenden Regeln in andere Aussagen zu verwenden.[10]

10 Hier spielt Menger auf die logisch-empiristische Erkenntnistheorie an, derzufolge die Sätze der Mathematik nicht synthetische, sondern analytische Sätze sind; vgl. 1.2 in der Einleitung.

5. Genealogie der geschilderten Auffassung

Die in der vorigen Aufzeichnung dargelegte erkenntnistheoretische Einstellung gegenüber einem Ideal, einem objektiven Wert, einem höchsten Gut, wie etwa Gerechtigkeit, entwickelt sich in folgenden Stufen:

Auf der ersten bezeichnet der unkritische Mensch irgendein bestimmtes System von Satzungen, ein überliefertes oder unter Umständen ein von ihm abgeändertes oder gar geschaffenes, als die Gerechtigkeit.

Auf der zweiten fragt er: »*Ist* das die Gerechtigkeit?« und gleich darauf: »*Was ist gerecht?*«

Auf der dritten erkennt er, daß verschiedene Antworten auf die Frage tatsächlich gegeben werden, und fragt: »Wie soll ich erkennen oder wer soll beurteilen, was gerecht ist?«

Auf der vierten sieht er, daß es sich nicht um eine Erkenntnis, sondern um einen Akt der Willkür handelt und fragt: »Wie soll festgesetzt werden oder wer soll festsetzen, was gerecht ist?«

Auf der fünften nimmt er ein System von Satzungen hin oder sucht es zu ändern oder gar durch ein neues zu ersetzen, er *wünscht* mit größerer oder geringerer Intensität Verhaltungsweisen und Zustände in seinem Bereich oder in bestimmten größeren Menschengruppen oder in der ganzen Menschheit, er *handelt* zur Verwirklichung seiner Wünsche mit mehr oder weniger Energie, – jedenfalls aber ohne von Gerechtigkeit überhaupt zu sprechen.

III. Die veräußerlichte[11] Ethik der Entschlüsse

Ein Gespräch darüber

1. Ob Untersuchungen gemäß den angegebenen Richtlinien überhaupt zur Ethik gehören?
2. Daß es jedenfalls auch andere ethische Fragen gebe.
3. Ob die Ethik der Geometrie analog sei?
4. Ob es nicht Vereinigungen oder Durchschnitte von den verschiedenen Moralen gebe und ob diese letzteren denn wirklich voneinander so abweichen wie die verschiedenen Räume?
5. Worauf die Entscheidung für eine bestimmte Moral beruhe?
6. Ob nicht rationale Begründungen der Entscheidung möglich seien?
7. Über die Rolle des Glaubens.
8. Was die veräußerlichte Ethik denn leisten könne?
9. Außer etwa der Logik der Pflicht und der Normenumformung?
10. Und außer der Logik der Wünsche?

– Ich bin nach deinem Brief und den Aufzeichnungen, die du mir 1.
gesandt hast, auf deine weiteren Ausführungen gespannt. *Falschen* Bestimmungen des Guten kann man, auf welchem Standpunkt man auch stehen mag, in der nach diesen Richtlinien erbauten Ethik zwar nicht begegnen. Doch um welchen Preis beugst du dieser Gefahr mit Sicherheit vor? Dadurch, daß diesem Weg entlang *gar nichts* als gut erklärt wird, – daß das Gute nicht umgrenzt wird, – daß nicht gesagt wird, was das Gute ist, – daß, um es noch anders auszudrücken, vom Guten in dieser Ethik überhaupt nicht gesprochen wird, – um den Preis also, daß die Ethik, die diesen Richtlinien gemäß entstehen kann, eine Ethik ohne Gut und Böse, ohne Sittlich und Unsittlich ist. Aber ist damit nicht auch ihr Urteil gesprochen? Sind das nicht ethische Bestrebungen, welche

11 Unter einer »veräußerlichten Ethik« versteht Menger eine Ethik, in der alle essentialistischen Bestandteile eliminiert sind. Sie thematisiert die Ethik, wie sie sich nach der begrifflichen Analyse präsentiert: als eine Menge unterschiedlicher Normensysteme, zu denen man jeweils eine unterschiedliche Einstellung haben kann.

ihren Gegenstand verfehlt haben? Kann man derlei überhaupt Ethik nennen? Gleicht es nicht einer Zoologie, die nicht von Tieren, einer Astronomie, die nicht von Sternen spricht?
Auf die Umgrenzung ihres Gebietes, lieber Freund, lege ich bei keiner Wissenschaft Wert. Auch über die Existenz oder die Nichtexistenz eines »idealen Gegenstandes jeder Einzelwissenschaft«, – über die »objektive Gliederung des Reiches der Wahrheit in Gebiete, die objektiv geschlossenen Gebiete der Wissenschaften«, – über die »in Wesenseinsicht zu erfassenden Ausgangspunkte der Einzelwissenschaften« usw. wirst du von mir nichts zu hören bekommen, denn soviel auch über diese Probleme und über verwandte Wesenserkenntnisse der Methodologie gesprochen und geschrieben wird, – ich für mein Teil gehe daran vorbei, so wie ich an dem Sumpf vorbeiginge, von dem in einer der Aufzeichnungen vergleichsweise die Rede war, und werde, weder behauptend noch leugnend, von alledem nicht sprechen. Ich stehe auf dem Standpunkt, daß der Name einer Wissenschaft ein als Abkürzung nützliches, ja bisweilen fast unentbehrliches Wort ist, das eine gewisse mit der Zeit unausgesetzt sich verändernde Gruppe von Aussagen bezeichnet, die teils durch die in ihnen verwendeten Worte, teils aber auch nur durch allerlei historische Zufälle zusammenhängen, so z. B. durch den Umstand, daß eine Gruppe später gefundener Aussagen von denselben Männern stammt wie eine Gruppe schon vorher dieser Wissenschaft zugeteilter Aussagen. »Wurden doch beispielsweise«, so habe ich gelegentlich geschrieben, »in die als Geometrie (= Erdmessung) bezeichnete Wissenschaft schon in ihren frühen Stadien Sätze der Erdmesser aufgenommen, die mit der Messung der Erde nicht mehr zu tun haben wie etwa mit der Organisation eines Systems von Boten. Später bürgerte sich das Wort ›Geometrie‹ für das System der quantitativen Aussagen über den Raum ein. Als aber noch später von den Geometern (d. h. von den der erwähnten Aussagen kundigen und sie vermehrenden Männern) auch Aussagen über den Raum, die mit Quantität nichts zu tun haben, gefunden und studiert wurden (wie z. B. über die Anordnung der Punkte auf einer Geraden oder einem Kreis, über die Unterschiede zwischen einer Linie, einer Fläche und einem Körper usw.), da wurden auch diese Sätze der Geometrie zugerechnet. Ein streng umgrenzter oder einheitlicher Gebrauch des Wortes ›Geometrie‹ aber wurde nach wie vor nicht erzielt. Versuche, die Geometrie hinsichtlich Gegenstand oder Methoden

streng zu umgrenzen, wären indes nicht nur undurchführbar, sondern auch völlig nutzlos, da doch stets die interessantesten neuen Entdeckungen des Gebietes, das man jeweils als Geometrie bezeichnet, einen Durchbruch durch die gezogenen Grenzen darstellen würden.« Da ich selbst hinsichtlich der Geometrie einen idealen Gegenstand nicht angeben kann, eine Umgrenzung für undurchführbar und nutzlos halte und den Gebrauch dieses Wortes unausgesetzten Wandlungen unterworfen sehe, so wird es dich nicht verwundern, daß ich den geschilderten Standpunkt erst recht auch hinsichtlich der Ethik einnehme: Ohne besonderen Wert darauf zu legen, daß meine die Worte »gut« und »böse« nicht enthaltenden Untersuchungen dieser Wissenschaft zugezählt werden, kann ich doch auch nicht einsehen, warum sie prinzipiell aus der Ethik ausgeschlossen werden sollen, zumal die betreffenden Aussagen mehrere für die Aussagen der herkömmlichen Ethik charakteristische Worte enthalten. Wenn du es aber unbedingt wünschst, so schließe sie aus und gib ihnen einen eigenen Namen! Ich werde dich nicht daran hindern, denn, wie gesagt, ich betrachte diese ganze Frage, die ja nur zu einem terminologischen Streit über den Gebrauch des Wortes »Ethik« führen könnte, als völlig belanglos und möchte sie nicht weiter ausspinnen. Anderseits kannst du dich darauf verlassen, daß ich keinesfalls so inkonsequent sein werde wie diejenigen, welche ihrer auf die Einzelwissenschaft angewendeten Prinzipien vergessen, sobald es sich um die Wissenschaft als Ganzes handelt, und von der Einheitlichkeit der Wissenschaft sprechen, ja ein eigenes Wortmonstrum »Einheitswissenschaft« geprägt haben – völlig übersehend, daß eine Umgrenzung der Wissenschaft gegenüber den Ergebnissen anderer Geistestätigkeiten nicht eher durchführbar und nicht zweckvoller sein kann als die der Einzelwissenschaften gegeneinander![12]

– Gut, lassen wir die Frage, ob die deinen Richtlinien gemäßen Untersuchungen der Ethik zugezählt werden sollen oder nicht,
beiseite! Aber was ich ganz nachdrücklich betonen möchte – und 2.

12 Dieses »Wortmonstrum« entstammt bemerkenswerterweise der logisch-empiristischen Schule selbst. Insbesondere Neurath hatte es auf seine Fahnen geschrieben. So gab er z. B. ab 1933 in Verbindung mit Carnap und Hahn eine Schriftenreihe unter dem Titel »Einheitswissenschaft« heraus.

in diesem Falle handelt es sich nicht um eine terminologische Frage, sondern um die Feststellung einer Tatsache –, das ist der Umstand, daß du dich ja nicht nur nicht damit beschäftigst, was gut und böse *ist*, sondern im Grunde genommen auch nicht einmal damit, was gut und böse *genannt wird*. Die Feststellung, *daß* gewisse Verhaltungsweisen gut und gewisse Verhaltungsweisen böse genannt werden, und die Schilderung, wie der einzelne dazu kommt, diese Worte zu gebrauchen und wie verschiedene Menschen in ihrem Gebrauch dieser Worte voneinander abweichen, kann ja nicht als Behandlung der Frage angesehen werden, *was* gut und böse genannt wird. Dieselben Erwägungen, die du hinsichtlich der Worte »gut« und »böse« anstellst, könntest du ja beispielsweise auch hinsichtlich der Worte »Hund« und »Katze« anstellen. Du kannst feststellen, daß gewisse Wesen Hund und gewisse Wesen Katze genannt werden und kannst schildern, wie der einzelne dazu kommt, die Worte »Hund« und »Katze« zu gebrauchen und wie verschiedene Menschen im großen ganzen im Gebrauch dieser Worte übereinstimmen, in gewissen Grenzfällen jedoch vielleicht voneinander abweichen, so etwa, wenn ein Zoologe gewisse Tiere als Hund bezeichnet, die der Laie nicht so nennt, und gewisse Tiere nicht als Hunde bezeichnet, die der Laie so nennt. Lassen wir es, um nicht wieder in terminologische Fragen zu geraten, dahingestellt, ob derlei überhaupt in die Zoologie gehört – meiner Meinung nach ist diese Frage zu verneinen –, aber eines ist doch unbestreitbar: Keinesfalls besteht die Zoologie *nur* aus derartigen Feststellungen und Schilderungen!

Selbstverständlich!

– Daß gewisse Wesen Hunde und Katzen genannt werden, setzt die Zoologie als allgemein bekannt voraus, ihre diesbezügliche Aufgabe aber erblickt sie in der *Beschreibung* der Hunde und Katzen, d. h. in der Angabe möglichst vieler Merkmale derjenigen Wesenheiten, die Hunde und Katzen genannt werden. Und bei der Erfüllung dieser Aufgabe handelt es sich nicht etwa um terminologische oder klassifikatorische Erörterungen, sondern um Tatsachenfeststellungen, nämlich um die Feststellung der Tatsache, daß diese und jene Merkmale häufig koexistieren und, wenn sie sich bei einem Tier beisammen finden, so im großen ganzen auch bei seinen Nachkommen koexistieren – Tatsachen, welche natürlich ganz unabhängig davon sind, wie die Wesen, an welchen diese Merkmale sich beisammenfinden, genannt werden – und zu diesen Tatsachen tritt noch die sprachliche Tatsache, daß die Wesen, bei denen wir die betreffenden Merkmale beisammenfinden, Hunde und Katzen genannt werden. Wo bleibt aber bei dir die Beschreibung dessen, *was* gut und *was* böse genannt wird? Ich kann dir nicht verhehlen, daß mir infolge des Außerachtlassens dieser Frage, deine Untersuchungen in gewisser Hinsicht noch oberflächlicher erscheinen als der Hedonismus in der Ethik, – ich meine natürlich nicht etwa jenen Hedonismus, der bloß den Satz ausspricht »Gut ist, was zum Glücke führt« oder sich in Abwandlungen und vermeintlichen Begründungen dieses Satzes erschöpft, denn daß derlei sogar in rein logischer Hinsicht leer sei, davon hat deine Aufzeichnung über Ideale auch mich überzeugt –, aber ich meine jene hedonistisch gefärbten Untersuchungen, die einige Regeln dafür angeben, welche Verhaltungsweisen unter bestimmten Umständen erfahrungsgemäß zum Glücke führen. Denn daß die Befriedigung gewisser Wünsche ein Gefühl der Zufriedenheit nach sich zieht, die Nichtbefriedigung dieser Wünsche dauernde Unzufriedenheit schafft, während die Befriedigung anderer Wünsche zwar vielleicht augenblickliche Lust, aber nachfolgende Unzufriedenheit und den bekannten Zustand der Reue herbeiführt – dies und vieles andere sind doch Tatsachen, über die sich Aussagen von nicht geringerer Dignität wie über irgendeinen psychologischen Gegenstand machen lassen. An einer einzigen Stelle deiner formalen Betrachtungen streifst du diese Frage innerer Zufriedenheit, nämlich dort, wo du darüber sprichst, daß jeder Mensch nicht nur *eine* Dreiteilung der Verhaltungsweisen in gute, indifferente und böse, sondern *drei* solche Dreiteilungen vornimmt, nämlich durch sein tatsächliches Handeln, sein Reden und sein inneres Wünschen. Hier könnten nun doch wohl nähere erfahrungsgesetzliche Aussagen gemacht werden und sie vermisse ich, wenn du Psychologie und Biologie der Sitten vernachlässigst. Meinst du, da du dich auf die Beschreibung der Entstehung des Gebrauches der Worte »gut« und »böse« beschränkst, daß es sich hier eben um nichts anderes als um Worte handelt, ein Zusammenbestehen gewisser Merkmale an Wesenheiten, die mit den Worten »gut« und »böse« bezeichnet werden, aber nicht vorhanden sei und diesbezügliche Tatsachenfeststellungen daher unmöglich seien?

Ich schätze jeden Beitrag zur Beantwortung der Frage danach, was gut und was böse genannt wird und nach Merkmalen des zu verschiedenen Zeiten und bei verschiedenen Völkern gut und böse Genannten durch Angabe neuer diesbezüglicher historischer und ethnographischer Tatsachen. Ganz besonders aber messe ich alledem, was du als Psychologie und Biologie der Sitten bezeichnest, größte Wichtigkeit bei, sofern es neue Tatsachen und Regelmäßigkeiten der inneren und äußeren Erfahrung feststellt über die Wechselwirkung zwischen dem Verhalten der menschlichen Individuen und Gruppen einerseits und dem menschlichen Organismus, den menschlichen Seelen- und Gemütszuständen, den Vererbungsverhältnissen, den menschlichen Leistungen, insbesondere den kulturellen Leistungen usw. anderseits. Dabei unterliegt es für mich keinem Zweifel, daß nicht nur zahlreiche solcher Tatsachen bereits bekannt sind – manche seit alters her –, sondern daß eine noch viel größere Zahl als Ergebnisse weiterer Untersuchungen zu erwarten ist. Wenn ich diese Fragen übergehe, so nur deshalb, um ihre Untersuchung hierzu berufeneren Forschern zu überlassen. In meinen Aufzeichnungen beabsichtige ich ja nicht, eine systematische Darstellung der Ethik zu liefern, sondern etwas Spezielleres oder, wie du vielleicht meinst, etwas anderes: Ich will, wie ich dir geschrieben habe, exaktwissenschaftliche Denkweise auf die Probleme der Ethik anwenden und mich dementsprechend vorwiegend mit der formalen Seite der ethischen Fragen befassen.

– Du betrachtest vermutlich die Moral und die ethischen Wahr-
3. heiten als in derselben Weise erkennbar wie die *geometrischen.* Dieser Gedanke war es doch offenbar, der Plato bewog, in einem Dialog über die Tugend das Gespräch auf die Geometrie zu lenken, deren Wahrheiten man irgendwie aus sich selbst schöpft, und dieser Gedanke ist seither ja nie völlig verstummt.[13]

Ich bin nicht der Meinung, mein Freund, daß eine weitgehende Analogie zwischen Geometrie und Ethik, zwischen Raum und Moral besteht. Immerhin glaube ich, daß in gewissem Sinne die Geometrie der Ethik als Vorbild dienen kann, und jedenfalls bin ich der Ansicht, daß ihre Kenntnis dem Ethiker zum Nutzen gereicht. Aber ich fürchte, dir in diesem Punkt eine Enttäuschung zu bereiten. Denn gerade das, was du als Anwendung der Mathematik vermutlich erwartest, kann sie nicht leisten: Eine Auswahl

13 Die angesprochene Tugendlehre entwickelt Platon im 4., den Übergang zur Geometrie im 6. Buch der *Politeia.*

unter den verschiedenen Normensystemen oder gar die Auszeichnung eines einzigen speziellen Systems als das wahre können Logik und Mathematik nicht bieten. Ich muß dich jedoch darauf aufmerksam machen, daß derlei von der logisch-mathematischen Denkweise zu erwarten auf einer Vorstellung von der Geometrie beruhen würde, die dem heutigen Stande dieser Wissenschaft nicht mehr entspricht, ja, man kann sagen, bereits durch Entdekkungen, die über ein Jahrhundert alt sind, widerlegt ist.
– Du darfst bei mir, einem Nichtmathematiker, keine besonderen geometrischen Kenntnisse voraussetzen. Führe deshalb, bitte, deine letzten Andeutungen etwas näher aus! Soll ich sie dahin verstehen, daß du an den Wahrheiten der Geometrie zweifelst?
Man kann nicht von *der* Geometrie reden. Wenn man dies tut, wie es z. B. noch zu Kants Zeiten jeder, auch jeder Geometer, tat, so schwebt einem das System von Aussagen vor, dessen Elemente im unvergänglichen Werk von Euklid aus einigen Axiomen rein deduktiv hergeleitet werden. Zu Beginn des 19. Jahrhunderts hat man aber dieser Geometrie von Euklid andere Systeme von Aussagen an die Seite gestellt, welche gleichfalls mit vollkommener Konsequenz aus einigen Axiomen hergeleitet wurden, wobei jedoch eines der Axiome einem der euklidischen Axiome widersprach.[14] Später hat man durch Abänderung anderer und mehrerer euklidischer Axiome zahlreiche Systeme »nichteuklidischer« Geometrien entwickelt, von denen jedes natürlich in seinen Lehrsätzen durchaus von der euklidischen Geometrie abweicht, da ja schon die Axiome von Sätzen der euklidischen Geometrie abweichen, von denen aber jedes für sich betrachtet ein vollkommen geschlossenes System von Aussagen darstellt.
– Ich weiß nicht, ob ich dich richtig verstehe. Es ist mir bekannt, daß die geometrischen Axiome nicht bewiesen werden können. Als Axiom bezeichnet man ja einen Satz, der eines Beweises überhaupt nicht fähig ist, aber man fügt doch alsbald hinzu, Axiom sei zugleich ein Satz, der eines Beweises auch nicht bedürftig ist. Warum nun ist ein geometrisches Axiom eines Beweises nicht

14 Hier sind als Beispiele vor allem die nichteuklidischen Geometrien von Riemann und Lobatschewski zu nennen, in denen jeweils Euklids Parallelenaxiom nicht gilt; für eine Einführung in diese nichteuklidischen Geometrien vgl. Sklar, L. (1977): *Space, Time, and Spacetime;* Berkeley/Ca.

bedürftig? Weil seine Wahrheit und Gültigkeit eben unmittelbar einleuchtend ist. Wie kann man aber unter diesen Umständen das Gegenteil eines Axioms zum Ausgangspunkt von Deduktionen machen?

Die These, daß Axiome diejenigen Sätze sind, die eines Beweises weder fähig noch bedürftig sind, findet sich zwar immer noch in unzähligen Lehrbüchern, entspringt aber gleichfalls einer längst überholten und völlig überwundenen Auffassung. Jede deduktive Theorie muß selbstverständlich, da doch das Zurückschreiten irgendwo abbrechen und das Deduzieren irgendwo anfangen muß, von einigen Sätzen ihren Ausgang nehmen. Das ist das, was an der Auffassung, daß jede Theorie Sätze enthält, die eines Beweises nicht fähig sind, zutrifft. Mit der angeblich von selbst einleuchtenden Wahrheit und Gültigkeit der in der Geometrie als Axiome gewählten Sätze steht es nun folgendermaßen: Man wählt in der Geometrie als Axiome z. B. Sätze, welche aussagen, daß zwischen den Geraden gewisse Beziehungen bestehen, die wir zwischen dünnen starren Stäben, Lichtstrahlen und so weiter unzählige Male erfahrungsgemäß beobachtet haben. Glaube aber darum nicht etwa, daß die Geometrie bloß empirische Gültigkeit besitze! Die geometrischen Deduktionen besagen ja bloß: *Wenn* zwischen irgendwelchen Dingen diese und jene Beziehungen bestehen (nämlich gewisse zwischen starren Stäben, Lichtstrahlen usw. erfahrungsmäßig beobachtete Beziehungen), *so* bestehen zwischen diesen Dingen auch diese und jene weiteren Beziehungen. Und diese Implikationen, welche den ausschließlichen Inhalt der Geometrie bilden, sind von der Erfahrung natürlich völlig unabhängig, so wie sie auch nichts damit zu tun haben, daß die als Axiome verwendeten Aussagen aus Gründen, die zu besprechen uns zu weit von unserem Thema entfernen würde, das geworden sind, was man einleuchtende Sätze nennt. Gerade darum ist es aber auch durchaus möglich, andere Voraussetzungen zu machen und rein deduktiv aus ihnen Folgerungen zu entwickeln.

– Aber ist man denn berechtigt, ein deduktives System, das von anderen Axiomen ausgeht, als *Geometrie* zu bezeichnen?

Dies ist eine terminologische Frage, bei deren faktischer Beantwortung durch den sich entwickelnden Sprachgebrauch das zur Geltung gelangte, was ich vorhin über die Verwendung der Namen von Wissenschaften und speziell des Wortes »Geometrie« erwähnt habe. Die erste nichteuklidische Geometrie enthielt dieselben Worte wie die euklidische Geometrie (wenn auch teilweise in etwas anderer Bedeutung) und stammte von Geometern im herkömmlichen Sinn. Dieses Satzsystem für sich als eine Einzelwissenschaft aufzufassen, wäre unpraktisch gewesen, umsomehr, als bald zahlreiche nichteuklidische Geometrien entstanden, die sich zwar immer mehr von der Geometrie Euklids unterschieden, von denen aber jede neue doch immer in gewisser Hinsicht mit den früheren zusammenhing, nämlich durch die Wahl der Worte – beachte, ich sage, der bloßen *Worte,* denn die Bedeutung der Worte wurde in den neuen Geometrien vielfach, natürlich in genau präzisierter Weise, abgeändert! – und durch die Person der Erforscher. Deshalb teilte man sie alle der *Geometrie* zu. Neuere Untersuchungen haben zu nichteuklidischen Geometrien geführt, die von der euklidischen Geometrie in ihren Axiomensystemen und daher auch in ihren Lehrsätzen so stark abweichen, daß außer den erwähnten historischen und verbalen Umständen wirklich kein Grund besteht, sie gerade als *geometrische* Aussagensysteme zu bezeichnen und der *Geometrie* zuzurechnen, wie denn auch die Grenzen der Verwendung des Wortes Geometrie schwankend und mit der Zeit veränderlich sind.

– Besteht denn aber kein *logischer* Unterschied zwischen diesen verschiedenen als Geometrien bezeichneten Systemen von Aussagen?

Nicht der geringste. Jedes von ihnen ist widerspruchsfrei; genauer gesprochen, man kann beweisen, daß, wenn eine dieser Geometrien einen Widerspruch enthält, dann auch jede andere, also z. B. auch die Geometrie Euklids, einen Widerspruch enthält. Mit anderen Worten, wenn die euklidische Geometrie keinen Widerspruch enthält, dann enthalten auch die verschiedenen nichteuklidischen Geometrien keinen Widerspruch. Logisch ausgezeichnet vor diesen letzteren ist die euklidische Geometrie also nicht.

– Aber kann man nicht *erfahrungsmäßig* durch Nachprüfungen und Messungen entscheiden, welche Geometrie gilt?

Daß quantitative Unterschiede zwischen den Lehrsätzen verschiedener Geometrien erfahrungsmäßig jeweils nur bis zum Genauigkeitsgrade der Meßinstrumente nachprüfbar sind, wird dir ohneweiters einleuchten. Sonstige Gründe dir auseinanderzusetzen, warum auch erfahrungsmäßig die euklidische Geometrie vor wenigstens einigen nichteuklidischen Geometrien nicht ausgezeichnet ist – abgesehen davon, daß das Nebeneinander vieler Geometrien als widerspruchsfreier deduktiver Systeme selbst dann bestehen bliebe, wenn in dem von uns beobachteten Raum eine bestimmte von diesen Geometrien als gültig erwiesen werden könnte – würde uns vom Gegenstand unseres Gespräches zu weit entfernen. Ich würde ja in einem die Ethik betreffenden Gespräch überhaupt nicht näher auf die Geometrie eingegangen sein, deren Analogie zur Ethik mir, wie ich dir gesagt habe, nicht allzu groß scheint, wenn nicht in ethischen, juristischen und allgemein methodologischen Schriften von Sozialwissenschaftlern so zahlreiche, und zwar meist ganz mißverständliche und dem Geiste der modernen Geometrie fremde Hinweise auf sie sich fänden, so daß dir einige diesbezügliche Bemerkungen vielleicht von Nutzen sein können. Was die Beziehungen der verschiedenen Geometrien zueinander betrifft, so bitte ich dich, abschließend jedenfalls zur Kenntnis zu nehmen, daß auch die Erfahrung die Frage nicht entscheiden kann.

– So bestehen also in der Geometrie mehrere Systeme, die voneinander verschieden sind und einander widersprechen, nebeneinander?

Ja. Und nun siehst du, warum ich meine, daß nicht diejenigen, welche ein bestimmtes System von Normen für das sittliche Verhalten aus sich selbst zu schöpfen beabsichtigen, sich auf die Geometrie berufen dürfen, sondern derjenige, welcher die Möglichkeit und das Vorhandensein verschiedener Normensysteme feststellt, auf die Geometrie als Analogon hinweisen kann.

4. – Doch sehe ich nicht, wie die Analogie in folgendem Punkt durchführbar sein soll: Die verschiedenen Geometrien stellst du als miteinander unvereinbar dar. Was hingegen die verschiedenen Normensysteme für das menschliche Verhalten betrifft, so frage ich mich, ob es nicht gerade einem Logiker möglich sein müßte, sie zu vereinen oder einen Durchschnitt aus ihnen zu bilden, d. h. sie in einem umfassenderen System unterzubringen, oder ein in ihnen allen enthaltenes System herauszuspalten, oder durch irgendwelche andere logische Operationen ein Normensystem zu konstruieren, welches von speziellen Einzelheiten absieht und dafür um so besser das Wesen des Sittlichen zum Ausdruck bringt?

In Wesensfragen fühle ich mich, wie du aus meinen Aufzeichnungen weißt, nicht kompetent. Eine abstrahierende Vereinigung verschiedener Normensysteme in einem allgemeinen System hingegen betrachte ich von vornherein als möglich und bis zu einem gewissen Grade auch durchführbar. Aber beachte folgendes: Wenn zwei Normensysteme hinsichtlich eines gewissen Verhaltens zwei einander direkt widersprechende Normen enthalten, so kann natürlich ein widerspruchsfreies System, welches sie beide in dem Sinn umfaßt, daß aus ihm jedes der beiden Systeme mit allen seinen Normen *herleitbar* ist, nicht existieren. Denn man kann doch nicht aus einem bestimmten System von Regeln sowohl eine Regel als auch ihr Gegenteil deduzieren – das hieße ja eben, daß das System widerspruchsvoll ist. Hingegen ist denkbar, daß man ein System konstruiert, das mit beiden *verträglich* ist. Aber diese Allgemeinheit geht auf Kosten jedweden Inhaltes in der betreffenden Hinsicht. Wenn das allgemeine System mit den beiden Systemen, deren Normen hinsichtlich eines gewissen Verhaltens einander widersprechen, verträglich sein soll, so ist klar, daß es hinsichtlich des betreffenden Verhaltens *gar keine* konkrete Regelung treffen darf. Wenn z. B. ein Normensystem die Vorschrift enthält »Man soll bei der Behandlung der Menschen unter sonst gleichen Umständen keine Rücksicht auf ihre Abstammung nehmen« und ein zweites die Vorschrift enthält »Man soll bei der Behandlung von Menschen unter sonst gleichen Umständen Menschen irgendeiner bestimmten Abstammung bevorzugen«, so kann ein diese beiden Systeme zusammenfassendes Normensystem unmöglich irgendwelche konkreten Vorschriften hinsichtlich der Gleichheit oder Ungleichheit der Behandlung von Menschen mit Rücksicht auf ihre Abstammung enthalten. Zwar suchen allgemeine Systeme eine derartige Leere bisweilen zu verschleiern, etwa indem sie festsetzen: »Man soll bei der Behandlung von Menschen mit *gleichwertiger* Abstammung unter sonst gleichen Umständen auf die Abstammung keine Rücksicht nehmen.« Die Norm, daß man alle Menschen ohne Rücksicht auf ihre Abstammung behandeln solle, ergibt sich dann, wenn man zu der allgemeinen Norm noch hinzufügt, daß die Abstammung *aller* Menschen als gleichwertig betrachtet werden solle. Die Norm, daß man Menschen irgendeiner bestimmten Abstammung bevorzugen solle, ergibt sich, wenn man zu der allgemeinen Norm noch hinzufügt, daß die betreffende Abstammung gegenüber sonstigen Abstammungen als *höher*wertig betrachtet werden solle und Menschen mit höherwertiger Abstammung bevorzugt werden sollen. Doch es ist klar, daß erst nach einer solchen zusätzlichen Norm darüber, welche Abstammungen als gleichwertig betrachtet werden sollen, die allgemeine Norm überhaupt eine konkrete Vorschrift macht (dann übrigens natürlich mit einer der beiden speziellen Normen unvereinbar wird), daß sie selbst aber leer ist. Den extremen Fall derart kondensierter Normen, die mit dem Anspruch auftreten, das Wesen des Guten zu erfassen, findest du ja in einer meiner Aufzeichnungen besprochen, die von Idealen handelt. Und mit dem *Durchschnitt* der verschiedenen Moralsysteme steht es auch nicht besser! Wenn du darunter das verstehst, was allen widerspruchsfrei denkbaren Normensystemen für das menschliche Verhalten gemeinsam ist, so ist dieses Rumpfsystem gewiß leer, d. h. es gibt wohl keine einzige Norm für menschliches Verhalten, welche nicht in irgendeinem widerspruchsfreien Normensystem fehlen könnte oder durch eine gegenteilige Norm ersetzbar wäre. Aber selbst wenn du dich auf die tatsächlich (d. h. historisch und ethnographisch) beobachteten oder gepredigten Normensysteme beschränkst, so ist das ihnen allen Gemeinsame sehr ärmlich. An sonstigen logischen Operationen, welche dazu dienen könnten, aus mehreren Normensystemen eine Art von *Mittel* zu konstruieren, sehe ich, da doch zwischen Einehe und Vielehe, zwischen Beachtung und Nichtbeachtung der Abstammung unter sonst gleichen Umständen usw. ebensowenig ein Mittel wie ein beides umfassendes existiert, nur die folgende: Man kann, wenn verschiedene Normensysteme vorliegen, die in mehreren Normen voneinander abweichen – zwar nicht immer, aber bisweilen – ein widerspruchsfreies Normensystem konstruieren, indem man jedem der betrachteten Normensysteme einige Normen entnimmt, wobei diese Zusammenstellung oft auf mehrere Weisen erfolgen kann und daher der Willkür ziemlicher Spielraum gelassen ist. Das ist das einzige, was möglich ist, doch es ist wohl nicht das, was dir als Mittel zwischen den Normensystemen vorschwebt!

– Eigentlich nicht. Sind denn aber wirklich die Normen verschiedener Systeme einander so völlig widersprechend?

Kannst du das bezweifeln? Allerdings haben manche Ethiker diese Unterschiede zu verwischen oder, besser gesagt, zu verschleiern und wegzuleugnen gesucht. Aber für den Unbefangenen kann doch, glaube ich, ein Zweifel nicht bestehen. Bedarf es eines weiteren Beispiels als das über die Berücksichtigung der Abstammung eines Menschen bei seiner Behandlung? Und in wie verschiedenen Weisen dieser eine Fall geregelt werden kann und tatsächlich geregelt worden ist: Manche Normensysteme billigen dem Mann, der von einer bestimmten Person, dem früheren Monarchen, als erster Sohn abstammt, eine ganz besondere Behandlung zu, indem sie ihn selbst als Monarchen betrachten und z. B. Worte, die mit Bezug auf eine andere Person als harmloser Scherz gelten würden, hinsichtlich seiner Person mit entehrenden Strafen verfolgen. Gegenüber manchen Normensystemen nehmen gewisse Menschengruppen auf Grund ihrer Abstammung eine Sonderstellung ein, teils eine bevorzugte, teils eine benachteiligte, z. B. die Nachkommen Adeliger, wo es Erbadel gibt, die Nachkommen Begüterter, wo ein Erbrecht am Eigentum besteht, die Nachkommen von Juden in einigen Verfassungen usw. Und wie zahlreiche Beispiele von miteinander völlig unvereinbaren Regelungen ließen sich aus den denkbaren und tatsächlich gültigen Normen über das Geschlechtsleben und andere menschliche Beziehungen erbringen! Oder denke an die Beurteilung des Zweikampfes, der in verschiedenen Moralsystemen teils als geboten, teils als indifferent, teils als verboten gilt! Die sogenannten allgemeinen Normen, von welchen man sagt, daß sie den gemeinsamen Ausdruck des Willens und der sittlichen Anschauungen der ganzen Menschheit darstellen, diese Sätze enthalten, so sehr sich viele Ethiker um sie bemühen und für sie einsetzen, überhaupt keine konkreten Vorschriften, entsprechen daher überhaupt keinen tatsächlichen Ansichten oder Wünschen irgendeines Menschen oder irgendeiner Menschengruppe, und wenn man sie nicht ausspräche, so wäre das Verhalten der Menschen genauso geregelt, wie wenn man sie ausspricht, weshalb ich für meine Person sie gar nicht ausspreche.

– Was bringt denn aber dann einen Menschen zur Annahme eines 5.
bestimmten Normensystems?

Sofern ein einzelner Mensch sich für ein bestimmtes Normensystem erklärt, ist dies ein Gefühlsausdruck. Die tatsächliche Einrichtung des Verhaltens in der Richtung einer gewissen Moral beruht auf einem Entschluß.

– Vor allem wird der einzelne Mensch als Bürger eines Staates und Mitglied einer Gesellschaftsklasse oder als religiös Gläubiger zur Annahme bzw. Ablehnung bestimmter Normen durch Furcht vor Strafe und Hoffnung auf Belohnung getrieben; doch hinsichtlich alles dessen, was mit Tradition und Zwang zusammenhängt, kannst du mit Recht sagen, daß diese äußeren Gegebenheiten, in die ein Mensch sich hineingestellt findet, eben Motive sind, die

beim Fassen seines Entschlusses mitsprechen. Aber setze den Fall, der in einer deiner Aufzeichnungen (S. 82) geschildert wird, daß nämlich die Bewohner eines Gebietes sich versammeln, um von besten Absichten beseelt unter Verzicht auf Vorrechte und kleinliche Interessen ihr Zusammenleben von Grund auf zu regeln, wobei also Lohn und Strafe zunächst gar nicht in Frage kommen.[15] Glaubst du, daß es ein Entschluß, ein bloßer Willkürakt ist, wenn in diesem Fall der einzelne eine bestimmte Regelung
6. vorschlägt oder annimmt? Kann er es denn nicht *verstandesmäßig begründen,* warum er, wenn er die Wahl hat, sich für diese bestimmte Regelung des menschlichen Zusammenlebens entscheidet? Es ist dir doch wohl bekannt, daß manche Ökonomen und Ökonomenschulen behaupten, logisch beweisen zu können, daß die maximale Güterversorgung und optimale Güterverteilung und daher die größte Wohlfahrt der Menschheit unter gewissen von ihnen angegebenen Bedingungen eintreten würde. Wie stellst du dich dazu?

Mein lieber Freund, ein anderer Logiker würde, wenn er die Ausführungen geprüft hat, die von jenen Ökonomen als logische Beweise bezeichnet werden, auf deine Frage vielleicht antworten, die Autoren mögen zunächst Logik studieren. Ich aber, der ich – obwohl du vermutlich das Gegenteil glaubst – fern davon bin, die Logik zu überschätzen, sage das nicht unbedingt, sondern ich sage nur: Wenn die betreffenden Autoren mit dem Anspruch auftreten wollen, logische Beweise zu liefern, dann müssen sie sich wohl zunächst der Mühe dieses Studiums unterziehen. Wollen oder können sie das letztere nicht, dann tun sie allerdings besser daran, ihre Pretentionen wesentlich herabzusetzen; ja, ich möchte sogar sagen, daß dies auf jeden Fall ratsam wäre, da auch ein etwaiges Studium der Logik zweifellos zu der gebotenen Erhöhung ihrer Selbstkritik führen würde. Aber ganz abgesehen vom Problem, ob man die Realisierung gewisser Wirtschaftszustände durch bestimmte Wirtschaftssysteme beweisen kann, frage ich dich, welcher Wirtschaftszustand der beste ist? Derjenige, bei dem die gesamte jeweils vorhandene Gütermenge möglichst groß ist, wenn

15 Gedankenexperimente dieser Art liegen heute in äußerst präzisen Ausarbeitungen vor. Für einen modernen Klassiker der Herleitung moralischer Prinzipien aus einem fingierten »Urzustand« vgl. in der ausgewählten Literatur Rawls 1971: Kap. 1.4.

sie auch in so ungleicher Weise verteilt ist, daß Neid und Kampf entsteht? Oder derjenige, bei dem die gesamte Gütermenge möglichst gleichmäßig verteilt ist, wenn dabei auch gegenüber der ersten Verteilung keiner gewinnt und viele verlieren? Schon diese Fragen, die nur zwei Beispiele aus einem großen Fragenkomplex sind, können in letzter Linie bloß durch ein Geschmacksurteil entschieden werden, denn was Erkenntnistätigkeit leisten kann, ist doch nur die Angabe möglichst vieler Merkmale der verschiedenen Wirtschaftszustände, um eine möglichst breite Basis für einen Gefühlsausdruck zu liefern. Selbst wenn aber hinsichtlich der Wirtschaftsziele Einigkeit herrschte und die zu ihrer Erlangung dienenden Mittel einwandfrei feststellbar wären – was, wenn nicht ein Geschmacksurteil und ein Willkürakt, kann einen dazu bringen, gerade das zu einem *wirtschaftlichen* Optimum führende System zu wählen? Wer als selbstverständlich voraussetzt, daß die Wahl in diesem Sinne ausfällt, unterschätzt die Macht von Ideen, – von Ideen, um derentwillen, wie doch die Geschichte lehrt, oft Massen, nicht nur einzelne Menschen, Not und Pein auf sich nehmen und die Schrecken von Kriegen ertragen: von religiösen Ideen, von nationalen Ideen, von der Idee der Tradition, von der Idee der Freiheit. Und jeder Idee – das mußt du zugeben – entspricht eine Gestaltung der Welt, wenn du mir schon nicht zugeben willst, daß die Ideen in Gestaltungen der Welt *bestehen.* Eine Wahl aber zu treffen zwischen den Ideen und Gestaltungen der Welt ist in letzter Linie ein Willkürakt, ein Entschluß. Selbstverständlich ist die Rolle der Erkenntnis als Vorbereitung und Basis eines Entschlusses von außerordentlicher Wichtigkeit. Wer zur Realisierung bestimmter Wünsche einen Entschluß unüberlegt faßt, d. h. eine Entscheidung trifft, ohne sich zu vergegenwärtigen, was er hierdurch als voraussichtliche Konsequenzen mitbeschließt, der wird oft finden, daß seinen Entschlüssen nicht die Erfüllung seiner Wünsche folgt oder, wenn dieselben zur Erfüllung eines Wunsches führen, doch zugleich auch andere Zustände auftreten, die ihm sehr unerwünscht sind, so daß er den Gesamtzustand vor seiner Entscheidung dem Gesamtzustand nach Durchführung seiner Handlung vorgezogen hätte, wenn er nur den letzteren besser vorhergesehen hätte. Ganz ebenso steht es hinsichtlich umfassender konkreter Ideen zur Weltgestaltung und hinsichtlich allgemeiner Systeme zur Regelung der menschlichen Beziehungen, wenngleich erkenntnismäßige Bemühungen in dieser Hinsicht wegen der zahllosen Verwicklungen des Gegenstandes und der großen Rolle unvorhersehbarer Momente außerordentlich schwierig sind und nur zu verhältnismäßig wenigen und meist recht unsicheren Ergebnissen führen können. Daraus folgt aber mit Rücksicht auf die alles übertreffende Wichtigkeit, welche solche allgemeine Entschließungen für das Leben der Gemeinschaften und der einzelnen besitzen, bloß, daß diesbezüglich erfahrungsmäßige und logische Erkenntnisse ganz besonders eifrig gesammelt und geprüft werden sollten. Durch verschwommene Reden über Ideale und Wertungen können sie jedenfalls nicht ersetzt werden, obwohl wir vielfach beobachten können, daß über derartigen Reden selbst in den wenigen Fällen, wo wir in der Lage wären, durch erfahrungsmäßige, ja logische Betrachtungen verschiedene allgemeine Ideen in ihren Folgen zu verdeutlichen, diese Überlegungen vernachlässigt oder versäumt werden. Wenn z. B. Menschen den Willen haben, ihre besonderen Fähigkeiten der Gemeinschaft nur unter der Bedingung besonderer Entlohnung zugute kommen zu lassen und weiter den Wunsch haben, diese Entlohnung teilweise für ihre eigenen Kinder zu verwenden, um denselben besondere Vorteile zu sichern, so ist dies ein durchaus klarer und verständlicher Wunsch. Wenn eine andere Menschengruppe den Willen hat, alle Kinder gleichberechtigt und keines mit irgendwelchen Vor- oder Nachteilen ins Leben treten zu lassen, so ist dies ein dem Wunsch der ersten Gruppe zwar entgegengesetzter, aber ebenfalls durchaus klarer und verständlicher Wunsch. Was sollten aber diese Wünsche dadurch gewinnen, daß jede der beiden Gruppen die von ihr gewünschte Regelung als die der *Gerechtigkeit* entsprechende Lösung bezeichnet? Dabei ist es *möglich*, jeden dieser Wünsche zu unterstreichen, aber nicht durch Berufung auf die Gerechtigkeit, sondern durch die Hinzufügung von Feststellungen über tatsächliche Konsequenzen jeder der beiden Weltgestaltungen, da auf diese Weise vieles, was bei der Wahl mitgewählt wird, erst verdeutlicht und zum Bewußtsein gebracht wird. Oder ein anderes Beispiel: Wenn eine durch gemeinsame Abstammung, Tradition, sowie geistige und körperliche Merkmale geeinte Menschengruppe diese Tradition, diese geistigen und körperlichen Merkmale möglichst rein auf die späteren Generationen fortzupflanzen wünscht, so ist dies ein durchaus klarer und verständlicher Wunsch. Was sollte er aber dadurch gewinnen, daß die betreffende Menschengruppe ihren Stamm als höherwertig gegenüber anderen Stämmen oder Mischlingen bezeichnet? Dabei wäre es *möglich,* ihren Wunsch zu unterstreichen, aber nicht durch Berufung auf Höherwertigkeit, sondern durch die Feststellung von Tatsachen, nämlich von Merkmalen, die ihrem Stamme, nicht aber anderen Stämmen und Mischlingen zukommen, ja sogar durch ein rein logisches Argument, indem die Verfechter dieses Wunsches denjenigen, die sagen, daß sie gegenwärtig noch zu wenige Merkmale der verschiedenen Stämme und Mischlinge kennen, um sich dem Wunsche bereits anschließen zu wollen, erwidern können, daß die Reinhaltung des Stammes, wie immer die vermißten Erkenntnisse einmal ausfallen mögen, späteren Generationen immer noch alle Möglichkeiten offenläßt, eine Vermischung aber gewisse Möglichkeiten für alle Zukunft unwiederbringlich abschneidet. – Mehr aber als eine Angabe von Merkmalen und logischen Konsequenzen der speziellen Ideen zur Weltgestaltung, welche die entschlußmäßige Entscheidung zwischen den verschiedenen Ideen klar und bewußt gestaltet, kann die Erkenntnis nicht liefern. Ja selbst wenn es sich darum handelt, ob überhaupt *irgendeine* Regelmäßigkeit des menschlichen Verhaltens verbürgt werden soll, was ja angesichts der Findigkeit und Anpassungsfähigkeit der Menschen an die verschiedensten Regelmäßigkeiten noch viel wichtiger ist als die spezielle Form der beobachteten Regelmäßigkeiten – selbst da kann die Erkenntnis, wenn wir die geregelten Zustände und den ungeregelten einander gegenüberstellen, nur Merkmale dieser Zustände angeben, welche klarmachen, was die Wahl zwischen ihnen beinhaltet, ohne dieselben aber als Vorzüge oder Nachteile erweisen zu können, da die Entscheidung auch in dieser Hinsicht in letzter Linie eine Geschmackssache ist. Gewiß ist es eine Tatsache, daß die überwiegende Mehrzahl der Menschen sich unter den bestehenden Verhältnissen im Sinne einer Ordnung entscheidet, und ebenso unterliegt es keinem Zweifel, daß auch, wenn nicht Gesetze existierten, welche die Verletzung der Ordnung mit Strafen ahnden, sondern die Menschen ganz frei, etwa durch Abstimmung, zwischen dem ganz ungeregelten und einem irgendwie geregelten Zustand zu wählen hätten, die überwiegende Mehrzahl sich im Sinne der letzteren Lösung entscheiden würde, da ihrem Geschmacke die nur bei Regelmäßigkeit des menschlichen Verhaltens möglichen Kulturformen weit mehr zusagen als eine halbtierische Existenz in kleinen verläßlichen Gruppen, die nur auf Sicherung des Lebens und Beschaffung der Nahrung bedacht sind, wie sie sich aus völliger Regellosigkeit zwangsläufig ergibt. Aber die Übereinstimmung einer noch so großen Mehrheit, ja selbst aller darf natürlich nicht darüber täuschen, daß es sich um ein Geschmacksurteil und einen Entschluß handelt. Gerade wenn wir davon absehen, daß jedem einzelnen die jeweils bestehenden Gesetze mit den Strafen für ihre Übertretungen die Wahl sehr erleichtern, gerade in dem Fall, von dem du sprachst, wo alle sich versammeln, um aus freien Stücken, ohne Furcht vor Strafe oder Hoffnung auf Lohn, ihr Zusammenleben zu regeln, tritt dies klar zutage: Den tiefsten Grund der Stellungnahme bildet nicht eine Einsicht, sondern eine Willensentscheidung; nicht ein Erkennen, sondern ein Wollen.

7. – Keinesfalls aber kannst du die Rolle des *Glaubens* übergehen, d. h. die religiösen Momente, die bei der Annahme von Moralsystemen doch erfahrungsgemäß eine außerordentliche Rolle spielen. Ich hätte erwartet, daß du schon gelegentlich der Besprechung der Ideale dich auch über religiöse Vorstellungen als Grundlage der Moral äußern würdest. Auch hinsichtlich ihrer hättest du ja sagen können, daß z. B. die Aussage »gut ist, was dem Willen Gottes entspricht« erst durch nähere Erläuterungen, worin der Wille Gottes bestehe, einen Inhalt bekomme und daß diese Erläuterungen selbst seitens verhältnismäßig verwandter monotheistischer Religionen nicht völlig miteinander übereinstimmen. Daraus, daß du an jener Stelle die religiösen Vorstellungen nicht behandelt hast, habe ich geschlossen, daß du zwischen ihnen und den sämtlichen anderen von dir kritisierten Idealen doch einen rein erkenntnistheoretischen Unterschied anerkennst. Während nämlich zur Begründung von moralischen Vorschriften auf den Willen der Natur oder auf die Gerechtigkeit usw. *Festsetzungen* getroffen werden müssen, worin diese Ideale sich auswirken, besitzt jede bestimmte einzelne Religion ein System von Geboten und Verboten als Wille eines übermenschlichen Wesens, dem Welt und Menschheit ihren Ursprung verdanken, *überliefert*. Der Anhänger der einzelnen Religion hat deshalb keine besonderen Festsetzungen über den Willen Gottes nötig, sondern glaubt eine Antwort auf diese Frage als Überlieferung gegeben und befolgt im Zusammenhange mit diesem *Glauben* die betreffenden Gebote – übrigens nicht nur aus Furcht vor Strafe, sondern auch aus Liebe zum Gesetzgeber und zu seinen Vorfahren im Glauben.

Der Gläubige hat in der Tat ein außerordentlich geschlossenes

Weltbild. Gerade vom rein logischen Standpunkt wird dies vielleicht zu wenig betont. Einige Grundannahmen, insbesondere die von dir erwähnten Überlieferungen betreffend, liefern ihm ein dem Umfang dieser Offenbarungen entsprechend umfassendes Weltbild, das auch moralische Vorschriften enthält. Was aber das Willensmoment betrifft, das ich als Grund der Annahme eines Moralsystems bezeichnet habe, so zeigt logische Analyse, daß dasselbe beim Gläubigen nicht fehlt, sondern daß es in die Annahme der Grundvoraussetzungen verlegt ist, wo es – bewußt oder unbewußt – im Akt oder, besser gesagt, im Zustand des Glaubens enthalten ist.

– Dieser Auffassung kann wohl auch der Gläubige zustimmen.
Vom Standpunkt der wissenschaftlichen Ethik hingegen gebe ich 8.
mich mit deinen Ausführungen nicht zufrieden. Deine Richtlinien *veräußerlichen* die Ethik. Du willst nur das für das tatsächliche Geschehen der Praxis Maßgebende untersuchen und dich deshalb auf die exakte Behandlung von Entschlüssen beschränken, so wie du z. B. in deiner Kritik des kategorischen Imperativs lediglich die Frage nach seinen konkreten Folgen behandelt hast; daß jedoch bei Kant der Begriff der Pflicht, abgesehen vom Handeln *gemäß* dem Gesetz, vor allem auch Handeln *um des Gesetzes willen* in sich schließt, das vernachlässigst du – wenn auch natürlich nicht unbewußt, da du ja ausdrücklich bemerkst, daß du die für Kant selbst und die meisten Philosophen interessanten Fragen nicht behandeln willst. So tritt nun aber überhaupt in deinen Aufzeichnungen über Ethik die Frage nach der Gesinnung in den Hintergrund und wird auf Kosten der Frage nach den tatsächlichen Entscheidungen vernachlässigt. Was ich an deinen Untersuchungen auszusetzen habe, ist also vor allem, daß sie nicht *Moral* zu erkennen suchen, sondern den *Willen* betrachten, um die *Weltgestaltung* zu verstehen. Aber entspringt denn diese ganze Einschränkung *selbst* etwas anderem als einem Geschmacksurteil? Hat sie eine andere Quelle als einen auf wissenschaftliche Forschung bezüglichen willkürlichen Entschluß? – Doch ich möchte diese Bemerkungen nicht weiter ausführen, denn ein anderer Einwand, den ich habe, bewegt sich mehr im Geiste deiner eigenen Richtlinien und wird daher dir selbst vielleicht nähergehen. Durchaus in der Gedankenrichtung deiner Aufzeichnungen mit ihrer Mißachtung aller terminologischen Auseinandersetzungen, aller Definitionen und Umgrenzungen ethischer Begriffe usw.

scheint mir nämlich ein gewisser *logischer Pragmatismus* zu liegen, womit ich die Ansicht meine, daß die einzige Rechtfertigung von Begriffsbildungen – oder wie du vielleicht sagen wirst: von der Art der Verwendung von Worten in der Wissenschaft – in ihrer *Fruchtbarkeit* liegt, d. h. in ihrer Verwendbarkeit in einer großen Zahl von womöglich praktisch wichtigen Aussagen.

Dies ist in der Tat ganz entschieden meine Ansicht. Wer Begriffe umgrenzt, ohne daß Folgerungen abzusehen wären, verhält sich wie ein Mensch, der die Wüste parzelliert.

– Gut. Was aber kann die Anwendung exakten Denkens auf die Fragen der Ethik leisten? Inwiefern führt sie über die Schilderung der Entstehung des Gebrauches der Worte »gut« und »böse« und die Feststellung, daß die tatsächliche Annahme einer bestimmten Moral ein Entschluß sei, hinaus?

Ich kann allerdings nicht behaupten, daß ich in der Lage bin, *viele* ethische Aussagen zu machen – so wenig mir, nebenbei bemerkt, bei logisch gesäuberter und konziser Ausdrucksweise viele Aussagen der herkömmlichen Ethik bekannt sind. Immerhin, ein wenig glaube ich doch über die von dir erwähnten Feststellungen hinausgehen zu können.

– In welcher Richtung? Ich kenne bisher nur deine Ansichten über das Verhältnis der Ethik zur Geometrie.

Ich glaube in einem gewissen Ausmaße *Logik der Sitten* betreiben zu können.

9. – Logik der Sitten? Willst du daran erinnern, daß die Pflicht zu einem gewissen Verhalten damit gleichbedeutend ist, daß das gegenteilige Verhalten nicht erlaubt ist und daß sie nach sich zieht, daß das betreffende Verhalten erlaubt ist, während die Unerlaubtheit eines Verhaltens nach sich zieht, daß es nicht Pflicht ist? Wenn man, so könntest du hinzufügen, von den vier Aussagen

1. Das Verhalten V ist Pflicht	2. Es ist nicht Pflicht
3. Es ist erlaubt	4. Es ist nicht erlaubt

irgend zwei herausgreift und durch das Wort »und« verbindet, so erweisen sich die Verbindungen 1 und 2, 3 und 4,1 und 4 als absurd, während 1 und 3 bzw. 2 und 4 mit 1 bzw. 4 gleichbedeutend sind: nur 2 und 3 führt auf etwas Neues: V ist freistehend. Auf diese Weise könnte man eine Theorie entwickeln analog der der logischen Modalitäten, welch letztere von Notwendigkeit, Nichtnotwendigkeit, Möglichkeit und Unmöglichkeit von Aussagen handelt. Aber das ist es nicht eigentlich, was mir vorschwebt.

– Willst du also vielleicht daran erinnern, daß Normen für menschliches Verhalten vielfach die Form haben »Alle Menschen einer gewissen Art sollen sich in allen Situationen einer gewissen Art in gewisser Weise verhalten« und daß die Negation einer solchen Aussage nicht, wie im täglichen Leben so oft angenommen wird, lautet: »Kein Mensch der betreffenden Art soll sich in allen Situationen der betreffenden Art in der betreffenden Weise verhalten«, noch auch »Jeder Mensch der betreffenden Art soll sich in keiner Situation der betreffenden Art in der betreffenden Weise verhalten«, sondern »Manche Menschen der betreffenden Art sollen sich in manchen Situationen der betreffenden Art nicht in der betreffenden Weise verhalten«, wobei diese Negation durch viele untereinander verschiedene Normen realisiert werden kann. Handelt es sich z. B. um die Norm: »Jeder Mensch über 25 Jahren soll zu jeder Beamtenstelle zugelassen werden«, so lautet die Negation »Manche Menschen über 25 Jahre sollen zu manchen Beamtenstellen nicht zugelassen werden«, was z. B. durch die Norm realisiert wird »Die Menschen unter 30 Jahren sollen zu keiner Beamtenstelle zugelassen werden«, aber auch z. B. durch die Form »Frauen sollen zu den höchsten Beamtenstellen nicht zugelassen werden« usw. Oder willst du auf die bekannte Unexaktheit der Formulierung der Normen für das menschliche Verhalten hinweisen? Z. B. wird die Norm »Alle Menschen über 25 Jahren sollen zu allen Beamtenstellen zugelassen werden« vielfach in offenkundiger Übereinstimmung mit dem Willen des Gesetzgebers dahingehend ausgelegt, daß *nur* Menschen über 25 Jahren zu allen Beamtenstellen zugelassen werden sollen, während in einem logisch korrekt formulierten Normensystem die letztere Norm, wenn sie gewünscht wird, natürlich eigens explizit ausgesprochen werden müßte, sei es auch nur mit der ersten Norm verknüpft im Satze »Zu allen Beamtenstellen sollen alle Menschen über 25 Jahren und nur sie zugelassen werden«. Aber das alles liegt doch auf der Hand!

Wenn man sie einmal korrekt formuliert hat, scheinen alle logischen Aussagen auf der Hand zu liegen, natürlich auch die, die ich dir mitteilen kann. Diese letzteren unterscheiden sich von denen, die du eben erwähnt hast, nur darin, daß sie meines Wissens noch nie korrekt formuliert wurden. Sie beziehen sich auf die Logik der 10.
Wünsche.

– Eine Theorie, deren Lehrsätze etwa die Form haben »Wer A und B wünscht, der wünscht A und wünscht B und umgekehrt«?

Vorsicht! Es ist *erstens* klar, daß *die Aussagen über die Wünsche eines Menschen* formal in derselben Weise miteinander verknüpft werden wie irgendwelche Aussagen. So wie alle Aussagen werden auch die Äußerungen von Wünschen durch die Partikel »und«, »oder«, »wenn ... so«, »nicht« usw. miteinander verknüpft. Sind z. B. »Ich wünsche eine Füllfeder« und »Ich wünsche einen Bleistift« zwei Wunschaussagen, so entstehen zwei neue Aussagen, wenn ich die beiden erwähnten Aussagen durch die Partikel »und« und »oder« verknüpfe, nämlich »Ich wünsche eine Füllfeder und ich wünsche einen Bleistift«, bzw. »Ich wünsche eine Füllfeder oder ich wünsche einen Bleistift«. Ferner ist dann auch »Ich wünsche eine Füllfeder nicht« eine Aussage, ebenso »Wenn ich eine Füllfeder wünsche, so wünsche ich einen Bleistift nicht« usw. Die Wahrheit dieser zusammengesetzten Aussagen hängt von der Wahrheit der sie zusammensetzenden Aussagen ganz in derselben Weise ab, wie dies in der Logik für Aussagen allgemein behandelt wird. Wenn z. B. die Aussage »Ich wünsche eine Füllfeder« wahr und die Aussage »Ich wünsche einen Bleistift« falsch ist, so ist die Aussage »Ich wünsche eine Füllfeder und ich wünsche einen Bleistift« falsch, die Aussage »Ich wünsche eine Füllfeder oder ich wünsche einen Bleistift« wahr, die Aussage »Ich wünsche eine Füllfeder nicht« falsch, die Aussage »Ich wünsche einen Bleistift nicht« wahr usw. Für diese Wunschaussagen gelten infolgedessen in demselben Sinne wie für alle Aussagen die Sätze vom Widerspruch und vom ausgeschlossenen Dritten, d. h. von den Aussagen »Ich wünsche A« und »Ich wünsche A nicht« ist eine wahr und eine falsch. – *Zweitens* ist klar, daß *die Gegenstände der Wünsche eines Menschen* in derselben Weise miteinander verknüpft werden wie irgendwelche Gegenstände. So wie alle Gegenstandsnamen werden auch die Gegenstände von Wünschen durch die Partikel »und«, »oder«, »nicht« usw. verknüpft. Ist z. B. eine Füllfeder Gegenstand eines Wunsches und ist ein Bleistift Gegenstand eines Wunsches, so sind »eine Füllfeder und ein Bleistift« sowie »eine Füllfeder oder ein Bleistift« Gegenstände von zwei anderen Wünschen. Es kann ferner, wenn ein bestimmter Bereich von Wesenheiten vorliegt, zu jeder einzelnen das Negat, d. h. die Gesamtheit der von ihr verschiedenen Wesenheiten des Bereiches Gegenstand eines Wunsches sein usw. Für die Verknüpfung der Gegenstände von Wünschen gelten ganz dieselben Regeln wie für die Verknüpfung von irgendwelchen Wesenheiten.

Z. B. ist der Gegenstand »A und B« dasselbe wie der Gegenstand »B und A«, der Gegenstand »A oder B« dasselbe wie der Gegenstand »B oder A« usw.

– Wenn nun die Logik der Wünsche *drittens* etwas über die allgemein gültigen logischen Gesetze Hinausgehendes lehren soll, so könnte sie es doch wohl nur dadurch, daß sie *zwischen den Verknüpfungen der Aussagen über Wünsche und den Verknüpfungen der Gegenstände der Wünsche irgendwelche gesetzmäßige Beziehungen* feststellt, beispielsweise indem sie den Satz lehrt: Wenn die Aussage »Ich wünsche den Gegenstand A und ich wünsche den Gegenstand B« wahr ist, so ist stets auch die Aussage »Ich wünsche den Gegenstand A und den Gegenstand B« wahr und umgekehrt. Sind nun aber wirklich dieser Satz und ähnliche Behauptungen logische Selbstverständlichkeiten?

Durchaus nicht. Ob z. B. der erwähnte Satz gilt, kann deshalb nur die Erfahrung entscheiden. Diese aber lehrt, daß er *nicht* gilt. Erstens ist es durchaus möglich, daß die Aussage »Ich wünsche A und ich wünsche B« wahr, zugleich aber die Aussage »Ich wünsche A und B« falsch ist. Heute abend ins Haus meines Freundes X zum Musizieren geladen zu werden, entspricht einem Wunsch von mir. Heute abend ins Haus meines Freundes Y geladen zu werden, entspricht ebenfalls einem Wunsche von mir. Aber heute Abend ins Haus meines Freundes X und ins Haus meines Freundes Y geladen zu werden, entspricht keineswegs notwendig einem Wunsche von mir, da es unter Umständen mich nur in Verlegenheit setzt. Zweitens ist es durchaus möglich, daß der Satz »Ich wünsche A und B« wahr ist, zugleich aber der Satz »Ich wünsche A und ich wünsche B« falsch ist, ja statt dessen sogar der Satz »Ich wünsche A nicht und ich wünsche B nicht« gilt. Wenn ich auf einer Wanderung durch eine einsame Gegend einen Gedanken festhalten will, so wünsche ich Papier und ein Schreibinstrument, etwa einen Bleistift, ohne daß ich Papier allein ohne Schreibinstrument und ohne daß ich ein Schreibinstrument allein ohne Papier wünsche. Die gesamte in der Wirtschaftstheorie unter dem Namen der Komplementarität von Gütern bezeichnete Erscheinung, daß gewisse Dinge nur im Verein, nicht aber einzeln begehrt werden, gehört hierher. Übrigens nicht nur hinsichtlich der Partikel »und« mangeln Beziehungen zwischen den Verknüpfungen der Wunschaussagen und den Verknüpfungen der Wunschgegenstände, sondern ganz ebenso steht es, wie man leicht durch Beispiele erweisen kann, hinsichtlich der Partikeln »oder«, »nicht« usw. Zwischen den Aussagen »Ich wünsche A nicht« und »Ich wünsche nicht A« bestehen keine allgemeinen gesetzmäßigen Beziehungen. Wenn der erste Satz wahr ist, so kann der zweite wahr oder falsch sein; wenn der erste falsch ist, kann der zweite wahr oder falsch sein. Während es dem Satze vom Widerspruch gemäß unmöglich ist, daß ein Mensch A sowohl wünscht als auch nicht wünscht, ist es durchaus möglich, daß ein Mensch sowohl A als auch nicht A wünscht. Z. B. wünsche ich sowohl heute abend zu Hause zu bleiben, um zu arbeiten, als auch nicht zu Hause zu bleiben, um ein Konzert zu besuchen. Ebenso gilt gemäß dem Satz vom ausgeschlossenen Dritten, daß ich A entweder wünsche oder nicht wünsche, während durchaus nicht notwendig der Satz gilt, daß ich entweder A oder nicht A wünsche. Eine Theorie des Willens in der Richtung allgemeiner gesetzmäßiger Beziehungen zwischen den Verknüpfungen von Wunschaussagen und den Verknüpfungen von Wunschgegenständen ist also zumindest in so einfacher Weise, wie sie dir vorschwebt, undurchführbar, was aber nicht etwa ein Mangel der Logik ist, sondern daran liegt, daß die Tatsachen, welche den Gegenstand logischer Bearbeitung bilden sollten, nämlich die erwähnten Beziehungen, erfahrungsgemäß in so einfacher Form nicht allgemein bestehen. Ich würde, nebenbei bemerkt, nur wünschen, daß überall wenigstens bei der Verwendung der einfachsten logischen Partikel, wie »und«, »oder«, »nicht« usw. einigermaßen jene Vorsicht beobachtet würde, welche hinsichtlich der Wünsche, wie wir eben festgestellt haben, unerläßlich ist, will man nicht zu falschen Aussagen kommen. Aber die Verwendung selbst dieser einfachen Partikel in den Sozialwissenschaften bietet dem Logiker nur zu oft einen unerfreulichen Anblick, von der Verwendung etwas komplizierterer Partikel, wie »also«, »folglich« usw. ganz zu schweigen, die von Sozialwissenschaftlern häufig gebraucht werden, als ob sie gefühlsausdrückende Interjektionen wären.

– Du schuldest mir noch die Angabe dessen, was die Logik der Sitten sonst leisten kann. Erwachsen besondere formale Komplikationen daraus, daß die Gegenstände der Wünsche selbst Wünsche sein können? So z. B., wenn man sagt »Ich wünsche, daß alle meine Wünsche in Erfüllung gehen« oder »Ich wünsche, ich hätte einen Wunsch« oder »Ich wünsche, daß keiner meiner Wünsche in Erfüllung geht« u. dgl. Es ist doch klar, daß in jedem dieser Sätze

das Wort »wünschen« zweimal auf gleichsam verschiedenen Stufen gebraucht wird. Vernachlässigt man diesen Umstand, so verwickelt man sich vermutlich in Widersprüche.
Ganz richtig. Stellt mir z. B. jemand die drei folgenden Fragen (und keine weiteren): »Wünschst du deine Füllfeder zu verlieren! Wünschst du dir den Fuß zu brechen! Wünschst du, daß keiner der Wünsche, nach denen ich dich frage, in Erfüllung geht!«, so kann ich die beiden ersten Fragen natürlich sofort verneinen. Die dritte aber kann ich weder bejahen noch verneinen. Nehmen wir nämlich an, daß ich sie *verneine,* d. h. also sage, daß ich *nicht* wünsche, daß *keiner* der drei Wünsche in Erfüllung gehe, so ist dies gleichbedeutend mit der Aussage, daß ich wünsche, daß mindestens einer der drei Wünsche in Erfüllung gehe, was ich doch, da ich die beiden ersten Wünsche sicher nicht erfüllt wünsche, unter der Annahme, daß ich auch die dritte Frage verneine, nicht sagen kann. Ich kann die dritte Frage aber auch nicht *bejahen,* denn damit würde ich ja sagen, daß ich wünsche, daß alle drei Wünsche, insbesondere auch der dritte, *nicht* in Erfüllung gehen, was ich doch, wenn ich die dritte Frage bejahe, nicht sagen kann. Dieses Ergebnis, daß ich die dritte Frage weder bejahen noch verneinen kann, d. h. den dritten Wunsch weder erfüllt noch nicht erfüllt wünsche, ist paradox, da ich doch nach dem Satz vom ausgeschlossenen Dritten jeden Wunsch entweder habe oder nicht habe. Aber diese ganze Paradoxie ist wörtlich einer bekannten logischen Paradoxie nachgebildet.[16] Und so genügt denn auch zu ihrer Aufklärung analog zur Aufklärung der logischen Paradoxie, wenn eine Klasse von Wünschen vorliegt, welche Wünsche des ersten Typus heißen mögen, und zugleich auch die Rede kommt

16 Dabei handelt es sich um die von Russell entdeckte Paradoxie der Menge aller Mengen, die sich nicht selbst als Elemente enthalten. In der klassischen Mengenlehre kann man Mengen erschöpfend in zwei Klassen unterteilen: Mengen, die sich selbst als Elemente enthalten (»anomale Mengen«), und Mengen, die sich nicht selbst als Elemente enthalten (»normale Mengen«). Innerhalb dieser klassischen Mengenlehre kann man darüber hinaus problemlos den Begriff der Menge aller Mengen, die sich nicht selbst enthalten, bilden. *Diese* Menge allerdings ist im Rahmen der klassischen Mengenlehre weder den normalen noch den anomalen Mengen zuzuschlagen. Dieser Umstand zeigte an, daß mit der klassischen Mengenlehre etwas nicht stimmen konnte; vgl. Falletta, N. (1983): *Paradoxon;* Frankfurt/M. 1988, S. 32 ff.

auf Wünsche über diese Wünsche, welche Wünsche des zweiten Typus heißen mögen oder auf Wünsche über solche Wünsche zweiten Typus, welche Wünsche des dritten Typus heißen mögen usw., stets wo von *allen* Wünschen gesprochen wird, hinzuzufügen, alle Wünsche *welchen Typus* gemeint sind. Im Beispiel von den drei Wünschen, nach denen ich gefragt werde, bilden die zwei ersten Wünsche offenbar die Wünsche vom ersten Typus; der dritte ist ein Wunsch vom zweiten Typus, nach dem korrekterweise so gefragt werden muß: »Wünschst du, daß von den Wünschen, nach denen ich dich frage, keiner vom ersten Typus (d. h. keiner der beiden ersten) in Erfüllung gehe?« und dann kann ich die beiden ersten Fragen verneinen und die dritte bejahen. Der vorher bei Typenvermischung gezogene Schluß, daß aus der Annahme, daß ich die dritte Frage bejahe, das Gegenteil dieser Annahme folge, weil der dritte Wunsch ja beinhalte, daß kein Wunsch, nach dem ich gefragt werde, insbesondere also auch dieser dritte Wunsch selbst nicht in Erfüllung gehe, wird nun hinfällig, da der korrekt formulierte dritte Wunsch lautet, daß die Wünsche vom ersten Typus nicht in Erfüllung gehen und der dritte Wunsch selbst doch ein Wunsch ist, der sich auf Wünsche vom ersten Typus bezieht, also ein Wunsch vom zweiten Typus.
Eine logische Typentheorie der Wünsche, welche die sonst auftretenden Widersprüche vermeidet, wäre also ein Gegenstand einer Logik der Wünsche. Aber sie wäre Wort für Wort der allgemeinen Russellschen Typentheorie der Logik nachgebildet, die jedem Logiker völlig geläufig ist, und wenn auch eine solche Typentheorie für die Ethik vielleicht nicht ganz nutzlos wäre, so kann doch nicht behauptet werden, daß sie irgend etwas logisch Neues brächte.[17]
– Das ist es ja eben, was ich überhaupt einzuwenden habe: die Armut der veräußerlichten Ethik. Und wenn auch von logischem Denken, wo immer es einsetzt, ein Gutteil kritischer Säuberung zu gewärtigen ist, so erwarte ich von ihm doch im allgemeinen und von dir besonders, dessen mathematische Leistungen mir als so durchaus konstruktiv gerühmt werden, vor allem auch positiven Aufbau. Und da du in deinen »Richtlinien« den Ausführungen angesehener Philosophen vorwirfst, daß sie keine positiven,

17 Die Typentheorie wird entwickelt in: Russell, B./Whitehead, A.N. (1910-13): *Principia Mathematica;* Frankfurt/M. 1986.

insbesondere keine praktischen Folgerungen gestatten, so wirst du dich um so weniger der Frage entziehen, welche positiven Ergebnisse denn das exakte Denken in der veräußerlichten Ethik erziele? Wie soll denn angesichts der einander widerstreitenden Entschlüsse hinsichtlich der festzusetzenden Normen eine Regelung des menschlichen Verhaltens erfolgen? Belehrt dich exaktwissenschaftliche Denkweise hierüber? Ich bin gegen die Anwendung exakten Denkens auf Fragen der Moral, da mir scheint, daß ganz so, wie du die Beschäftigung mit einer strengen Umgrenzung gewisser ethischer Begriffe, des Wortes »Wissenschaft«, des Gegenstandes der Einzelwissenschaften usw. mit der Begründung ablehnst, daß mangels erkenntnismäßiger oder praktischer Folgen das Ergebnis die Mühe nicht lohnen würde, daß ganz so, sage ich, die Beschäftigung mit der deinen Richtlinien entsprechenden Ethik wegen ihrer *Unfruchtbarkeit* abgelehnt werden kann!

Mein lieber Freund, mit deiner letzten Frage bist du dir selbst untreu geworden. Entsinnst du dich nicht deiner Warnung, ich möchte mich nicht durch mein Temperament verleiten lassen, in Fragen der Ethik gefühlsmäßig wertende Aussagen zu machen, statt nach Erkenntnissen zu suchen? Ich habe demgemäß in meinen Aufzeichnungen sowie in diesem Gespräche mein ganzes Streben darauf gerichtet, Tatsachen festzustellen und zu ordnen. Viele dieser Tatsachen bezogen sich auf das Vorhandensein und auf die Auswirkungen von Gefühlsausdrücken und Willkürakten in den Angelegenheiten der Moral. Und wenn es auch gerade deshalb bisweilen schwer war, Äußerungen meines eigenen Geschmackes zurückzuhalten – ich habe es doch getan und du wurdest gewiß nie durch das Einfließen meiner eigenen gefühlsmäßigen Wertungen gestört. Nun aber fragst du, wie eine Regelung erfolgen solle! Als Ethiker muß ich mich darauf beschränken, zu erforschen, wie sie *tatsächlich* erfolgt, und zu untersuchen, wie sie erfolgen *kann,* wobei mein Bemühen natürlich vor allem dahin gehen muß, dich auf Möglichkeiten hinzuweisen, die dir vielleicht entgangen oder nicht voll bewußt geworden sind. Aber was deine Frage betrifft, wie die Regelung erfolgen *solle,* so weißt du, daß ich ganz allgemein die Frage, was geschehen soll, entweder als Frage darnach auffasse, was gewissen Normen gemäß sei, oder als Frage, was dem Wunsche des Gefragten oder eines Dritten entspricht. Den ersten Sinn kann ich deiner Frage, bei der das zu Geschehende ja die Schaffung von Normen ohne Voraussetzung irgendwelcher anderer Normen ist, nicht unterlegen. Meine Wünsche aber, meine persönlichen Gefühle und Wertungen, kann ich, um deiner früheren Warnung eingedenk zu bleiben, nicht in meine ethischen Ausführungen mischen. Ich muß also deine Frage zunächst unbeantwortet lassen. Ich will dir jedoch einen anderen Vorschlag machen. Ob du die Logik der Sitten ablehnen oder dich mit ihren Aussagen beschäftigen willst, muß ich natürlich deinem Geschmack überlassen. Ich würde aber wünschen, daß du diese Untersuchungen wenigstens zur Kenntnis nehmest, denn das, was du dir unter ihnen vorzustellen scheinst, sind sie ja nicht ganz. Lies deshalb einige Aufzeichnungen, die ich dir senden will und die zwar nicht eine systematische Darstellung dieses Wissenszweiges, aber doch mehrere Beispiele aus diesem neuen Gebiet enthalten, so daß du wenigstens einige Grundsätze der Logik der Sitten aus ihnen wirst entnehmen können! Aber vor allem glaube mir eines: Ich gehe weder darauf aus, zu zerstören noch aufzubauen, sondern beabsichtige nur die Ergebnisse aufrichtig mühevollen Denkens in voller Offenheit auszusprechen. Und bei solcher Absicht eröffnet, meine ich, selbst jede ihr entspringende Kritik neue Aufbaumöglichkeiten oder zumindest einen Ausblick auf neue Aufbaumöglichkeiten. Ich hoffe, daß du dies durch die Aufzeichnungen, die ich dir senden will, bestätigt finden wirst. Und sei versichert, daß ich an einem solchen Ausblick, wenn er sich mir bietet, nicht achtlos vorübergehe – kaum etwas liegt meinem Geschmacke ferner, ja nichts wirkt auf mich abstoßender, als eine Kritik um der Kritik willen – sondern alles tun will, um ihn klarer zu gestalten und einige Bausteine an die sich zeigende Stelle zu tragen.

IV. Der Zusammenschluß des Gleichen

(Mathematisch-logische Aufzeichnungen über Willensgruppen)

1. Die Entwicklung der Anhängerschaft einer Moral und die menschlichen Einteilungen der Moralen

Manche Normen stammen aus vorgeschichtlicher Zeit; teils werden durch solche Normen Handlungen und Unterlassungen gefordert, die ursprünglich wohl instinktiv erfolgten, wie wir sie bei höheren Tieren beobachten können, teils ist ihre Entstehung in Dunkel gehüllt und vielfach vermutlich mehr oder weniger zufälligen Ursprungs. Andere Normen wurden später durch einzelne Machthaber oder mächtige Gruppen geschaffen, abgeschafft oder verändert, wobei die Wünsche von Inhabern der Macht im allgemeinen darauf gerichtet sind, dieselbe auf Lebenszeit oder darüber hinaus für ihre Nachkommenschaft zu erhalten und zu erhöhen.

Normen wurden zu Systemen verbunden, großenteils solche, die logisch völlig voneinander unabhängig sind in dem Sinne, daß die eine nicht nur mit der anderen verträglich ist, sondern auch mit dem Gegenteil der anderen verträglich wäre, ja daß das Gegenteil jeder der Normen mit allen übrigen Normen des Systems verträglich ist. Beispielsweise ist die Norm »Du sollst nicht stehlen« rein logisch sowohl mit der Norm »Du sollst nicht begehren deines Nachbars Gut« als auch mit der Norm »Du sollst begehren deines Nachbars Gut« verträglich. Historisch ist jedoch der Zusammenhang von Normen, die logisch unabhängig sind, bisweilen ein sehr enger, manchmal rein zufällig, manchmal auf Grund einer vermeintlichen Herleitung der verschiedenen Normen aus einer gemeinsamen allgemeineren Norm oder einem Ideal, wobei aber vielfach mangels eines tatsächlichen Inhaltes der allgemeineren Norm korrekterweise von einer Herleitung der spezielleren Normen aus ihr nicht die Rede sein kann und die allgemeine Norm nicht minder mit dem Gegenteil der speziellen Normen verträglich wäre, wie mit den Normen selbst, was man an den Normen erkennt, welche z. B. aus der Forderung nach Gerechtigkeit oder nach einem naturgemäßen Leben »deduziert« werden. Historisch sind z. B. gewisse Normen hinsichtlich des Geschlechtslebens und gewisse Normen hinsichtlich der Regelung der Eigentumsverhältnisse eng gekoppelt, obwohl sie rein logisch in vielen Fällen voneinander ganz unabhängig sind.

Eine spezielle Norm oder ein spezielles Normensystem, ob ihr Ursprung vorgeschichtlich ist oder auf Machtverhältnisse oder auf Willkür oder auf die Idee eines Reformators zurückgeht, hat jeweils einen mit der Zeit veränderlichen Bereich von Anhängern, d. h. von Menschen, die die Norm bzw. das Normensystem billigen. Der Bereich ist sehr groß, wenn die Norm ein Gesetz ist, dessen Übertretung mit Strafen geahndet wird oder wenn sie durch die Wünsche einer großen Menge unwiderstehlich gefordert wird. Der Bereich kann zusammenschrumpfen, wenn die Befolgung der Norm den Wünschen zahlreicher Menschen zuwiderlaufende Folgen nach sich zieht, die bei der Aufstellung der Norm nicht vorhanden waren oder nicht vorhergesehen wurden. Er kann sich auch dadurch ändern, daß die Gegenstände der Norm, d. h. die in ihr geregelten menschlichen Beziehungen mit dem Wandel der Zeit und der Verhältnisse, vor allem mit technischem Fortschritt, entstehen und vergehen. Gelänge es einem Erfinder zu bewerkstelligen, daß jeder alle ihm nötigen Güter ohne nennenswerte Mühe in ausreichender Menge herstellen kann, so würde die Norm »Du sollst nicht stehlen« gegenstandslos, so wie sie es beispielsweise hinsichtlich der Luft tatsächlich ist.

So hat jede einzelne Norm und jedes einzelne Normensystem eine Geschichte, die sich in der zeitlichen Veränderung des Umfanges und der Zusammensetzung der die Normen billigenden Menschengruppe ausdrückt – eine Geschichte, die aber weniger typisch ist, d. h. bei verschiedenen Normen weniger gemeinsame Merkmale aufweist und daher weniger Aussagen über Regelmäßigkeiten gestattet, als etwa die Entwicklung der sittlichen Beurteilungen eines einzelnen Menschen, die sich in seiner mit der Zeit veränderlichen Einteilung der Arten menschlichen Verhaltens in gute, indifferente und böse ausdrückt und ganz regelmäßig an die Erziehung und die sonstigen Gegebenheiten des Lebens anknüpft.

Tatsache ist jedenfalls, daß, so wie jeder vollsinnige Mensch jeweils eine Dreiteilung der menschlichen Verhaltungsweisen und jeder bestimmten Gruppe von menschlichen Verhaltungsweisen in

gute, indifferente und böse vornimmt, so jeder verständlichen Norm jeweils eine Dreiteilung der Menschen und jedes bestimmten Menschenkreises entspricht: in die Klasse, bestehend aus denjenigen Menschen, bzw. denjenigen Menschen des betreffenden Menschenkreises, welche die Norm billigen, die Klasse derjenigen, welchen die Norm indifferent erscheint, und die Klasse derjenigen, welche die Norm mißbilligen. Die Abstufung des Interesses der einzelnen an den verschiedenen Normen bewirkt, daß hinsichtlich vieler Normen die Grenzen zwischen der Klasse der ihr gegenüber Indifferenten einerseits und den Klassen der sie Billigenden und Mißbilligenden anderseits ziemlich unscharf sind. Infolge der Tatsache, daß jeder Mensch, nicht nur eine, sondern drei (eventuell mit einander übereinstimmende) Einteilungen der menschlichen Verhaltungsweisen vornimmt (gemäß seinen inneren Wünschen, seinen Worten und seinen Handlungen vgl. S. 75), entsprechen auch jeder Norm, wenn ein Menschenkreis vorliegt, drei Dreiteilungen desselben, eine in die Menschen, welche innerlich die betreffende Norm billigend, gleichgültig und mißbilligend beurteilen, eine in die Menschen, welche sie in ihren Worten so beurteilen, und eine in die Menschen, die ihr tatsächliches Handeln stets gemäß der Norm, bisweilen gemäß der Norm und nie gemäß der Norm einrichten. Doch wollen wir im folgenden von etwaigen Verschiedenheiten dieser drei Dreiteilungen der Einfachheit halber absehen oder, was gleichbedeutend ist, uns auf die Betrachtung des Falles ihrer Übereinstimmung beschränken.
Hinsichtlich zweier verschiedener Normen stimmen die beiden durch sie hervorgerufenen Dreiteilungen der Menschen oft durchaus nicht überein. Unter den Menschen, welche die eine Norm ganz entschieden billigen, kann es sowohl solche geben, welche die zweite Norm billigen, als auch solche, die ihr gleichgültig gegenüberstehen, und solche, die sie mißbilligen. Ebenso zerfällt die Klasse der Menschen, welche die erste Norm gleichgültig beurteilen, und die Klasse der Menschen, welche die erste Norm mißbilligen, in je drei Unterklassen je nach ihrer Haltung gegenüber der zweiten Norm. Zu einem aus zwei Normen bestehenden Normensystem gehört also eine Einteilung der Menschen in 9 Gruppen, wobei natürlich hinsichtlich spezieller Normenpaare manche der 9 Klassen leer sind, d. h. keine Menschen existieren, welche die eine Norm in dieser, die andere in jener Weise beurteilen. Lautet z. B. die erste Norm »Du sollst keinen Raubmord

begehen«, die zweite irgendwie, so wird es wohl kaum einen Menschen geben, der die erste Norm nicht billigen würde, so daß in diesem Falle mindestens 6 von den 9 Menschenklassen, die zu den zwei Normen gehören, leer sind.

In derselben Weise sieht man, daß einem System bestehend aus drei Normen eine Einteilung der Menschen in 27 Gruppen entspricht, von denen natürlich manche leer sein können, usw. Allgemein entspricht einem bestimmten Normensystem, das *n* Normen enthält, die (wenn *n* groß ist, ungeheure) Anzahl 3^n von Menschengruppen, wenn wir in jede Gruppe genau die Menschen aufnehmen, die in Billigung, Gleichgültigkeit und Mißbilligung hinsichtlich sämtlicher Normen des Systems übereinstimmen, wobei in manchen Fällen freilich unter diesen vielen logisch möglichen Menschengruppen faktisch ein großer Teil leer ist.

Die Anzahl der zu regelnden menschlichen Beziehungen ist groß. Jede einzelne kann auf viele verschiedene Weisen geregelt werden. Es gibt daher eine außerordentlich große Anzahl von Normen und die Anzahl ihrer Kombinationen ist ungeheuer. Teilt man also die Menschen dadurch in Gruppen, daß man in eine und dieselbe Gruppe alle diejenigen und nur diejenigen Menschen zusammenfaßt, welche in ihrer Stellungnahme zu allen praktisch in Betracht kommenden Normen übereinstimmen – diese Gruppen wollen wir die *vollen Gruppen der Übereinstimmung* nennen –, so wird die Anzahl der auftretenden Gruppen, und zwar auch die Anzahl der nichtleeren Gruppen sehr groß sein und es werden viele von den Gruppen nur eine geringe Anzahl von Menschen enthalten. Jeder Mensch wird ja nur wenige Menschen finden, die in dieselbe volle Gruppe der Übereinstimmung gehören wie er, d. h. mit ihm in der Stellungnahme gegenüber allen Normen übereinstimmen.

Teilt man die Menschen eines Kreises in Gruppen gemäß der Bedingung, daß nur Menschen, die in ihrer Stellungnahme gegenüber allen praktisch in Betracht kommenden Normen übereinstimmen, in die gleiche Gruppe zusammengefaßt werden, ohne daß aber gefordert würde, daß in den einzelnen Gruppen notwendig *alle* miteinander übereinstimmenden Menschen zusammengefaßt werden, so bezeichnen wir diese Gruppen als *Gruppen der Übereinstimmung*. Offenbar ist jede Gruppe der Übereinstimmung in genau einer *vollen* Gruppe der Übereinstimmung, welche *alle* mit den Gruppenmitgliedern übereinstimmenden Menschen umfaßt, enthalten, während eine volle Gruppe der Übereinstimmung unter Umständen mehrere Gruppen der Übereinstimmung enthält, so daß unter allen den (im allgemeinen zahlreichen) Einteilungen eines Menschenkreises in Gruppen der Übereinstimmung bei der Einteilung in volle Gruppen der Übereinstimmung die geringste Zahl von Gruppen auftritt.

Eine erhebliche Reduktion der Zahl der Gruppen und eine Erhöhung der in einzelnen Gruppen enthaltenen Menschen kann erzielt werden, wenn wir statt der Einteilung in volle Gruppen der Übereinstimmung eine Einteilung in *Gruppen ohne Gegensätze* vornehmen, indem wir nämlich in eine und dieselbe Gruppe auch Menschen aufnehmen, die hinsichtlich einzelner Normen insofern eine voneinander abweichende Stellung einnehmen, als der eine sie billigt bzw. mißbilligt und der andere ihnen gleichgültig gegenübersteht, während jedoch auch bei Gruppen ohne Gegensätze ausgeschlossen bleibt, daß zwei Menschen, die hinsichtlich einer Norm in direktem Gegensatz stehen, d.h. von denen der eine die Norm billigt und der andere dieselbe Norm mißbilligt, in eine und dieselbe Gruppe eingereiht werden. Genau gesprochen: Wir sagen, es liege eine Einteilung eines Kreises von Menschen in Gruppen ohne Gegensätze vor, wenn die betreffenden Menschen so in Gruppen verteilt sind, daß, wie immer zwei Menschen einer und derselben Gruppe herausgegriffen werden, dieselben hinsichtlich keiner Norm gegensätzlich sind.

Zum Unterschied von der Einteilung in volle Gruppen der Übereinstimmung ist eine Einteilung in Gruppen ohne Gegensätze bis zu einem gewissen Grade willkürlich oder, mit anderen Worten, es gibt im allgemeinen verschiedene Einteilungen eines Menschenkreises in Gruppen ohne Gegensätze, während es nur eine Einteilung desselben in volle Gruppen der Übereinstimmung gibt. Um zur Einteilung in volle Gruppen der Übereinstimmung zu gelangen, kann man, rein logisch betrachtet, folgendermaßen vorgehen: Man wählt einen beliebigen Menschen als Ausgangspunkt der Betrachtung, bildet die durch ihn bestimmte volle Gruppe der Übereinstimmung, d.h. man faßt alle Menschen, die mit ihm in ihrer Stellungnahme gegenüber allen Normen übereinstimmen, in eine Gruppe zusammen, wählt sodann unter den verbleibenden Menschen irgendeinen, bildet die durch ihn bestimmte volle Gruppe der Übereinstimmung bestehend aus allen mit ihm hinsichtlich sämtlicher Normen übereinstimmenden Menschen usw., bis schließlich jeder Mensch einer von diesen vollen Gruppen der

Übereinstimmung zugeteilt ist. Es ist klar, daß auf diesem Wege jeder Mensch in eine und nur eine (eventuell nur aus ihm allein bestehende) Gruppe eingereiht wird und daß seine Zugehörigkeit zu einer bestimmten Gruppe von vornherein feststeht und unabhängig davon ist, welche Einzelwesen im Verlaufe der zur Einteilung führenden Betrachtung willkürlich herausgegriffen und zur Bildung der Gruppen verwendet wurden.
Um eine Einteilung in Gruppen ohne Gegensätze vorzunehmen, können wir wiederum von einem beliebigen Menschen ausgehen, aber wir dürfen nun im allgemeinen nicht etwa so vorgehen, daß wir die Klasse aller ihm nicht entgegengesetzten Menschen bilden, sodann unter den verbleibenden Menschen irgendeinen herausgreifen und die Klasse aller ihm nicht entgegengesetzten Menschen bilden usw., bis schließlich jeder Mensch genau einer dieser Gruppen eingereiht ist, denn die auf diese Weise entstehende Einteilung ist im allgemeinen durchaus nicht eine solche in Gruppen ohne Gegensätze. Der Grund hierfür liegt darin, daß zwei Menschen, ohne einem und demselben dritten Menschen entgegengesetzt zu sein, sehr wohl einander entgegengesetzt sein können. Es kann ja z. B. der erste eine Norm billigen, der zweite dieselbe Norm mißbilligen und der dritte der Norm gleichgültig gegenüberstehen. Man kann lediglich sagen, daß zwei Menschen, die einem und demselben Dritten nicht entgegengesetzt sind, einander hinsichtlich aller derjenigen Normen nicht entgegengesetzt sind, denen der Dritte nicht gleichgültig gegenübersteht, während sie hinsichtlich aller derjenigen Normen, denen der Dritte gleichgültig gegenübersteht, einander entgegengesetzt sein können. Daraus folgt aber offenbar, daß die Klasse aller Menschen, die einem bestimmten Menschen nicht entgegengesetzt sind, nicht notwendig eine Gruppe ohne Gegensätze sein muß, so daß das angegebene Verfahren zur Herstellung einer Einteilung in Gruppen ohne Gegensätze unbrauchbar ist. Daß sein Analogon zur Herstellung einer Einteilung in volle Gruppen der Übereinstimmung brauchbar ist, beruht darauf, daß zwei Menschen, die mit einem Dritten in der Stellungnahme gegenüber allen Normen übereinstimmen, auch untereinander in der Stellungnahme gegenüber allen Normen übereinstimmen, in der Ausdrucksweise der Logik: daß die Übereinstimmung eine transitive Relation zwischen zwei Menschen ist, während dies für die Relation des Mangels von Gegensätzen nicht der Fall ist, indem man allgemein eine

Relation zwischen den Wesenheiten eines Bereichs als *transitiv* bezeichnet, falls sie stets, wenn sie sowohl zwischen den Wesen *A* und *B* als zwischen den Wesen *B* und *C* besteht, auch zwischen den Wesen *A* und *C* besteht.

Ein korrektes Verfahren zur Herstellung einer Einteilung eines Menschenkreises in Gruppen ohne Gegensätze ist das folgende: Man greift einen beliebigen Menschen des Kreises heraus, wählt sodann irgendeinen ihm nicht entgegengesetzten Menschen, wenn ein solcher vorhanden ist, sodann irgendeinen Menschen, der keinem dieser beiden entgegengesetzt ist, wenn ein solcher vorhanden ist, sodann einen vierten, der keinem dieser drei entgegengesetzt ist, falls ein solcher vorhanden ist, usw., bis man schließlich zu einer derartigen Menschengruppe gelangt, daß außerhalb von ihr kein Mensch vorhanden ist, der keinem Menschen der Gruppe hinsichtlich keiner Norm entgegengesetzt wäre, mit andern Worten, bis jeder außerhalb der Gruppe etwa noch vorhandene Mensch mindestens einem Mitglied der Gruppe hinsichtlich mindestens einer Norm entgegengesetzt ist. Aus diesen Menschen, von denen keiner in die erste Gruppe eingeordnet werden kann, ohne daß dieselbe hierdurch ihrer Eigenschaft, eine Gruppe ohne Gegensätze zu sein, verlustig würde, greifen wir wieder irgendeinen Menschen heraus, sodann einen ihm nicht entgegengesetzten, sodann einen diesen beiden nicht entgegengesetzten und so weiter, bis wir zu einer zweiten Gruppe gelangen derart, daß jeder außerhalb der ersten und der zweiten Gruppe etwa noch vorhandene Mensch nicht nur mindestens einem Mitglied der ersten Gruppe, sondern auch mindestens einem Mitglied der zweiten Gruppe hinsichtlich mindestens einer Norm entgegengesetzt ist. Sodann greifen wir unter den etwaigen Menschen, die keiner der zwei bereits gebildeten Gruppen ohne Gegensätze angehören, irgendeinen Menschen heraus und machen ihn in derselben Weise zum Ausgangspunkt einer dritten Gruppe usw., bis schließlich jeder Mensch des Kreises einer (und selbstverständlich auch nur einer) der so gebildeten Gruppen ohne Gegensätze eingeordnet ist. Dabei ist es natürlich denkbar, daß alle Menschen des Kreises dadurch nur in *eine* Gruppe ohne Gegensätze, nämlich in die des ersten willkürlich herausgegriffenen Menschen, eingeordnet werden, was offenbar dann und nur dann der Fall ist, wenn der ganze Menschenkreis eine Gruppe ohne Gegensätze bildet.

Ob zwei Menschen bei der durch das geschilderte Verfahren hergestellten Einteilung in Gruppen ohne Gegensätze in die gleiche Gruppe eingereiht werden, hängt nun freilich von der Wahl und Reihenfolge der im Laufe des Verfahrens zur Gruppenbildung willkürlich herausgegriffenen Menschen ab, so daß bei verschiedener Wahl und Reihenfolge derselben verschiedene Einteilungen in Gruppen ohne Gegensätze entstehen können. Betrachten wir z. B. einen Menschen *M*, der allen Normen gegenüber gleichgültig ist, welche sowohl von irgendeinem Menschen des einzuteilenden Menschenkreises gebilligt, als auch von irgendeinem Menschen mißbilligt werden! Dieser Mensch *M* ist offenbar keinem Menschen des Kreises entgegengesetzt. Bei dem obigen Verfahren zur Herstellung einer Einteilung in Gruppen ohne Gegensätze kann er also, wie immer der erste Mensch, welcher den Ausgangspunkt der Betrachtung bildet, gewählt wird, da er ihm ja keinesfalls entgegengesetzt ist, gleich als nächster der ersten Gruppe ohne Gegensätze gewählt werden und gehört dann der ersten Gruppe an, welcher auch der erste willkürlich herausgegriffene Mensch angehört. Insbesondere kann also dieser Mensch *M* mit jedem beliebigen Menschen (den man zu diesem Zweck eben nur als Ausgangspunkt der Betrachtung zu wählen hat) nach diesem Verfahren in eine Gruppe zusammengefaßt werden.

Im Gegensatz zur vollen Gruppe der Übereinstimmung, von welcher gefordert wird, daß zwei Menschen *stets* dann und *nur* dann in die Gruppe gehören, wenn sie übereinstimmen, wird von einer Gruppe ohne Gegensätze (ähnlich wie bei einer nicht vollen Gruppe der Übereinstimmung) bloß gefordert, daß zwei Menschen *nur* dann in die Gruppe gehören, wenn sie einander nicht entgegengesetzt sind, während (aus den eben dargelegten Gründen) nicht gefordert werden kann, daß zwei Menschen *stets* dann, wenn sie einander nicht entgegengesetzt sind, zur gleichen Gruppe gehören. Diese letztere Forderung könnte man offenbar nur dann erfüllen, wenn man zuließe, daß ein und derselbe Mensch gegebenenfalls mehreren Gruppen eingereiht wird (z. B. der erwähnte Mensch *M* allen Gruppen). Dann hätten aber die verschiedenen Gruppen miteinander unter Umständen Mitglieder gemein, während wir *Einteilungen* eines Menschenkreises vornehmen wollen, worunter wir seine Zerlegung in Gruppen, die zu je zwei keine Mitglieder gemein haben, verstehen.
Gerade weil wir von einer Gruppe ohne Gegensätze bloß sagen

können, daß sie zu jedem aus ihr herausgegriffenen Mitglied *nur* ihm nicht entgegengesetzte Menschen enthält, während wir im allgemeinen nicht sagen können, daß sie *alle* ihm nicht entgegengesetzten Menschen enthält, gerade aus diesem Grunde konnten wir auch bloß sagen, daß durch Übergang von der Einteilung in volle Gruppen der Übereinstimmung zu einer Einteilung in Gruppen ohne Gegensätze eine Erniedrigung der Zahl der Gruppen und eine Erhöhung der Mitgliederzahl der einzelnen Gruppen erzielt werden *könne*, womit gemeint ist, daß es im allgemeinen unter den vielen Einteilungen in Gruppen ohne Gegensätze auch solche gibt, bei welchen weniger Gruppen vorhanden sind und innerhalb einzelner Gruppen mehr Mitglieder enthalten sind wie bei der Einteilung in volle Gruppen der Übereinstimmung. Aber wir hätten nicht sagen dürfen, daß bei *jeder* Einteilung in Gruppen ohne Gegensätze weniger Gruppen und innerhalb der Gruppen mehr Mitglieder auftreten wie bei der Einteilung in volle Gruppen der Übereinstimmung, denn es kann unter den verschiedenen Einteilungen in Gruppen ohne Gegensätze auch solche geben, welche noch mehr Gruppen und innerhalb der Gruppen noch weniger Mitglieder besitzen als die Einteilung in volle Gruppen der Übereinstimmung. Beispielsweise bildet ja jeder Mensch für sich allein eine Gruppe ohne Gegensätze, dagegen, falls andere mit ihm übereinstimmende Menschen existieren, keine volle Gruppe der Übereinstimmung, so daß die Einteilung der Menschen in lauter aus einzelnen Menschen bestehende Gruppen stets eine Einteilung in Gruppen ohne Gegensätze ist, während die Einteilung in volle Gruppen der Übereinstimmung im allgemeinen (nämlich wenn es nur irgend zwei übereinstimmende Menschen gibt) weniger Gruppen und innerhalb einzelner Gruppen mehr Mitglieder besitzt als diese spezielle Einteilung in Gruppen ohne Gegensätze.

Während es hinsichtlich der Einteilung eines Menschenkreises in volle Gruppen der Übereinstimmung, da es ja nur *eine* solche Einteilung gibt, für das Ergebnis gleichgültig ist, wie wir die Einteilung herstellen, z. B. ob wir uns des geschilderten rein logischen Verfahrens bedienen oder nicht, haben wir hinsichtlich der Einteilungen in Gruppen ohne Gegensätze mit Rücksicht auf die Vielzahl solcher Einteilungen einen größeren Spielraum, so daß hinsichtlich der Einteilungen in Gruppen ohne Gegensätze das oben geschilderte rein logische Verfahren zu ihrer Herstellung im allgemeinen natürlich kein spezielles Interesse bietet, vielmehr andere Gesichtspunkte zur Herstellung solcher Einteilungen eingeführt werden können, wie vor allem möglichst geringe Anzahl der bei der Einteilung auftretenden Gruppen, dazu aber, da auch diese Bedingung im allgemeinen noch ziemlichen Spielraum läßt, indem es verschiedene Einteilungen in Gruppen ohne Gegensätze mit untereinander gleicher nicht unterschreitbarer Anzahl der auftretenden Gruppen geben kann, noch weitere Gesichtspunkte, wie z. B. möglichst geringe Verschiedenheit der Mitgliederzahlen der verschiedenen Gruppen oder möglichst perzentuelle Aufteilung der gleichgültigen Menschen von der Art des betrachteten Menschen *M* auf die verschiedenen Gruppen o. dgl.

Noch viel geringer als bei den Einteilungen in Gruppen ohne Gegensätze kann die Zahl der Gruppen und Hand in Hand damit größer die Zahl der Mitglieder einzelner Gruppen gestaltet werden, wenn wir unter Berücksichtigung der Abstufung der Anteilnahme der einzelnen Menschen an den verschiedenen Normen zu dem übergehen, was wir eine Einteilung der Menschen oder der Menschen eines bestimmten Kreises in *Gruppen ohne wichtige Gegensätze* nennen wollen, indem wir von den einzelnen Gruppen (nicht mehr fordern, daß je zwei ihrer Mitglieder hinsichtlich aller Normen genau übereinstimmen, wie dies bei der Einteilung in Gruppen der Übereinstimmung gefordert wurde, noch auch fordern, daß keine zwei ihrer Mitglieder hinsichtlich keiner Norm einander gegensätzlich sind, wie dies bei den Einteilungen in Gruppen ohne Gegensätze gefordert wurde, sondern) lediglich fordern, daß die Mitglieder einer und derselben Gruppe hinsichtlich keiner ihnen wichtigen Norm gegensätzlich sind, wobei wir annehmen, daß jede einem Menschen wichtige Norm von ihm entweder gebilligt oder mißbilligt wird, nicht aber ihm gleichgültig ist, so daß also zwei Menschen, die hinsichtlich einer ihnen beiden wichtigen Norm nicht gegensätzlich sind, hinsichtlich dieser Norm übereinstimmen. Mit präzisen Worten: Wir wollen sagen, es liege eine Einteilung der Menschen bzw. der Menschen eines bestimmten Kreises in Gruppen ohne wichtige Gegensätze vor, wenn dieselben so in Gruppen verteilt sind, daß, wenn man irgendwie zwei Menschen einer und derselben Gruppe herausgreift, dieselben hinsichtlich jeder ihnen beiden wichtigen Norm eine übereinstimmende, sei es billigende, sei es mißbilligende Haltung einnehmen; es kann wohl sein, daß eine und dieselbe Norm

von dem einen gebilligt wird und dem andern gleichgültig ist; es kann sogar sein, daß eine Norm von dem einen gebilligt, von dem andern mißbilligt wird; aber dieser letztere Fall kann nur eintreten, wenn die betreffende Norm mindestens einem von den beiden betrachteten Menschen unwichtig ist.
Wenn schon durch Übergang von der Einteilung in volle Gruppen der Übereinstimmung zu den Einteilungen in Gruppen ohne Gegensätze die Anzahl der Gruppen erheblich vermindert und die Anzahl der Mitglieder der einzelnen Gruppen erheblich vermehrt werden kann, so ist dies in noch höherem Maße durch Übergang von den Einteilungen in Gruppen ohne Gegensätze zu den Einteilungen in Gruppen ohne wichtige Gegensätze erreichbar. Dabei ist natürlich zu bedenken, daß es viele verschiedene Einteilungen in Gruppen ohne wichtige Gegensätze gibt, je nachdem, bis zu welchem Grade die für die Bildung der Gruppen maßgebende Wichtigkeit von Normen berücksichtigt wird. Im Grenzfalle, daß jeder Mensch *alle* ihm nicht völlig gleichgültigen Normen als wichtig bezeichnet, geht die Einteilung in Gruppen ohne wichtige Gegensätze in eine Einteilung in Gruppen ohne Gegensätze über. Je weniger Normen der einzelne als wichtig bezeichnet, um so geringer kann die Zahl der Gruppen und um so größer Hand in Hand damit die Zahl der Mitglieder der einzelnen Gruppen gestaltet werden. Im anderen Grenzfall, daß jeder Mensch *keine* Norm als wichtig bezeichnet, liegt, da ein Mensch, der *keine* Norm als wichtig bezeichnet, mit jedem beliebigen Menschen in eine Gruppe ohne wichtige Gegensätze vereint werden kann, eine Einteilung in Gruppen ohne wichtige Gegensätze schon dann vor, wenn man alle Menschen in eine einzige Gruppe vereint.
Aber auch bei einem bestimmten Grade der Wichtigkeit, d.h. bei einer bestimmten Festsetzung darüber, welche Normen als wichtig gelten, gibt es zahlreiche Einteilungen in Gruppen ohne wichtige Gegensätze, wie wir ja im Grenzfalle der Einteilungen in Gruppen ohne Gegensätze ausführlich besprochen haben. So wie bei den Einteilungen in Gruppen ohne Gegensätze und aus den gleichen Gründen kann man ferner auch bei Einteilungen in Gruppen ohne wichtige Gegensätze bloß sagen, daß zwei Menschen *nur* dann zur gleichen Gruppe gehören, wenn sie hinsichtlich keiner beiden wichtigen Norm einander widersprechen, während man nicht sagen kann, daß zwei Menschen *stets* dann zur gleichen Gruppe gehören, wenn sie hinsichtlich keiner ihnen bei-

den wichtigen Norm einander widersprechen, was dieselben Folgen nach sich zieht, die hinsichtlich der Gruppen ohne Gegensätze erörtert worden sind. Insbesondere hat man auch bei der Herstellung einer Einteilung in Gruppen ohne wichtige Gegensätze eines gegebenen Wichtigkeitsgrades einen ziemlichen Spielraum, den man durch zusätzliche Vorschriften einengen kann. Rein formal betrachtet ist übrigens eine Einteilung in Gruppen ohne wichtige Gegensätze nichts anderes als eine Einteilung in Gruppen ohne Gegensätze, bei welcher jeder Mensch sich gegenüber den ihm unwichtigen Normen indifferent erklärt, also eine Einteilung in Gruppen ohne Gegensätze bei erhöhter Gleichgültigkeit.

2. Ein Dualitätsprinzip

Die vorige Aufzeichnung hat sich mit der Entstehung einer Anhängerschaft von Moralen und mit den durch die Moralen bewirkten Einteilungen der Menschen beschäftigt, während sich die erste Aufzeichnung der »Richtlinien« mit der Entstehung der Moral eines Menschen und der durch die Menschen vorgenommenen moralischen Einteilungen befaßt hatte. Diese Parallelität ist kein Zufall, sondern hat ihren tieferen Grund in einem allgemeinen formalen Dualitätsprinzip, das wegen seiner gelegentlichen heuristischen Bedeutung nun näher auseinandergesetzt werden möge, zumal sich hierbei Gelegenheit zur Besprechung einiger in den folgenden Aufzeichnungen verwendeter logisch-mathematischer u. zw. vor allem mengentheoretischer Begriffe und Symbole ergibt.

Wir stellen in einem bestimmten Augenblick einander einen Kreis $\mathfrak{M}$ von Menschen und eine Klasse $\mathfrak{N}$ von Normen gegenüber. Greift man dann irgendeinen Menschen *M* aus dem Kreis $\mathfrak{M}$ und irgendeine Norm *N* aus der Klasse $\mathfrak{N}$ heraus, so besteht genau einer der drei folgenden Sachverhalte:
der Mensch *M* billigt die Norm *N*,
der Mensch *M* steht der Norm *N* gleichgültig gegenüber,
der Mensch *M* mißbilligt die Norm *N*.

Dabei sehen wir also hier und im folgenden der Einfachheit halber von den S. 72 u. 75 erwähnten Möglichkeiten ab, daß die Beurteilungen der Norm *N* duch *M* in Gedanken, Worten und Handlungen von einander abweichen, sowie daß *M* hinsichtlich der

Norm N überhaupt keine Stellung einnimmt (lassen also sozusagen einen Satz vom ausgeschlossenen Vierten gelten). Wir wollen diese drei Fälle der Reihe nach symbolisch auch so ausdrücken, daß wir jedem Paare M, N bestehend aus einem Menschen des Kreises $\mathfrak{M}$ und einer Norm des Bereiches $\mathfrak{N}$ genau eines der Symbole $+$, 0, $-$ zuordnen.

Wenn M irgendein Mensch des Kreises $\mathfrak{M}$ ist, so zerfällt also der Bereich $\mathfrak{N}$ aller Normen in drei Klassen von Normen, von denen keine zwei irgendeine Norm gemein haben, nämlich in die Klasse $\mathfrak{N}_M^+$ aller von M gebilligten Normen, in die Klasse $\mathfrak{N}_M^0$ aller M gleichgültigen Normen und in die Klasse $\mathfrak{N}_M^-$ aller von M mißbilligten Normen. Dieser für jeden Menschen M bestehenden Einteilung des Normenbereiches $\mathfrak{N}$

$$\mathfrak{N} = \mathfrak{N}_M^+ \cup \mathfrak{N}_M^0 \cup \mathfrak{N}_M^-$$

steht dual gegenüber eine für jede Norm N des Bereiches $\mathfrak{N}$ erklärte Einteilung des Menschenkreises $\mathfrak{M}$

$$\mathfrak{M} = \mathfrak{M}_N^+ \cup \mathfrak{M}_N^0 \cup \mathfrak{M}_N^-$$

in die Gruppe $\mathfrak{M}_N^+$ aller Menschen, welche die Norm N billigen, die Gruppe $\mathfrak{M}_N^0$ aller Menschen von $\mathfrak{M}$, die der Norm N gleichgültig gegenüberstehen, und die Gruppe $\mathfrak{M}_N^-$ aller Menschen von $\mathfrak{M}$, die die Norm N mißbilligen.

Dabei wollen wir allgemein, wenn $\mathfrak{K}$ und $\mathfrak{L}$ irgend zwei Mengen von irgendwelchen Elementen sind, z. B. Mengen von Menschen irgendeines Menschenkreises $\mathfrak{M}$ oder Mengen von Normen irgendeiner Normenklasse $\mathfrak{N}$, unter der mit $\mathfrak{K} \cup \mathfrak{L}$ bezeichneten *Summe* der Mengen $\mathfrak{K}$ und $\mathfrak{L}$ die Menge aller derjenigen Wesenheiten verstehen, die in mindestens einer der beiden Mengen $\mathfrak{K}$ und $\mathfrak{L}$ enthalten sind. Entsprechend verstehen wir unter dem mit $\mathfrak{K} \cap \mathfrak{L}$ bezeichneten *Durchschnitt* der Mengen $\mathfrak{K}$ und $\mathfrak{L}$ die Menge aller derjenigen Wesenheiten, die sowohl in $\mathfrak{K}$ als auch in $\mathfrak{L}$ enthalten sind. Wenn der Durchschnitt zweier Mengen $\mathfrak{K}$ und $\mathfrak{L}$ *leer* ist, d. h. kein Element enthält, so heißen $\mathfrak{K}$ und $\mathfrak{L}$ *fremde* Mengen und wir schreiben hierfür $\mathfrak{K} \cap \mathfrak{L} = \emptyset$. Für jede Menge $\mathfrak{K}$ gilt offenbar die Beziehung $\mathfrak{K} \cap \mathfrak{K} = \mathfrak{K}$.

Statt zu sagen »$\mathfrak{K} \cup \mathfrak{L}$ ist die Menge der Wesenheiten, die in mindestens einer der Mengen $\mathfrak{K}$ und $\mathfrak{L}$ enthalten sind«, sagen wir auch »$\mathfrak{K} \cup \mathfrak{L}$ ist die Menge der Wesenheiten, die in $\mathfrak{K}$ oder $\mathfrak{L}$ liegen«. Überhaupt werden in allem folgenden so, wie dies in der Logik üblich ist, die Worte »oder« und »entweder – oder« im Sinne des lateinischen »vel«, nicht aber im Sinne des lateinischen

»aut – aut« verwendet, so daß »*a* oder *b*« und »entweder *a* oder *b*« stets synonym ist mit »*mindestens* eines der Wesen *a* und *b*«, nicht aber mit »*genau* eines der Wesen *a* und *b*«.

So ist z. B., wenn $\mathfrak{J}$ die Menge der Bewohner Kanadas, $\mathfrak{K}$ die Menge der Bewohner der Vereinigten Staaten und $\mathfrak{L}$ die Menge der Bewohner Mexikos sind, die Summe $\mathfrak{J} \cup \mathfrak{K} \cup \mathfrak{L}$ dieser drei Mengen die Menge der Bewohner Nordamerikas. Bezeichnet $\mathfrak{K}$ die Menge der Bewohner Asiens und $\mathfrak{L}$ die Menge der Bewohner Rußlands, so ist der Durchschnitt $\mathfrak{K} \cap \mathfrak{L}$ die Menge der Bewohner Sibiriens. Da diese Menge nicht leer ist (d. h. da es Menschen gibt, welche sowohl Bewohner Asiens als auch Bewohner Rußlands sind), so sind diese beiden Mengen $\mathfrak{K}$ und $\mathfrak{L}$ also nicht fremd. Hingegen sind die Menge der Bewohner Amerikas und die Menge der Bewohner Europas fremd.

Den obigen Ausführungen zufolge sind je zwei von den betrachteten Normenklassen $\mathfrak{N}_M^+$, $\mathfrak{N}_M^0$, $\mathfrak{N}_M^-$ fremd; ebenso, wenn n Normen $N_1, N_2, \ldots N_n$ vorliegen, je zwei der Menschengruppen $\mathfrak{M}_{N_i}^+$, $\mathfrak{M}_{N_i}^0$, $\mathfrak{M}_{N_i}^-$ für jede einzelne der Zahlen $i = 1, 2, \ldots n$. Jede der in der vorigen Aufzeichnung betrachteten 3^n *Übereinstimmungsgruppen*, die zu diesen n Normen gehören, ist offenbar Durchschnitt von einer der drei Gruppen $\mathfrak{M}_{N_1}^+$, $\mathfrak{M}_{N_1}^0$, $\mathfrak{M}_{N_1}^-$ und einer der drei Gruppen $\mathfrak{M}_{N_2}^+$, $\mathfrak{M}_{N_2}^0$, $\mathfrak{M}_{N_2}^- \ldots$ und einer der drei Gruppen $\mathfrak{M}_{N_n}^+$, $\mathfrak{M}_{N_n}^0$, $\mathfrak{M}_{N_n}^-$.

In der vorigen Aufzeichnung wurden zwei Menschen M_1 und M_2 aus $\mathfrak{M}$ hinsichtlich des Normenbereiches $\mathfrak{N}$ *übereinstimmend* genannt, wenn jede von M_1 gebilligte Norm des Bereiches $\mathfrak{N}$ auch von M_2 gebilligt wird, jede M_1 gleichgültige Norm auch M_2 gleichgültig ist und jede von M_1 mißbilligte Norm auch von M_2 mißbilligt wird. Symbolisch können wir diesen Sachverhalt offenbar durch die Formeln

$$\mathfrak{N}_{M_1}^+ = \mathfrak{N}_{M_2}^+, \quad \mathfrak{N}_{M_1}^0 = \mathfrak{N}_{M_2}^0, \quad \mathfrak{N}_{M_1}^- = \mathfrak{N}_{M_2}^-$$

ausdrücken. Gleichbedeutend mit der eben angegebenen Definition der Übereinstimmung zweier Menschen M_1 und M_2 hinsichtlich eines Normensystems $\mathfrak{N}$ ist offenbar die Aussage, daß keine von M_1 gebilligte Norm von M_2 gleichgültig beurteilt oder mißbilligt wird, daß ferner keine M_1 gleichgültige Norm von M_2 gebilligt oder mißbilligt wird und daß keine von M_1 mißbilligte Norm von M_2 gleichgültig beurteilt oder gebilligt wird. In der obigen Ausdrucksweise kann statt dessen offenbar auch gesagt werden, daß die Klassen $\mathfrak{N}_{M_1}^+$ und $\mathfrak{N}_{M_2}^0$ fremd sind, ebenso die

Klassen $\mathfrak{N}^+_{M_1}$ und $\mathfrak{N}^-_{M_2}$ usw., was in der obigen Symbolik durch die sechs Formeln

$$\mathfrak{N}^+_{M_1} \cap \mathfrak{N}^0_{M_2} = \emptyset, \quad \mathfrak{N}^+_{M_1} \cap \mathfrak{N}^-_{M_2} = \emptyset, \quad \mathfrak{N}^0_{M_1} \cap \mathfrak{N}^+_{M_2} = \emptyset$$
$$\mathfrak{N}^0_{M_1} \cap \mathfrak{N}^-_{M_2} = \emptyset, \quad \mathfrak{N}^-_{M_1} \cap \mathfrak{N}^0_{M_2} = \emptyset, \quad \mathfrak{N}^-_{M_1} \cap \mathfrak{N}^+_{M_2} = \emptyset$$

ausgedrückt werden kann oder (wenn man beachtet, daß eine Summe von Mengen dann und nur dann leer ist, wenn alle die betreffenden Mengen leer sind) durch die einzige Formel

$$(\mathfrak{N}^+_{M_1} \cap \mathfrak{N}^0_{M_2}) \cup (\mathfrak{N}^+_{M_1} \cap \mathfrak{N}^-_{M_2}) \cup (\mathfrak{N}^0_{M_1} \cap \mathfrak{N}^+_{M_2}) \cup (\mathfrak{N}^0_{M_1} \cap \mathfrak{N}^-_{M_2}) \cup (\mathfrak{N}^-_{M_1} \cap \mathfrak{N}^0_{M_2}) \cup (\mathfrak{N}^-_{M_1} \cap \mathfrak{N}^+_{M_2}) = \emptyset.$$

Das duale Gegenstück von zwei hinsichtlich eines Normenbereiches $\mathfrak{N}$ übereinstimmenden Menschen ist der Begriff von zwei hinsichtlich eines Menschenkreises $\mathfrak{M}$ *gekoppelten* Normen, d. h. von zwei Normen N_1 und N_2 derart, daß jeder N_1 billigende Mensch des Kreises $\mathfrak{M}$ auch N_2 billigt, jeder gegenüber N_1 gleichgültige Mensch auch gegenüber N_2 gleichgültig ist und jeder N_1 mißbilligende Mensch auch N_2 mißbilligt, in Formeln

$$\mathfrak{M}^+_{N_1} = \mathfrak{M}^+_{N_2}, \quad \mathfrak{M}^0_{N_1} = \mathfrak{M}^0_{N_2}, \quad \mathfrak{M}^-_{N_1} = \mathfrak{M}^-_{N_2}$$

oder

$$\mathfrak{M}^+_{N_1} \cap \mathfrak{M}^0_{N_2} = \emptyset, \quad \mathfrak{M}^+_{N_1} \cap \mathfrak{M}^-_{N_2} = \emptyset, \quad \mathfrak{M}^0_{N_1} \cap \mathfrak{M}^+_{N_2} = \emptyset,$$
$$\mathfrak{M}^0_{N_1} \cap \mathfrak{M}^-_{N_2} = \emptyset, \quad \mathfrak{M}^-_{N_1} \cap \mathfrak{M}^0_{N_2} = \emptyset, \quad \mathfrak{M}^-_{N_1} \cap \mathfrak{M}^+_{N_2} = \emptyset$$

oder

$$(\mathfrak{M}^+_{N_1} \cap \mathfrak{M}^0_{N_2}) \cup (\mathfrak{M}^+_{N_1} \cap \mathfrak{M}^-_{N_2}) \cup (\mathfrak{M}^0_{N_1} \cap \mathfrak{M}^+_{N_2}) \cup (\mathfrak{M}^0_{N_1} \cap \mathfrak{M}^-_{N_2}) \cup (\mathfrak{M}^-_{N_1} \cap \mathfrak{M}^0_{N_2}) \cup (\mathfrak{M}^-_{N_1} \cap \mathfrak{M}^+_{N_2}) = \emptyset.$$

Als die *durch den Menschen M von $\mathfrak{M}$ bestimmte volle Gruppe der Übereinstimmung* hinsichtlich des Normenbereiches $\mathfrak{N}$ haben wir die Klasse aller mit M hinsichtlich $\mathfrak{N}$ übereinstimmenden Menschen bezeichnet, als *Gruppe der Übereinstimmung* eine Gruppe von zu je zwei übereinstimmenden Menschen, als eine *volle Gruppe der Übereinstimmung* (schlechthin) eine Gruppe von Menschen, von der je zwei Mitglieder übereinstimmen und die alle mit einem Mitglied der Gruppe übereinstimmenden Menschen enthält.

Das duale Gegenstück ist offenbar *der durch die Norm N von $\mathfrak{N}$ bestimmte volle Koppelungsbereich* hinsichtlich des Menschenkreises $\mathfrak{M}$ bestehend aus allen denjenigen Normen, die mit N hinsichtlich $\mathfrak{M}$ gekoppelt sind; als *Bereich der Koppelung* wollen wir einen Normenbereich bezeichnen, von dem je zwei Normen gekoppelt sind, als *vollen Bereich der Koppelung* einen Normenbereich, von dem je zwei Normen gekoppelt sind und der alle mit einer Norm des Bereiches gekoppelten Normen enthält.

Wir nannten zwei Menschen M_1 und M_2 hinsichtlich eines Normenbereiches $\mathfrak{N}$ *gegensätzlich*, wenn mindestens eine Norm des Bereiches $\mathfrak{N}$ von einem der beiden Menschen M_1 und M_2 gebilligt und vom anderen mißbilligt wird, in Formelsprache: wenn

$$(\mathfrak{N}^+_{M_1} \cap \mathfrak{N}^-_{M_2}) \cup (\mathfrak{N}^-_{M_1} \cap \mathfrak{N}^+_{M_2})$$

nicht leer ist. Das duale Gegenstück dazu sind zwei Normen N_1 und N_2, die hinsichtlich eines Menschenkreises $\mathfrak{M}$ *geschieden* sind, womit wir meinen, daß mindestens ein Mensch M in $\mathfrak{M}$ von den beiden Normen N_1 und N_2 die eine billigt, die andere mißbilligt, in Formeln: daß

$$(\mathfrak{M}^+_{N_1} \cap \mathfrak{M}^-_{N_2}) \cup (\mathfrak{M}^-_{N_1} \cap \mathfrak{M}^+_{N_2})$$

nicht leer ist.

Als *Gruppe ohne Gegensätze* hinsichtlich des Normenbereiches $\mathfrak{N}$ haben wir eine Menschengruppe bezeichnet, in der keine zwei Menschen hinsichtlich $\mathfrak{N}$ entgegengesetzt sind. Dual dazu könnte man als *Gruppe ohne Scheidungen* hinsichtlich des Menschenkreises $\mathfrak{M}$ ein Normensystem bezeichnen, in dem keine zwei Normen hinsichtlich $\mathfrak{M}$ geschieden sind.

Um zur formelmäßigen Darstellung von Gruppen ohne wichtige Gegensätze zu gelangen, haben wir für jeden Menschen M das System $\mathfrak{N} \setminus \mathfrak{N}^0_M = \mathfrak{N}^+_M \cup \mathfrak{N}^-_M$ der dem M nicht gleichgültigen Normen in das System der dem M wichtigen Normen und das System mit dem M unwichtigen Normen zu zerlegen. Ersteres wollen wir mit $^!\mathfrak{N}_M$, letzteres mit $'\mathfrak{N}_M$ bezeichnen. Nennen wir $^!\mathfrak{N}^+_M$ das System $\mathfrak{N}^+_M \cap {}^!\mathfrak{N}_M$ der dem M wichtigen und von ihm gebilligten Normen und setzen wir entsprechend $^!\mathfrak{N}^-_M = \mathfrak{N}^-_M \cap {}^!\mathfrak{N}_M$, so wird die Abwesenheit wichtiger Gegensätze zwischen zwei Menschen M_1 und M_2 durch die Formel ausgedrückt:

$$({}^!\mathfrak{N}^+_{M_1} \cap {}^!\mathfrak{N}^-_{M_2}) \cup ({}^!\mathfrak{N}^-_{M_1} \cap {}^!\mathfrak{N}^+_{M_2}) = \emptyset.$$

Dual dazu kann zu jeder Norm N die Gruppe $\mathfrak{M} \setminus \mathfrak{M}^0_N = \mathfrak{M}^+_N \cup \mathfrak{M}^-_N$ der Menschen, denen N nicht gleichgültig ist, in das System $^!\mathfrak{M}_N$ der Menschen, denen N wichtig ist, und das System $'\mathfrak{M}_N$ der Menschen, denen N unwichtig ist, zerlegt werden usw.

Aus diesen Beispielen geht das zur Herstellung dualer Aussagen verwendete Prinzip wohl mit genügender Klarheit hervor. Nicht immer freilich hat der zu einem interessanten Begriff duale Begriff ein spezielles Interesse. So hat z. B. das duale Gegenstück der Einteilung eines Menschenkreises in Gruppen ohne Gegensätze scheinbar wenig Interesse. In manchen Fällen aber erweist sich die

Dualisierung von Begriffen und Aussagen als heuristisch wertvoll und vor allem stets als klärend.
In der projektiven Geometrie betrachtet man die Klasse 𝔓 aller Punkte der Ebene, die Klasse 𝔊 aller Geraden der Ebene und eine wichtige Relation zwischen den Elementen von 𝔓 und den Elementen von 𝔊, die sogen. Inzidenz, indem man nämlich sagt, der Punkt P *inzidiere* mit der Geraden G, wenn P auf G liegt oder, was gleichbedeutend ist, wenn G durch P hindurchgeht. Man kann nun zu jeder Geraden G die Menge aller mit G inzidierenden Punkte (die sogenannte Punktreihe, deren Träger G ist) und zu jedem Punkt P die Menge aller mit ihm inzidierenden Geraden (das sogenannte Geradenbüschel mit dem Zentrum P) bilden. Zu je zwei verschiedenen Punkten P und Q existiert genau eine mit ihnen beiden inzidierende Gerade, die sogenannte Verbindungsgerade von P und Q, zu je zwei verschiedenen Geraden G und H genau ein mit ihnen beiden inzidierender Punkt, der sogenannte Schnittpunkt von G und H. (Den parallelen Geraden der euklidischen Geometrie entsprechen in der projektiven Geometrie, welche die Ebene durch eine unendlich ferne Gerade und ihre Punkte erweitert, Gerade, deren Schnittpunkt mit der unendlich fernen Geraden inzidiert.) In dieser Weise kann in der projektiven Geometrie zu jedem Satz, der von Punkten, Geraden, Verbinden und Schneiden handelt, ein dualer Satz hergeleitet werden, indem man Punkte durch Gerade, Verbinden durch Schneiden ersetzt und umgekehrt, und dieses Ponceletsche Dualitätsprinzip zählt zu den fruchtbarsten und wichtigsten Sätzen der projektiven Geometrie.
In Fällen, welche über die bloße Stellungnahme von Menschen zu Normen, die wir durch $+$, 0, $-$ symbolisiert haben, hinausgehen, ist das Dualitätsprinzip nicht immer anwendbar. Beispielsweise ist klar, daß zwischen zwei Normen *logische Verknüpfungen* bestehen können, welche von ihrer tatsächlichen Koppelung hinsichtlich eines Menschenkreises, die wir S. 123 f. erwähnten, wohl zu unterscheiden sind. Wenn zwei Normen einander rein logisch widersprechen, so können sie (bei Erkenntnis dieses Sachverhaltes) nicht gekoppelt sein. Aber nur die Koppelung von Normen hinsichtlich eines Menschenkreises hat ein duales Gegenstück, nämlich in der Übereinstimmung von Menschen hinsichtlich eines Normensystems, während die darüber hinausgehenden logischen Beziehungen (wie logische Abhängigkeit, logischer Widerspruch

usw.) kein duales Gegenstück für die Menschen eines Menschenkreises besitzen. Immerhin gibt auch in solchen Fällen das Prinzip bisweilen wenigstens einen Fingerzeig, wo duale Momente gesucht werden können. Zur logischen Verknüpfung von Normen, welche zwangsweise Koppelungen und Scheidungen von Normen hinsichtlich der Menschenkreise nach sich ziehen, stehen (zwar natürlich nicht in dem früher behandelten streng logischen Dualitätsverhältnis, aber immerhin) in einer gewissen Analogie manche Machtverhältnisse oder Abstammungsbeziehungen, welche Menschen zu gleicher Stellungnahme gegenüber Normen vereinen, wenngleich dieser Art der Vereinigung stets empirische Momente, die der logischen Beziehung zwischen Normen fremd sind, anhaften.

Bemerkenswert ist vielleicht noch, daß das Prinzip auch in Fällen, welche durch die (mit +, 0, − symbolisierte) Stellungnahme der Menschen zu den Normen irgendwie sich ausdrücken lassen und welche also eine formale Dualisierung ermöglichen, daneben bisweilen eine gleichsam mehr materiale Dualisierung anregt. Beispielsweise ist der verschiedene Grad der Anteilnahme der Menschen an den Normen einer formalen Dualisierung fähig, wie wir für den Spezialfall, daß jeder Mensch die ihm nicht gleichgültigen Normen in zwei Klassen verteilt (bestehend aus den ihm wichtigen bzw. den ihm unwichtigen Normen), oben angedeutet haben. Die formale Dualisierung besteht darin, daß für jede Norm *N* die Menschen, die der Norm *N* verglichen mit anderen Normen eine gewisse Wichtigkeit beimessen (in unserem Spezialfall: die Menschen, denen *N* wichtig ist, und die Menschen, denen *N* unwichtig ist), in Gruppen zusammengefaßt werden. Eine in gewissem, mehr materialem Sinn duale Begriffsbildung wäre die Betrachtung einer Relation, welche gleichsam von den einzelnen Normen ausgehend Rangordnungen unter den Menschen herstellt, wie es manche Normen tun.

Immerhin sind derartige Analogien im Gegensatz zur Dualität unseres Prinzips offenbar recht vager Natur, so daß nicht nur die Anwendung dieses Prinzips zu Klärungen führt, sondern seine Anwendbarkeit oft auch ein Indikator bereits erreichter Klarheit ist.

3. Über mehrere Normen für ein Verhalten und über Disjunktivnormen

Wir haben in den vorangehenden Aufzeichnungen logische Folgerungen aus der Annahme untersucht, daß jeder Mensch eines Menschenkreises $\mathfrak{M}$ gegenüber einzelnen Normen eine billigende, gleichgültige oder mißbilligende Haltung einnimmt. Nun ist aber Mißbilligung einer Norm meist etwas sehr Unbestimmtes und Weites, denn Negation einer Norm ist mit der Billigung zahlreicher verschiedener Normen verträglich (S. 115). Wir schreiten deshalb zu einer den Tatsachen besser angepaßten Annahme – so etwa, wie man die Bewegungen eines fallenden Körpers zunächst durch die Gesetze des freien Falles im Vakuum beschreibt, dann, um den Luftwiderstand zu berücksichtigen, durch die Formeln für den Fall in einem gleichmäßig Widerstand leistenden Medium, weiters, um nötigenfalls dem Wind Rechnung zu tragen, durch die Formeln für den Fall in einem bewegten Medium usw. – und zwar machen wir nun die Annahme, daß zur Regelung eines gewissen Verhaltens V mehrere Normen vorliegen – die Gesamtheit aller zur Regelung von V vorliegenden Normen heiße $\mathfrak{N}(V)$ – und daß jeder Mensch des Menschenkreises $\mathfrak{M}$ manche von den Normen der Normenmenge $\mathfrak{N}(V)$ als Vorschriften für die Gesamtheit zuläßt, manche dagegen nicht. Davon, daß manche Menschen über manche Normen sich nicht schlüssig sind (S. 74), wollen wir zunächst absehen; ebenso abstrahieren wir der Einfachheit halber von dem (für genauere Untersuchungen wichtigen) Umstand, daß jeder einzelne unter den von ihm zugelassenen Normen für das Verhalten V manche lieber, manche minder gern zuläßt. Wir machen im folgenden vielmehr die Annahme, daß für jeden Menschen M von $\mathfrak{M}$ die Menge $\mathfrak{N}(V)$ der sämtlichen für das Verhalten V vorgeschlagenen Normen in zwei Teilklassen zerfällt: die Klasse aller derjenigen Normen von $\mathfrak{N}(V)$, die M als Vorschrift für die Gesamtheit zuläßt – diese Klasse von Normen wollen wir mit $\mathfrak{N}_M(V)$ bezeichnen –, und die Klasse aller übrigen (d. h. der von M nicht zugelassenen) Normen von $\mathfrak{N}(V)$, für welch letztere Klasse wir ein eigenes Symbol im folgenden entbehren können und daher nicht einführen.

Die Klasse $\mathfrak{N}_M(V)$ kann aus einer einzigen Norm der Normenmenge $\mathfrak{N}(V)$ bestehen oder aus mehreren, eventuell aus allen Normen von $\mathfrak{N}(V)$; im letzteren Falle ist der Mensch M mit jeder

Regelung von V durch eine Norm, welche es auch sei, einverstanden und möge daher als *normenindifferent* hinsichtlich des Verhaltens V bezeichnet werden. Daneben ist nun aber auch möglich, daß für einen Menschen M die Normenmenge $\mathfrak{N}_M$ (V) leer ist, d. h. gar keine Norm enthält, mit anderen Worten, daß M keine Norm von $\mathfrak{N}$ (V) zuläßt. Da $\mathfrak{N}$ (V) laut Annahme die *sämtlichen* für das Verhalten V vorgeschlagenen Normen enthält, so läßt in diesem Falle M offenbar überhaupt keine Regelung des Verhaltens V durch eine Norm zu und möge deshalb hinsichtlich des Verhaltens V *freiheitlich* genannt werden. Schließlich kann noch der Fall eintreten, daß M sowohl die Nichtregelung des Verhaltens V als auch die Regelung durch eine oder mehrere Normen von $\mathfrak{N}$ (V) zuläßt.

Als *Wunsch* von M hinsichtlich des Verhaltens V wollen wir hier, wo wir von größerer oder geringerer Vorliebe von M zu den einzelnen von ihm zugelassenen Normen abstrahieren, per definitionem *die Alternative aller von M zur Regelung von V zugelassenen Normen* (einschließlich gegebenenfalls der Nichtregelung) bezeichnen. Z. B. sagen wir also, M wünsche bezüglich des Verhaltens V entweder N' oder N'', gleichbedeutend mit: $\mathfrak{N}_M$ (V) besteht aus N' und N''; d. h. sowohl N' als auch N'', dagegen weder eine sonstige Norm noch Nichtregelung wird von M hinsichtlich V zugelassen. Wir sagen, M wünsche hinsichtlich V entweder Nichtregelung oder die Norm N''', gleichbedeutend mit: M läßt hinsichtlich V sowohl die Nichtregelung als auch die Norm N''', dagegen keine andere Norm zu.

Nehmen wir nun etwa an, daß zur Regelung von V genau drei Normen N_1, N_2, N_3 vorliegen. $\mathfrak{N}$ (V) ist dann die Klasse dieser drei Normen. Z. B. sei V das Verhalten am Sonntagmorgen; N_1 sei die Norm, diese Zeit religiösem Kult zu widmen; N_2 sei die Norm, diese Zeit zu wissenschaftlicher oder künstlerischer Ausbildung zu verwenden; N_3 sei die Norm, diese Zeit zu Leibesübungen zu gebrauchen, während weitere Normen, wie wir annehmen wollen, für das Verhalten am Sonntagmorgen nicht vorliegen. Wenn wir annehmen, daß $\mathfrak{N}$ (V) aus drei Normen N_1, N_2, N_3 besteht, so meinen wir damit, daß ein anderes Verhalten als eine der drei diesen Normen gemäßen Verhaltungsweisen gar nicht in Betracht komme. Wird dagegen noch ein weiteres Verhalten in Betracht gezogen (in unserem Beispiel etwa: am Sonntagmorgen zu schlafen), so könnte dem in unserer Theorie Rechnung getragen werden, aber nur dadurch, daß eine vierte Norm (in unserem Beispiel die Norm, am Sonntagmorgen zu schlafen) vorliegend gedacht wird, während wir nun den Fall untersuchen wollen, daß drei Normen vorliegen. Dann bezeichnen wir mit 𝔐 (1) die Gesamtheit aller derjenigen Menschen des Menschenkreises 𝔐, welche zur Regelung von V die Norm N_1 wünschen, d. h. welche N_1, nicht aber N_2 oder N_3 oder die Nichtregelung des Verhaltens V zulassen. Falls eine Reihe von Untersuchungen, wie z. B. die folgende, sich auf einen einzigen Menschenkreis 𝔐 bezieht (nicht teils auf einen Menschenkreis 𝔐, teils auf einen anderen Menschenkreis 𝔐'), so schreiben wir statt 𝔐 (1) auch kurz (1) und bezeichnen analog mit (2) bzw. (3) die Gruppe aller derjenigen Menschen des Kreises 𝔐, welche hinsichtlich V nur N_2 bzw. nur N_3 zulassen, ferner mit (1, 2) die Gruppe aller derjenigen Menschen, welche für das Verhalten V sowohl N_1 als auch N_2, dagegen keine andere Regelung zulassen (N_1 oder N_2 wünschen). Entsprechend definieren wir Gruppen (1, 3), (2, 3) sowie (1, 2, 3). Letztere ist, da N_1, N_2, N_3 nach Annahme die sämtlichen zur Regelung von V vorgeschlagenen Normen sind, die Gruppe der hinsichtlich V normenindifferenten Menschen. Mit (0) bezeichnen wir die Gruppe der hinsichtlich V freiheitlichen Menschen, in unserem Beispiel die Gruppe der Menschen, welche für das Verhalten am Sonntagmorgen gar keine (d. h. weder eine religiöse noch eine bildnerische noch eine sportliche) Norm zulassen. Ferner heiße (0, 1) die Gruppe aller derjenigen Menschen von 𝔐, die für das Verhalten V entweder Nichtregelung oder die Norm N_1 zulassen, in unserem Beispiel die Gruppe derjenigen Menschen, die das Verhalten am Sonntagmorgen wenn überhaupt, so durch eine religiöse Norm geregelt wünschen. Entsprechend erklären wir die Gruppen (0, 2), (0, 3), (0, 1, 2), (0, 1, 3), (0, 2, 3) und (0, 1, 2, 3). Die letztgenannte Gruppe besteht aus allen denjenigen Menschen des Kreises 𝔐, die sowohl die Nichtregelung als auch jede Regelung von V zulassen, deren Wunsch demnach die Alternative aller hier betrachteten Möglichkeiten und daher auf nichts Besonderes gerichtet ist, so daß wir die Mitglieder dieser Gruppe als hinsichtlich des Verhaltens V *wunschlos* bezeichnen wollen. Insgesamt ist unter der eingangs formulierten Annahme der ganze Menschenkreis 𝔐 im Falle des Vorliegens von genau drei Normen in 15 Gruppen

(*)₃: (0), (1), (2), (3), (0, 1), (0, 2), (0, 3), (1, 2), (1, 3), (2, 3),

(0, 1, 2), (0, 1, 3), (0, 2, 3), (1, 2, 3), (0, 1, 2, 3)

zerlegt, wobei das Symbol $(^*)_3$ andeutet, daß wir im folgenden, um auf die angeführten 15 Gruppen hinzuweisen, kurz von den Gruppen $(^*)_3$ sprechen werden.

Es erweist sich, wie schon das bisher Gesagte vermuten läßt, gelegentlich als zweckmäßig, den Vorschlag, das Verhalten *V* ungeregelt zu lassen, mit N_0 zu bezeichnen, doch werden wir sehen, daß N_0 nur teilweise den echten Normen N_1, N_2, N_3 analog ist, also nicht ohne weiteres als vierte Norm aufgefaßt werden kann.

So wie ganz allgemein die Worte »A oder B wünschen« und die Worte »A wünschen oder B wünschen« wohl zu unterscheiden sind (S. 116f.), so sieht man speziell auch hier, daß die Gruppe derjenigen Menschen, welche hinsichtlich *V* entweder die Norm N_1 oder die Norm N_2 wünschen – die Gruppe also, welche wir mit (1, 2) bezeichnet haben –, durchaus verschieden ist von der Gruppe derjenigen Menschen, welche entweder die Norm N_1 wünschen oder die Norm N_2 wünschen. Die letztere Gruppe besteht aus denjenigen Menschen, die entweder zur Gruppe (1) oder zur Gruppe (2) gehören, und ist demnach bei der S. 135 gemäßen Verwendung des Summenzeichens mit $(1) \cup (2)$ zu bezeichnen. Ein Mitglied der Gruppe (1, 2) gehört jedoch weder der Gruppe (1) noch der Gruppe (2) an, denn es läßt ja sowohl N_1 als auch N_2 zu, während (1) aus denjenigen Menschen besteht, welche nur N_1 zulassen, und (2) aus denjenigen Menschen, welche nur N_2 zulassen. Die Gruppen (1, 2) und $(1) \cup (2)$ sind also in der Ausdrucksweise von S. 135 fremd; mit anderen Worten, wenn Wünschen bezüglich eines Verhaltens in der angegebenen Weise durch das Zulassen von Normen erklärt wird, so sind die Ausdrücke »N_1 oder N_2 wünschen« und »N_1 wünschen oder N_2 wünschen« nicht nur nicht gleichbedeutend, sondern schließen einander aus. Hingegen verwenden wir die Worte »N_1 und N_2 zulassen« und »N_1 zulassen und N_2 zulassen« synonym.

Liegen *n* Normen $N_1, N_2, \ldots, N_n$ und keine anderen zur Regelung des Verhaltens *V* vor, so zerfällt $\mathfrak{M}$ in dieser Weise in $2^{n+1} - 1$ Menschengruppen, die wir die Gruppen $(^*)_n$ nennen:

(0), (1), (2), …, (*n*),

(0, 1), (0, 2), …, (0, *n*), (1, 2), …, (1, *n*), (2, 3), …, (*n*−1, *n*), (0, 1, 2), (0, 1, 3), …, (0, 1, *n*), …, (*n*−2, *n*−1, *n*),

……………………………………

(0, 1, 2, …, *n*−1, *n*).

Als *Vereinbarkeitsbasis* zwischen den Menschen M und M' hinsichtlich des Verhaltens V bezeichnen wir die Menge aller sowohl von M als auch von M' zugelassenen Regelungen von V, wobei auch der etwa mit N_0 zu bezeichnende Vorschlag inbegriffen ist, V durch keine der vorliegenden Normen zu regeln. Sind $\bar{M}$ und $\bar{M}'$ zwei andere Menschen, von denen $\bar{M}$ zu der gleichen Gruppe $(^*)_n$ gehört wie M und von denen $\bar{M}'$ zu der gleichen Gruppe gehört wie M', so ist die Vereinbarkeitsbasis hinsichtlich V zwischen $\bar{M}$ und $\bar{M}'$ mit der zwischen M und M' offenbar identisch. Man kann daher als Vereinbarkeitsbasis zwischen zwei Gruppen $(^*)_n$ hinsichtlich V die Vereinbarkeitsbasis zwischen irgendeinem Mitglied der einen und irgendeinem Mitglied der anderen Gruppe (welche ja von der speziellen Wahl der Gruppenmitglieder unabhängig ist) bezeichnen. Die Vereinbarkeitsbasis zwischen zwei Menschen M und M' oder zwischen zwei Gruppen kann leer sein, d. h. es muß keine Regelung des Verhaltens V existieren, welche sowohl von M als auch von M' zugelassen würde. In diesem Falle wollen wir M und M' bzw. die beiden Gruppen miteinander hinsichtlich V *unvereinbar* nennen. Andernfalls mögen sie hinsichtlich V *vereinbar* heißen.

Wir wollen die Vereinbarkeitsverhältnisse zwischen den 15 Gruppen $(^*)_3$ veranschaulichen, indem wir jede dieser Gruppen durch einen Punkt symbolisieren und zwei Punkte dann und nur dann durch eine Strecke verbinden, wenn die durch sie symbolisierten Gruppen vereinbar sind. Zu diesem Zweck kann man etwa zuerst ein Diagramm der 7 Gruppen, welche N_0 nicht zulassen, entwer-

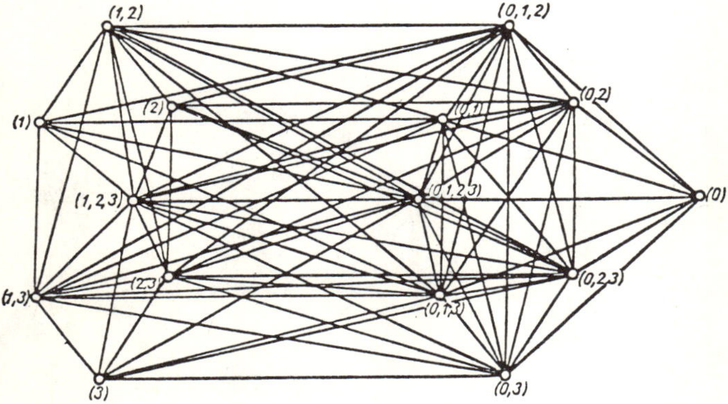

fen, sodann eines der 7 Gruppen, welche N_0 und mindestens eine echte Norm zulassen (welch letztere 7 Gruppen, eben weil jede von ihnen N_0 zuläßt, paarweise vereinbar und daher durch eine Strecke zu verbinden sind); ferner zeichnen wir einen der Gruppe (0) entsprechenden Punkt ein, welcher mit jedem der zweiten 7 Punkte, aber mit keinem der ersten 7 Punkte zu verbinden ist; schließlich verbinden wir die ersten 7 Punkte geeignet mit den zweiten und erhalten so obenstehendes Diagramm.

Aus 15 Wesenheiten lassen sich 105 Paare bilden. Von den 105 Paaren, die sich aus den Gruppen $(^*)_3$ bilden lassen, sind, wie wir sahen, 80 vereinbar, also bloß 25 Paare unvereinbar. Übersichtlicher als ein Vereinbarkeitsdiagramm ist daher für diese Gruppen folgendes *Unvereinbarkeitsdiagramm*, in welchem zwei Punkte dann und nur dann durch eine punktierte Strecke verbunden sind, wenn die durch sie repräsentierten Gruppen unvereinbar sind:

Die Relation vereinbar zu sein ist nicht transitiv. Z. B. ist ein Mensch der Gruppe (1, 2) sowohl mit einem Menschen der Gruppe (1), als auch mit einem Menschen der Gruppe (2) vereinbar, ohne daß diese letzteren miteinander vereinbar wären. Ferner geht aus dem Beispiel der Gruppen (1, 2), (2, 3), (1, 3) hervor, daß mehrere Gruppen, die zu je zwei vereinbar sind, nicht notwendig in eine einzige Gruppe bestehend aus insgesamt vereinbaren Menschen, zusammengefaßt werden können. Hierfür ist offenbar notwendig und hinreichend, daß die Vereinbarkeitsbasis aller betreffenden Gruppen hinsichtlich V, d. h. die Gesamtheit aller Regelungen von V, welche von jedem Mitglied jeder der betreffenden

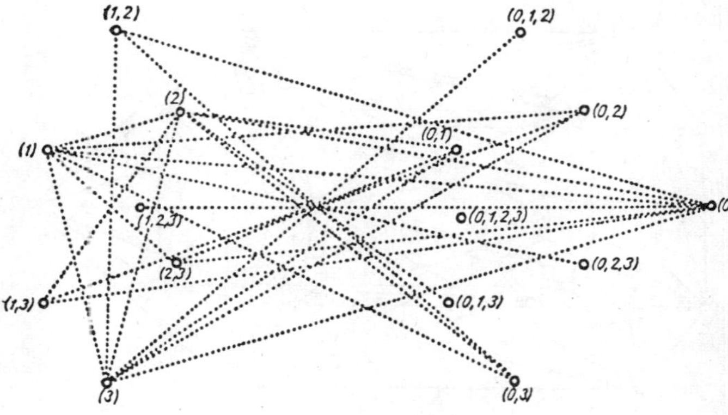

Gruppen zugelassen werden, nicht leer ist (wie wir sahen, kann sie schon für zwei Gruppen leer sein). Die vorher betrachtete graphische Darstellung der Vereinbarkeitsverhältnisse, welche nur die Vereinbarkeit von Gruppenpaaren durch geradlinige Verbindung von Punktepaaren symbolisiert, ist nun insoferne unvollständig, als sie nicht in Evidenz setzt, ob ein System von 3 oder mehr Gruppen vereinbar ist oder nicht. Damit 3 Gruppen vereinbar seien, ist zwar offenbar notwendig, daß je zwei von ihnen vereinbar sind, daß also die 3 sie repräsentierenden Punkte paarweise durch Strecken verbunden sind und daher die Kontur eines Dreiecks mit den 3 betreffenden Punkten als Ecken in der graphischen Darstellung enthalten ist. Hinreichend ist dies aber nicht, wie die Gruppen (1, 2), (2, 3), (1, 3) zeigen, deren entsprechende Punkte paarweise durch Strecken verbunden sind, ohne daß diese 3 Gruppen vereinbar wären. Eine vollständige Darstellung der Vereinbarkeitsverhältnisse erhält man, wenn man nicht nur für je zwei vereinbare Gruppen zwischen die zwei entsprechenden Punkte eine Strecke einspannt, sondern auch für je drei vereinbare Gruppen zwischen die drei entsprechenden Punkte eine Dreiecksfläche, für je vier vereinbare Gruppen zwischen die vier entsprechenden Punkte einen Tetraederkörper, ..., für je n vereinbare Gruppen zwischen die n ihnen entsprechenden Punkte ein $(n-1)$-dimensionales Simplex. Die Summe der so gebildeten Simplexe wollen wir den *Vereinbarkeitskomplex* nennen, da eine derartige Summe von Simplexen in der Topologie als ein Komplex bezeichnet wird. Unter der Dimension eines Komplexes versteht man die Dimension des höchstdimensionalen Summandensimplexes. Gibt es k vereinbare Gruppen, während je $k+1$ unvereinbar sind, so sind die höchstdimensionalen Simplexe des Vereinbarkeitskomplexes solche mit k Ecken, also $(k-1)$-dimensional. Ohne hier auf die Darstellung höherdimensionaler Komplexe einzugehen – um einen n-dimensionalen Komplex darzustellen, genügt stets ein $(2n+1)$-dimensionaler Raum (so daß insbesondere jeder eindimensionale Komplex bereits im dreidimensionalen Raum dargestellt werden kann), bisweilen aber schon ein niedrigerdimensionaler Raum, während natürlich stets ein mindestens n-dimensionaler Raum erforderlich ist –, führen wir nur ein einfaches Beispiel eines bereits im dreidimensionalen Raum konstruierbaren dreidimensionalen Vereinbarkeitskomplexes an, nämlich den Komplex, der sich bei der Betrachtung der 7 Gruppen

$(^*)_2$: (0), (1), (2), (0, 1), (0, 2), (1, 2), (0, 1, 2)

ergibt. Man sieht leicht, daß keine 5 von diesen Gruppen vereinbar sind und daß die Maximalzahl der miteinander vereinbaren Gruppen 4 beträgt, daß also der Vereinbarkeitskomplex nur Simplexe mit 4 (und weniger) Ecken enthält, d. s. dreidimensionale Simplexe, m. a. W. Tetraeder. Der Vereinbarkeitskomplex ist daher selbst dreidimensional. Er ist offenbar Summe der folgenden drei Tetraeder:

eines, dessen Eckpunkte (0), (0, 1), (0, 2) (0, 1, 2) sind,
eines, dessen Eckpunkte (1), (0, 1), (1, 2) (0, 1, 2) sind,
eines, dessen Eckpunkte (2), (0, 2), (1, 2) (0, 1, 2) sind.

Diese drei Tetraeder haben zu je zwei eine Strecke gemein, z. B. die beiden ersten die Strecke mit den Endpunkten (0, 1) und (0, 1, 2), und haben alle drei den Punkt (0, 1, 2) gemein. Die folgende Figur gibt, wenn wir die drei erwähnten Tetraeder körperlich ausgefüllt denken, diesen Vereinbarkeitskomplex wieder.

Der Vereinbarkeitskomplex der 15 Gruppen $(^*)_3$ besteht aus 4 Simplexen der Dimension 7 (d. h. mit je 8 Ecken), die zu je zwei ein dreidimensionales Simplex, zu je drei ein eindimensionales Simplex (eine Strecke) und zu viert einen Punkt, nämlich den Punkt (0, 1, 2, 3) gemein haben.

Wir nehmen nun an, daß zur Regelung des Verhaltens V einige Normen $N_1, N_2, \ldots, N_n$ und *daneben noch alle Disjunktionen von zwei oder mehreren dieser n Normen*, dagegen keine sonstigen Vorschläge zur Regelung des Verhaltens V vorliegen. Die Disjunktivnorm N_1 oder N_2, welche wir auch kurz mit N_{12} bezeichnen wollen, bedeutet, daß jeder einzelne das Verhalten V nach seiner

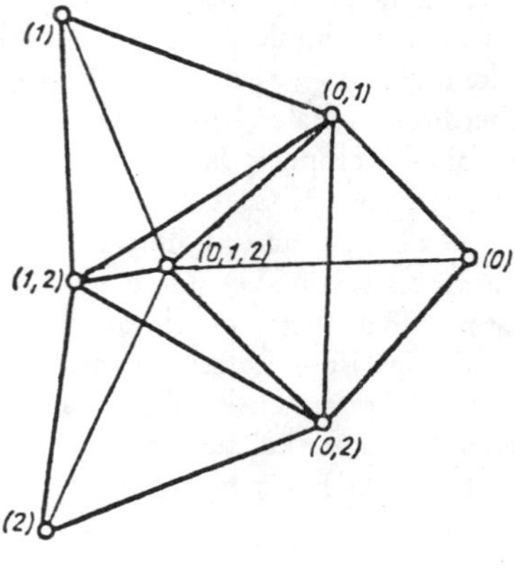

Wahl entweder gemäß N_1 oder gemäß N_2 einrichten dürfe, dagegen nicht gemäß einer der Normen $N_3, N_4, \ldots, N_n$, daß mit anderen Worten das N_1 gemäße und das N_2 gemäße Verhalten erlaubt, jedes andere Verhalten dagegen verboten ist. Im Beispiele des Verhaltens am Sonntagmorgen (bei der S. 142 f. angegebenen Bedeutung von N_1, N_2, N_3) bedeutet N_{12} die Norm, diese Zeit entweder zu religiösem Kult oder zu Bildungszwecken, dagegen nicht zu Leibesübungen zu verwenden. Sind $i_1, i_2, \ldots, i_k$ irgend k von den Zahlen 1, 2, ..., n und sind $j_1, j_2, \ldots, j_{n-k}$ die $n-k$ übrigen Zahlen (so daß also in der Reihe $i_1, i_2, \ldots, i_k, j_1, j_2, \ldots, j_{n-k}$ jede der Zahlen 1, 2, ..., n genau einmal auftritt), so bedeutet die Norm N_{i_1} oder N_{i_2} ... oder N_{i_k}, die wir kurz mit $N_{i_1\, i_2 \ldots i_k}$ bezeichnen, daß sowohl das N_{i_1} gemäße als auch das N_{i_2} gemäße ... als auch das N_{i_k} gemäße Verhalten erlaubt, dagegen sowohl das N_{j_1} gemäße als auch das N_{j_2} gemäße ... als auch das $N_{j_{n-k}}$ gemäße Verhalten verboten ist. Für die Gesamtheit hat sie zur Folge, daß das Verhalten V von dem einen gemäß N_{i_1}, von einem anderen gemäß N_{i_2}, ... von einem anderen gemäß N_{i_k} eingerichtet werden kann; für den einzelnen hat sie zur Folge, daß er sein Verhalten V bald gemäß N_{i_1}, bald gemäß N_{i_2}, ... bald gemäß N_{i_k} einrichten kann. Ist $k = 1$, dann ist nur *ein* Verhalten erlaubt, alle anderen sind verboten. Wir sagen dann, daß das betreffende Verhalten Pflicht sei und nennen jede der n Normen $N_1, N_2, \ldots, N_n$, welche ein Verhalten zur Pflicht machen, kategorisch. Wir sehen: das N_i gemäße Verhalten wird durch die Norm $N_{i_1\, i_2 \ldots i_k}$ dann und nur dann *erlaubt*, wenn eine der k Zahlen $i_1, i_2, \ldots, i_k$ gleich i ist; dann und nur dann *verboten*, wenn keine dieser k Zahlen gleich i ist; dann und nur dann *Pflicht*, wenn $k = 1$ und $i_1 = i$ gilt; dann und nur dann nicht Pflicht oder, wie wir sagen wollen, *unerzwingbar*, wenn entweder k größer als 1 ist oder i unter den k Zahlen $i_1, i_2, \ldots, i_k$ nicht vorkommt; dann und nur dann *freistehend*, d. h. erlaubt und unerzwingbar, wenn k größer als 1 ist und i unter den k Zahlen $i_1, i_2, \ldots, i_k$ vorkommt.

Einschließlich der n kategorischen Normen $N_1, N_2, \ldots, N_n$ gibt es $2^n - 1$ Disjunktivnormen. Die Gesamtheit dieser Normen werde mit $(\triangle)_n$ bezeichnet und das zu den Normen $N_1, N_2, \ldots, N_n$ gehörige *vollständige Disjunktivsystem* genannt. Im Falle $n = 3$ besteht $(\triangle)_n$ aus den $2^3 - 1 = 7$ Normen

$$(\triangle)_3: \quad N_1, N_2, N_3, N_{12}, N_{13}, N_{23}, N_{123}.$$

Die Norm N_{123} besagt, daß jeder einzelne sein Verhalten V entweder nach der Norm N_1 oder nach der Norm N_2 oder nach der Norm N_3 einrichten solle, macht also, falls $n = 3$ ist, da in diesem Falle N_1, N_2, N_3 die sämtlichen zur Regelung von V vorgeschlagenen Normen sind, gar keine Vorschrift für das Verhalten V und entspricht demnach der im ersten Teil dieser Aufzeichnung neben den kategorischen Normen betrachteten unechten Norm der Freiheit hinsichtlich des Verhaltens V, weshalb wir auch im folgenden im Falle $n = 3$ statt N_{123} kurz N_0 schreiben wollen. Liegen n Normen $N_1, N_2, \ldots, N_n$ für das Verhalten V vor, so ist die Disjunktivnorm $N_{123 \ldots n}$ die unechte Norm der Freiheit hinsichtlich V.

Dem Folgenden legen wir nun die Annahme zugrunde, daß jeder Mensch eines Menschenkreises $\mathfrak{M}$ gewisse von den 7 Normen $(\triangle)_3$ als Vorschriften für die Gesamtheit zuläßt, die anderen Normen dagegen nicht. Wiederum abstrahieren wir von Heuchelei, von etwaiger Unschlüssigkeit sowie von den verschiedenen Graden seiner Vorliebe für die von ihm zugelassenen Normen und bezeichnen die Alternative aus allen von ihm zugelassenen Normen als seinen Wunsch hinsichtlich des Verhaltens V. Die Gruppe aller derjenigen Menschen des Kreises $\mathfrak{M}$, welche nur N_1 zulassen, bezeichnen wir wieder mit (1); entsprechend definieren wir die Gruppen (2) und (3), ferner (12) als die Gruppe derjenigen Menschen, welche nur die Diskunktivnorm N_{12} zulassen und entsprechend die Gruppen (13), (23) und (0), welch letztere die Gruppe der hinsichtlich V freiheitlichen Menschen ist, die nur die unechte Norm $N_0 = N_{123}$ zulassen. Mit (1, 2) bezeichnen wir die Gruppe derjenigen Menschen, welche die Norm N_1 und die Norm N_2, aber keine andere der 7 Normen $(\triangle)_3$ zulassen, oder, wie wir statt dessen auch sagen: welche entweder die Gültigkeit von N_1 oder die Gültigkeit von N_2 wünschen.

Selbstverständlich sind die Gruppen (1, 2) und (12) wohl zu unterscheiden. So wie das Wort »wünschen« ist auch das Wort »gelten« (auf Normen angewendet) mit den Partikeln »entweder–oder« nicht vertauschbar, d.h.: so wie die Aussagen »der Mensch M wünscht entweder A oder B« und »entweder M wünscht A oder M wünscht B«, so sind auch die Aussagen »es gilt die Norm N_1 oder N_2 (die wir mit N_{12} bezeichnet haben)« und »entweder gilt die Norm N_1 oder gilt die Norm N_2« streng auseinanderzuhalten. Insgesamt hat man folgende drei Aussagen zu unterscheiden:

1. »Entweder M wünscht die Gültigkeit der Norm N_1 oder M wünscht die Gültigkeit der Norm N_2«. Gleichbedeutend damit ist, daß M zur Klasse $(1) \cup (2)$ gehört.
2. »M wünscht entweder die Gültigkeit von N_1 oder die Gültigkeit von N_2.« Gleichbedeutend damit ist, daß M zur Klasse (1, 2) gehört.
3. »M wünscht die Gültigkeit der Norm N_1 oder N_2.« Gleichbedeutend damit ist, daß M zur Gruppe (12) gehört.

Keine zwei von den Klassen $(1) \cup (2)$, (1, 2) und (12) haben Mitglieder gemein. Je zwei von den drei erwähnten Aussagen schließen einander also aus. Auch die Aussagen »M läßt N_1 oder N_2 zu« und »entweder M läßt N_1 zu oder M läßt N_2 zu« sind auseinanderzuhalten. Hingegen sind die Aussagen »M läßt N_1 und N_2 zu« und »M läßt N_1 zu und M läßt N_2 zu«, wie schon erwähnt, gleichbedeutend.

Entsprechend definieren wir die Gruppen (1, 3), (2, 3); ferner (1, 12) als die Gruppe derjenigen Menschen, welche sowohl N_1 als auch N_{12}, aber keine andere von den 7 Gruppen $(\triangle)_3$ zulassen, welche, mit anderen Worten, wünschen, daß entweder N_1 oder N_{12} gelte, entsprechend die Gruppen (1, 13), (1, 23), (2, 12) usw. Z.B. bezeichnet (1, 0) die Gruppe derjenigen Menschen, welche sowohl die Norm N_1 als auch die Nichtregelung des Verhaltens V, dagegen keine andere der 7 Normen $(\triangle)_3$ zulassen. (1, 2, 3, 12, 13, 23, 0) ist die Gruppe der jeden Vorschlag zulassenden oder, wie wir sagen wollen, der hinsichtlich V *wunschlosen* Menschen. Es gibt insgesamt $2^7 - 1 = 127$ derartige Gruppen (von denen in einem bestimmten Menschenkreis $\mathfrak{M}$ natürlich manche leer sein können). Allgemein gibt es, wenn n Normen $N_1, N_2, \ldots, N_n$ und ihre $2^n - 1$ Disjunktivnormen vorliegen, $2^{2^n - 1} - 1$ entsprechende Menschengruppen; für $n = 4$ ist diese Zahl gleich 32767.

Durch einfache Annahmen kann man nun aber diese großen Zahlen beträchtlich vermindern. Betrachten wir etwa einen Menschen der Gruppe (1, 0), einen Menschen also, welcher für das Verhalten V sowohl die Norm N_1 als auch die unechte Norm $N_0 = N_{123}$, dagegen keine andere der 7 Normen $(\triangle)_3$ zuläßt. Welcher Grund kann ihn dazu bestimmen, die Norm N_{12} nicht zuzulassen, welche bloß das N_3 gemäße Verhalten verbietet, dagegen die Wahl läßt zwischen einem N_1 und einem N_2 gemäßen Verhalten? Der Grund kann nicht darin liegen, daß er die Wahl zwischen einem N_1 und einem N_2 gemäß Verhalten verhindern will, denn er läßt ja die

Norm N_0 zu, vermöge welcher die Wahl zwischen N_1, N_2 und N_3 offensteht. Der Grund kann vielmehr wohl nur darin liegen, daß er von den Normen N_2 und N_3 keine gegenüber der anderen bevorzugt sehen will, was geschehen würde, wenn er die Norm N_{12} zuließe, da ihr zufolge das N_2 gemäße Verhalten erlaubt, das N_3 gemäße aber verboten ist. Dieser Umstand kann für den betrachteten Menschen aber nicht übermäßig wichtig sein; denn da er die Norm N_1 zuläßt, so ist er ja bereit, sowohl das Verbot des N_2 entsprechenden als auch das Verbot des N_3 entsprechenden Verhaltens zuzulassen. Wir sehen also, daß ein Mensch der Gruppe (1, 0) im allgemeinen kein wesentliches Opfer bringt, wenn er auch noch die Norm N_{12} zuläßt, und ganz dieselbe Überlegung kann man für ihn hinsichtlich der Norm N_{13} anstellen. Ohne damit ein logisches Gesetz aufzustellen oder eine ausnahmslose empirische Regelmäßigkeit wiederzugeben, wollen wir also aus den angeführten Gründen im folgenden die Annahme machen, daß ein Mensch, welcher N_1 und N_0 zuläßt, stets auch die Normen N_{12} und N_{13} zuläßt, daß also die Gruppen (1, 0), (1, 12, 0) und (1, 13, 0) zugunsten der Gruppe (1, 12, 13, 0), deren Wunsch gleichsam abgerundeter ist, leer sind. Entsprechend nehmen wir an, daß die Gruppen (2, 0), (2, 12, 0) und so weiter leer sind.

Um den zugrunde liegenden Gedanken allgemein zu formulieren, wollen wir, wenn irgendeine Normenmenge $\mathfrak{N}$ (*V*) vorliegt (nicht notwendig speziell eine aus drei Normen N_1, N_2, N_3 bestehende Normenmenge) und wenn $\mathfrak{N}'$ irgendeine Teilmenge von $\mathfrak{N}$ (*V*) ist, mit *D* ($\mathfrak{N}'$) diejenige Disjunktivnorm bezeichnen, welche die Alternative aller in der Menge $\mathfrak{N}'$ enthaltenen Normen ist. Besteht $\mathfrak{N}$ (*V*) beispielsweise speziell aus den Normen N_1, N_2, N_3 und $\mathfrak{N}'$ aus den Normen N_1 und N_2, so ist *D* ($\mathfrak{N}'$) die Norm N_{12}. Die zur Menge $\mathfrak{N}$ (*V*) gehörige Disjunktivnorm *D* ($\mathfrak{N}$ (*V*)) ist stets die Norm N_0 der Freiheit hinsichtlich *V*. Ist $\mathfrak{N}'$ eine aus einer einzigen Norm *N* bestehende Normenmenge, so verstehen wir unter *D* ($\mathfrak{N}'$) eben diese Norm *N*. Wir führen nun in dieser Ausdrucksweise einen Hilfsbegriff ein, indem wir sagen, der Mensch *M* befolge hinsichtlich des Verhaltens V das *Zwischenprinzip des Zulassens*, wenn folgendes gilt: *Sind* $\mathfrak{N}'$, $\mathfrak{N}''$ *und* $\mathfrak{N}'''$ *irgend drei Mengen von Normen für das Verhalten V derart, daß jede Norm der Menge* $\mathfrak{N}'$ *auch in der Menge* $\mathfrak{N}''$ *und jede Norm der Menge* $\mathfrak{N}''$ *auch in* $\mathfrak{N}'''$ *enthalten ist, und läßt der Mensch M die Disjunktivnormen D* ($\mathfrak{N}'$) *und D* ($\mathfrak{N}'''$) *zu, so läßt er auch die Disjunktiv-*

norm D ($\mathfrak{N}$") *zu*. Unter den 127 Gruppen hinsichtlich der 7 Normen $(\triangle)_3$ gibt es 64 Gruppen von Menschen, welche die Norm $N_0 = N_{123}$ zulassen. Das Zwischenprinzip des Zulassens befolgen unter ihnen, wie man leicht bestätigt, nur die Menschen der folgenden 18 Gruppen, welche wir mit den beigefügten griechischen Buchstaben bezeichnen wollen:

$$(0) = \alpha,$$
$$(12, 0) = \beta_{12}, \quad (13, 0) = \beta_{13}, \quad (23, 0) = \beta_{23},$$
$$(12, 13, 0) = \gamma_1, \quad (12, 23, 0) = \gamma_2, \quad (13, 23, 0) = \gamma_3,$$
$$(12, 13, 23, 0) = \delta,$$
$$(1, 12, 13, 0) = \varepsilon_1, \quad (2, 12, 23, 0) = \varepsilon_2, \quad (3, 13, 23, 0) = \varepsilon_3,$$
$$(1, 12, 13, 23, 0) = \zeta_1, \quad (2, 12, 13, 23, 0) = \zeta_2, \quad (3, 12, 13, 23, 0) = \zeta_3,$$
$$(1, 2, 12, 13, 23, 0) = \eta_{12}, (1, 3, 12, 13, 23, 0) = \eta_{13}, (2, 3, 12, 13, 23, 0) = \eta_{23},$$
$$(1, 2, 3, 12, 13, 23, 0) = \vartheta.$$

Die vorhin erwähnte Annahme zur Abrundung der Wünsche läßt sich nun dahin aussprechen, *daß alle Menschen das Zwischenprinzip des Zulassens befolgen*. Sie hat zur Folge, daß von den 64 Gruppen hinsichtlich $(\triangle)_3$, welche N_0 zulassen, 46, nämlich alle bis auf die 18 Gruppen $\alpha, \ldots, \vartheta$ leer sind.
Aber auch die Zahl 63 der N_0 nicht zulassenden Gruppen hinsichtlich $(\triangle)_3$ kann durch weitere Annahmen stark reduziert werden. Betrachten wir nämlich z. B. einen Menschen der Gruppe (1, 2). Was kann ihn dazu veranlassen, die Norm N_{12} nicht zuzulassen? Da er sowohl N_1 als auch N_2 zuläßt, also weder ein N_1 gemäßes noch ein N_2 gemäßes Verhalten verhindern will, kann der Grund nur darin liegen, daß er die durch Zulassung von N_{12} bedingte Möglichkeit, daß manche Menschen ihr Verhalten gemäß N_1, manche gemäß N_2 einrichten, verhindern will. Da nun aber in dem von uns betrachteten Fall eine Kollision zwischen diesen beiden Verhaltungsweisen nicht zu befürchten ist – sonst könnte ja nicht die Disjunktivnorm N_{12} vorgeschlagen werden, was wir annahmen –, so dürften die Bedenken der Mitglieder der Gruppe (1, 2) gegen die Norm N_{12} nicht sehr groß sein. Wir werden deshalb im folgenden annehmen, daß jeder sowohl N_1 als auch N_2 zulassende Mensch auch N_{12} zuläßt, d. h. die Gruppe (1, 2) zugunsten der Gruppe (1, 2, 12), für welch letztere der Wunsch wiederum gleichsam abgerundeter ist, leer ist, und analog, daß ein N_1 und N_{23} zulassender Mensch auch $N_{123} = N_0$ zuläßt usw. Allgemein wollen wir in der dem Zwischenprinzip zugrunde liegenden Ausdrucksweise und in der Summenschreibweise von S. 135

sagen, der Mensch M befolge hinsichtlich V das *Konjunktionsprinzip des Zulassens*, wenn folgendes gilt: *Sind $\mathfrak{N}'$ und $\mathfrak{N}''$ irgend zwei Mengen von Normen für das Verhalten V, für welche M die Normen $D(\mathfrak{N}')$ und $D(\mathfrak{N}'')$ zuläßt, so läßt M auch die Norm $D(\mathfrak{N}' \cup \mathfrak{N}'')$ zu.* Unter den 63 Gruppen hinsichtlich $(\triangle)_3$, welche N_0 nicht zulassen, befolgen das Konjunktionsprinzip folgende 15 Gruppen:

$(1) = \iota_1$,	$(2) = \iota_2$,	$(3) = \iota_3$,
$(12) = \varkappa_{12}$,	$(13) = \varkappa_{13}$,	$(23) = \varkappa_{23}$,
$(1, 12) = \lambda_{12}$,	$(2, 12) = \lambda_{21}$,	$(1, 13) = \lambda_{13}$,
$(3) = \lambda_{31}$,	$(2, 23) = \lambda_{23}$,	$(3, 23) = \lambda_{32}$,
$(1, 2, 12) = \mu_{12}$,	$(1, 3, 13) = \mu_{13}$,	$(2, 3, 23) = \mu_{23}$.

Die vorhin erwähnte zweite Annahme zur Abrundung der Wünsche läßt sich nun dahin aussprechen, *daß alle Menschen das Konjunktionsprinzip des Zulassens befolgen.* Sie hat zur Folge, daß von den 63 Gruppen hinsichtlich $(\triangle)_3$, welche N_0 nicht zulassen, 48, nämlich alle bis auf die 15 Gruppen $\iota_1, \ldots, \mu_{23}$, leer sind.

Mit Rücksicht auf die Überlegungen, die uns zum *Zwischen*- und zum Konjunktionsprinzip des Zulassens geführt haben, wollen wir im betrachteten Fall der Normen $(\triangle)_3$ sagen, der Wunsch eines Menschen M hinsichtlich des Verhaltens V sei *abgerundet*, wenn M diese beiden Prinzipien befolgt. Unter den 127 Gruppen sind die Wünsche der Mitglieder der 18 + 15 Gruppen $\alpha, \ldots, \mu_{23}$ abgerundet. Machen wir die Annahme, daß jeder Mensch eines Menschenkreises $\mathfrak{M}$ hinsichtlich V einen abgerundeten Wunsch habe, so fallen in diesem Menschenkreis die $127 - 33 = 94$ übrigen Gruppen sicherlich leer aus, abgesehen davon, daß in einem konkreten Menschenkreis natürlich auch manche der 33 Gruppen $\alpha, \ldots, \mu_{23}$ leer sein können.

Die (im vorangehenden allerdings nur mit Bezug auf die Gültigkeit von Normen behandelte) Annahme, daß die Wünsche eines Menschen abgerundet seien, kann auch aufgefaßt werden als eine Annahme über Beziehungen zwischen der Verknüpfung von Wunschaussagen mit der Verknüpfung von Wunschobjekten (vgl. S. 116f.).

Wir wollen nun zeigen, daß den Gruppen, deren Mitglieder abgerundete Wünsche haben, eine wichtige Eigenschaft zukommt, welche den anderen Gruppen fehlt. Es sei N_i irgendeine bestimmte von den n Normen $N_1, N_2, \ldots, N_n$, welche zur Regelung des Verhaltens V vorliegen. Wir wollen *erstens* sagen, der Mensch

M fordere, daß das N_i gemäße Verhalten *erlaubt* sei, wenn *M* nur solche Normen zuläßt, welche das N_i gemäße Verhalten erlauben. Z. B. fordert jeder Mensch der Gruppe (1, 12), daß das N_1 gemäße Verhalten erlaubt sei, hingegen fordert ein Mitglied der Gruppe (1, 23) weder daß das N_1 gemäße noch daß das N_2 gemäße noch daß das N_3 gemäße Verhalten erlaubt sei. Die Gesamtheit aller Normen von $(\triangle)_n$, denen zufolge das N_i gemäße Verhalten erlaubt ist, wollen wir mit *E* (*i*) bezeichnen. Daß der Mensch *M* fordere, daß das N_i gemäße Verhalten erlaubt sei, findet also seinen Ausdruck darin, daß die Menge $\mathfrak{N}_M$ (*V*) der von *M* zugelassenen Normen Teil von *E* (*i*) ist, d. h. nur solche Normen enthält, denen zufolge das N_i gemäße Verhalten erlaubt ist. *Zweitens* sagen wir, *M* fordere, daß das N_i gemäße Verhalten *verboten* sei, wenn *M* keine Norm zuläßt, die das N_i gemäße Verhalten erlaubt. Z. B. fordert jedes Mitglied der Gruppe (1, 12), daß das N_3 gemäße Verhalten verboten sei, die Mitglieder der Gruppe (1, 23) hingegen fordern weder daß das N_1 gemäße noch daß das N_2 gemäße noch daß das N_3 gemäße Verhalten verboten sei. Da sie auch keines dieser Verhalten als erlaubt fordern, so sieht man, daß die Forderung, das N_i gemäße Verhalten solle erlaubt sein, und die Forderung, das N_i gemäße Verhalten solle verboten sein, einander zwar ausschließen, aber keine Disjunktion bilden. Es kann sein, daß ein Mensch weder fordert, das N_i gemäße Verhalten solle erlaubt sein, noch es solle verboten sein. Wir bezeichnen mit *V* (*i*) die Gesamtheit der Normen, denen zufolge das N_i gemäße Verhalten verboten ist. Daß *M* fordere, daß das N_i gemäße Verhalten verboten sei, findet seinen Ausdruck darin, daß $\mathfrak{N}_M$ (*V*) Teil von *V* (*i*) ist. Für einen Menschen *M*, der N_1 und N_2 zuläßt, ist $\mathfrak{N}_M$(V) weder Teil von *E* (1), noch Teil von *V* (1), wie *M* denn auch weder fordert, daß das N_1 gemäße Verhalten erlaubt sei, noch fordert, daß das N_1 gemäße Verhalten verboten sei, obwohl die Normengruppen *E* (*i*) und *V* (*i*) fremd sind und ihre Summe $E\ (i) \cup V\ (i)$ ganz $(\triangle)_n$ erschöpft. *Drittens* sagen wir, *M fordere*, daß das N_i gemäße Verhalten *Pflicht* sei, wenn *M* nur die das betreffende Verhalten zur Pflicht machende Norm N_i zuläßt. Die Gesamtheit aller Normen, denen zufolge das N_i gemäße Verhalten Pflicht ist, wollen wir mit *P* (*i*) bezeichnen. Offenbar besteht diese Gruppe *P* (*i*) aus der Norm N_i allein. *Viertens* sagen wir, *M fordere*, daß das N_i gemäße Verhalten *unerzwingbar* sei, wenn *M* die dieses Verhalten zur Pflicht machende Norm N_i nicht zuläßt. Die Gesamtheit aller übrigen Normen wollen wir $U(i)$ nennen. Wieder sind natürlich die Gruppen $P(i)$ und $U(i)$ fremd und ihre Summe $P(i) \cup U(i)$ erschöpft ganz $(\triangle)_n$, ohne daß die Gruppe aller Menschen, welche fordern, daß das N_i gemäße Verhalten Pflicht sei, und die Gruppe aller Menschen, welche fordern, daß es unerzwingbar sei, ganz $\mathfrak{M}$ erschöpfen müssen. Die Norm N_i von $P(i)$ gehört selbstverständlich auch zu $E(i)$, was wir dahin ausdrücken, die Gruppe $P(i)$ sei ein *Teil* der Gruppe $E(i)$. Anderseits ist $V(i)$ ein Teil von $U(i)$. *Fünftens* sagen wir, *M fordere*, daß das N_i gemäße Verhalten *freistehend* sei, wenn *M* sowohl fordert, daß es erlaubt sei, als auch fordert, daß es unerzwingbar sei. Die Gesamtheit aller Normen, denen zufolge das N_i gemäße Verhalten freistehend ist, wollen wir mit $F(i)$ bezeichnen. Ihrer Definition zufolge ist diese Gruppe $F(i)$ der Durchschnitt der Gruppen $E(i)$ und $U(i)$. Auf diese Weise sind für jede der Zahlen $i = 1, 2, \ldots, n$ fünf Gruppen von Normen, die wir mit $(!)_i$ bezeichnen und *Forderungsgruppen* nennen wollen,

$$(!)_i\colon \quad E(i),\ V(i),\ P(i),\ U(i),\ F(i),$$

insgesamt also, wenn n Normen $N_1, N_2, \ldots, N_n$ vorliegen $5\,n$ Gruppen $(!)_{i=1,2,\ldots n}$ definiert. Wenn ein Mensch *M* hinsichtlich des N_i gemäßen Verhaltens entweder fordert, daß es erlaubt sei, oder fordert, daß es verboten sei, oder fordert, daß es Pflicht sei, oder fordert, daß es unerzwingbar sei, oder fordert, daß es freistehend sei – so wollen wir sagen, *M fordert eine bestimmte Erfassung des* N_i *gemäßen Verhaltens.* Beispielsweise fordern die Mitglieder der Gruppe (1, 23) eine bestimmte Erfassung des N_2 gemäßen Verhaltens, indem sie fordern, daß es unerzwingbar sei; ebenso fordern sie, daß das N_3 gemäße Verhalten unerzwingbar sei; hingegen fordern sie nicht eine bestimmte Erfassung des N_1 gemäßen Verhaltens: sie fordern nicht, daß es erlaubt sei, da sie ja auch die dieses Verhalten nicht erlaubende Norm N_{23} zulassen; sie fordern nicht, daß es verboten sei, da sie ja auch N_1 zulassen; sie fordern nicht, daß es Pflicht sei, da sie außer N_1 noch eine andere Norm zulassen; sie fordern nicht, daß es unerzwingbar sei, da sie ja N_1 zulassen; sie fordern nicht, daß es freistehend sei, da sie weder Erlaubtheit noch Unerzwingbarkeit fordern.
Wenn $n = 3$ ist, also die Normen $(\triangle)_3$ und die 15 Gruppen $(!)_1$, $(!)_2$, $(!)_3$ vorliegen und wir unter den 127 zugehörigen Menschengruppen speziell die 33 Gruppen $\alpha, \ldots, \mu_{23}$ betrachten, die dadurch ausgezeichnet sind, daß die Wünsche ihrer Mitglieder abgerundet sind, so stellt sich heraus, daß in dieser neuen Ausdrucks-

weise jede dieser Gruppen einer einfachen Kennzeichnung fähig ist. Die Mitglieder der Gruppe ϑ, welche wir als die hinsichtlich V wunschlosen Menschen bezeichnet haben, lassen sämtliche möglichen Normen $(\triangle)_3$ zu. Ihr Wunsch beschränkt also die Möglichkeiten überhaupt nicht. Bei jeder der 32 anderen Gruppen mit abgerundeten Wünschen ergibt sich, *daß der Wunsch ihrer Mitglieder die Gesamtheit aller Möglichkeiten nur durch Forderungen beschränkt, daß die einer oder mehrerer der Normen* N_1, N_2, N_3 *gemäßen Verhaltungsweisen gleichzeitig in bestimmter Weise erfaßt werden oder, mit anderen Worten: Für jede dieser 32 Gruppen läßt sich die Gesamtheit der von ihr zugelassenen Normen als Durchschnitt (S. 135) gewisser von den 15 Gruppen* $(!)_1$, $(!)_2$, $(!)_3$ darstellen.

Der Inhalt dieser Aussage wird am klarsten, wenn wir sie der Reihe nach für die 32 Gruppen exemplifizieren. Durch den Wunsch der Mitglieder der Gruppe α wird die Gesamtheit der möglichen Regelungen $(\triangle)_3$ insofern beschränkt, als die Mitglieder von α fordern, daß das N_1 gemäße Verhalten erlaubt sein solle, und fordern, daß das N_2 gemäße Verhalten erlaubt sein solle, und fordern, daß das N_3 gemäße Verhalten erlaubt sein solle. In der Durchschnittsschreibweise von S. 135 können wir dies, wenn wir die Gesamtheit der von den Mitgliedern der Gruppe α zugelassenen Normen mit (α) bezeichnen, durch die Formel $(\alpha) = E\,(1) \cap E\,(2) \cap E\,(3)$ zum Ausdruck bringen. Durch die Wünsche der Mitglieder von β_{12} wird die Gesamtheit der möglichen Regelungen $(\triangle)_3$ nur insofern beschränkt, als die Mitglieder von β_{12} fordern, daß das N_1 gemäße Verhalten erlaubt sein solle, und fordern, daß das N_2 gemäße Verhalten erlaubt sein solle, was die Formel $(\beta_{12}) = E\,(1) \cap E\,(2)$ ausdrückt. Entsprechendes gilt für β_{13} und β_{23}. Bei den Mitgliedern von γ_1 liegt die Beschränkung der Möglichkeiten nur in der Forderung, das N_1 gemäße Verhalten solle freistehend sein, d. h. es gilt $(\gamma_1) = F\,(1)$. Die Gruppe γ_1 ist also mit einer der Gruppen $(!)_1$ identisch. Jede solche Gruppe wollen wir zwecks kürzerer Ausdrucksweise ebenfalls als Durchschnitt von irgendwelchen der Gruppen $(!)_{i=1,2,3}$ auffassen, nämlich als Durchschnitt einer *einzigen* dieser Gruppen, indem wir ja jede Gruppe als Durchschnitt dieser Gruppe mit sich selbst, beispielsweise $F\,(1) = F\,(1) \cap F\,(1)$, betrachten können (S. 135). Insgesamt erhalten wir folgende 32 Formeln:

$$(\alpha) = E\,(1) \cap E\,(2) \cap E\,(3),$$

$(\beta_{12}) = E\,(1) \cap E\,(2)$, $(\beta_{13}) = E\,(1) \cap E\,(3)$, $(\beta_{23}) = E\,(2) \cap E\,(3)$,
$(\gamma_1) = F\,(1)$, $(\gamma_2) = F\,(2)$, $(\gamma_3) = F\,(3)$,
$[F\,(1) = E\,(1) \cap U\,(1)$ usw.],

$$(\delta) = U\,(1) \cap U\,(2) \cap U\,(3),$$

$(\varepsilon_1) = E\,(1)$, $(\varepsilon_2) = E\,(2)$, $(\varepsilon_3) = E\,(3)$,
$(\zeta_1) = U\,(2) \cap U\,(3)$, $(\zeta_2) = U\,(1) \cap U\,(3)$, $(\zeta_3) = U\,(1) \cap U\,(2)$,
$(\eta_{12}) = U\,(3)$, $(\eta_{12}) = U\,(2)$, $(\eta_{23}) = U\,(1)$,
$(\iota_1) = P\,(1)$, $(\iota_2) = P\,(2)$, $(\iota_3) = P\,(3)$,
$[P\,(1) = E\,(1) \cap V\,(2) \cap V\,(3)$ usw.],
$(\varkappa_{12}) = E\,(1) \cap E\,(2) \cap V\,(3)$, $(\varkappa_{13}) = E\,(1) \cap E\,(3) \cap V\,(2)$,

$$(\varkappa_{23}) = E\,(2) \cap E\,(3) \cap V\,(1),$$

$(\lambda_{12}) = E\,(1) \cap V\,(3)$, $(\lambda_{13}) = E\,(1) \cap V\,(2)$, $(\lambda_{23}) = E\,(2) \cap V\,(1)$,
$(\lambda_{21}) = E\,(2) \cap V\,(3)$, $(\lambda_{31}) = E\,(3) \cap V\,(2)$, $(\lambda_{32}) = E\,(3) \cap V\,(1)$,
$(\mu_{12}) = V\,(3)$, $(\mu_{13}) = V\,(2)$, $(\mu_{23}) = V\,(1)$.

Vergeblich wäre es hingegen zu versuchen, für den Wunsch einer der 95, von diesen 32 verschiedenen Gruppen eine Darstellung als Durchschnitt von Gruppen $(!)_{i=1,2,3}$ zu suchen. Man kann nämlich beweisen, daß der Durchschnitt von irgendwelchen der 15 Gruppen $(!)_{i=1,2,3}$ den Abrundungsannahmen genügt. Auch kann man direkt beweisen, daß jeder solche Durchschnitt entweder mit dem System der von einer dieser 32 Gruppen zugelassenen Normen identisch oder leer ist, keinesfalls aber mit $(\vartheta) = (\triangle)_3$ oder einem der 94 nicht abgerundeten Wünsche identisch sein kann. Dies beruht darauf, daß allgemein, wenn n Normen $N_1, N_2, \ldots, N_n$ und ihre Disjunktivnormen, aber keine weiteren Vorschläge zur Regelung des Verhaltens V vorliegen, folgende drei Sätze gelten:

1. Für jede der Zahlen $i = 1, 2, \ldots, n$ bestehen zwischen den 5 Gruppen $(!)_i$ auf Grund der Definition dieser Gruppen und der bekannten Relationen zwischen Erlaubtheit, Pflicht usw. (S. 114) die Beziehungen:

$$E\,(i) \cap P\,(i) = P\,(i), \qquad V\,(i) \cap U\,(i) = V\,(i),$$
$$E\,(i) \cap U\,(i) = E\,(i) \cap F\,(i) = U\,(i) \cap F\,(i) = F\,(i),$$

während je zwei andere der fünf Gruppen $(!)_i$ fremd sind, d. h. keine Normen gemein haben und daher einen leeren Durchschnitt besitzen.

2. Sind i und j zwei verschiedene von den Zahlen $1, 2, \ldots, n$, so bestehen zwischen den fünf Gruppen $(!)_i$ und den fünf Gruppen $(!)_j$ entsprechend dem Umstand, daß die Verpflichtung zu dem N_i gemäßen Verhalten das Verbot des N_j gemäßen nach sich zieht, folgende Beziehungen:

$$P(i) \cap V(j) = P(i) \cap U(j) = P(i),$$
$$E(i) \cap E(j) = E(i) \cap F(j) = F(i) \cap F(j),$$
$$E(i) \cap U(j) = E(i) \qquad F(i) \cap U(j) = F(i);$$
die Durchschnitte $P(i) \cap E(j)$, $P(i) \cap F(j)$, $P(i) \cap P(j)$ sind leer.

3. Entsprechend der Annahme, daß $N_1, N_2, \ldots, N_n$ die *sämtlichen* zur Regelung von V vorgeschlagenen kategorischen Normen sind, so daß in jedem konkreten Fall das Verhalten V gemäß einer von ihnen eingerichtet werden muß, wird durch die Forderung, daß die Verhaltungsweisen, die irgend $n-1$ von diesen Normen entsprechen, verboten sein sollen, eo ipso auch gefordert, daß das der n-ten Norm entsprechende Verhalten Pflicht sei, d. h. es gilt
$$V(1) \cap V(2) \cap \ldots \cap V(i-1) \cap V(i+1) \cap \ldots \cap V(n) = P(i)$$
für jede der Zahlen $i = 1, 2, \ldots, n$.

Damit ist bewiesen, daß unter den zu den Normen $(\triangle)_3$ gehörigen 127 Gruppen die *33 Gruppen mit abgerundeten Wünschen* (d. h. die Gruppen der das Zwischen- und das Konjunktionsprinzip des Zulassens befolgenden Menschen) dadurch *gekennzeichnet* sind, daß, sofern ihre Mitglieder nicht hinsichtlich des Verhaltens V wunschlos sind, ihr Wunsch die Gesamtheit der Möglichkeiten nur dadurch beschränkt, daß sie gleichzeitig für eine oder mehrere der den Normen N_1, N_2, N_3 gemäßen Verhaltungsweisen eine bestimmte Erfassung fordern, mit anderen Worten: Diese 33 Gruppen sind dadurch gekennzeichnet, *daß ihre Wünsche sich als Durchschnitt von einer oder mehreren der 15 Gruppen* $(!)_{i=1,2,3}$ *darstellen lassen.*

Die Vermutung liegt nahe, daß dieser Satz auch gilt, wenn mehr als drei kategorische Normen zur Regelung von V vorliegen. In der Tat gilt er allgemein, wenn n Normen $N_1, N_2, \ldots, N_n$ und ihre Disjunktivnormen vorliegen, wo n irgendeine ganze Zahl bedeutet, jedoch nur, wenn wir in den Begriff des abgerundeten Wunsches neben der Befolgung von Zwischen- und Konjunktionsprinzip noch die Befolgung eines dritten Prinzips aufnehmen, welches wir als das *Disjunktivprinzip des Zulassens* bezeichnen wollen. Wir sagen, ein Mensch M befolge dieses Prinzip hinsichtlich des Verhaltens V, wenn folgendes gilt: *Sind $\mathfrak{N}'$ und $\mathfrak{N}''$ zwei Mengen von Normen für V, deren Durchschnitt nicht aus einer einzigen Norm besteht, und läßt M die Disjunktivnormen $D(\mathfrak{N}')$ und $D(\mathfrak{N}'')$ zu, so läßt er auch die Disjunktivnorm $(\mathfrak{N}' \cap \mathfrak{N}'')$ zu.* Es ist einem Mathematiker nicht schwer, das allgemeine Theorem zu beweisen, daß jede Normengruppe, welche sich als Durchschnitt der 5 n Gruppen $(!)_{i=1, 2, \ldots, n}$ darstellen läßt, das Zwischen-, das Konjunktions- und das Disjunktionsprinzip des Zulassens erfüllt und daß umgekehrt diejenigen von den $2^{2^n-1}-1$ Gruppen bestehend aus irgendwelchen von den n Normen N_1, $N_2, \ldots, N_n$ und ihren Disjunktivnormen (S. 141 f.), die das Zwischen-, das Konjunktions- und das Disjunktionsprinzip des Zulassens erfüllen, sich als Durchschnitt von einer oder mehreren der 5 n Gruppen $(!)_{i=1, 2, \ldots, n}$ darstellen lassen.

Für den Fall $n = 3$ mußte das Disjunktionsprinzip nicht eigens formuliert werden, weil es in diesem Fall von selbst erfüllt ist. Liegen nämlich im Falle $n = 3$ zwei Normenmengen $\mathfrak{N}$' und $\mathfrak{N}$'' vor, welche mehr als eine Norm gemein haben, so sind, wie man leicht einsieht, $\mathfrak{N}$' und $\mathfrak{N}$'' entweder identisch oder die eine Menge, etwa $\mathfrak{N}$', besteht aus zwei, die andere aus allen drei Normen N_1, N_2, N_3. In beiden Fällen ist der Durchschnitt $\mathfrak{N}' \cap \mathfrak{N}''$ mit $\mathfrak{N}$' identisch (im ersten Falle auch mit $\mathfrak{N}$''), so daß, wenn $D(\mathfrak{N}')$ von M zugelassen wird, eo ipso auch $D(\mathfrak{N}' \cap \mathfrak{N}'')$ von M zugelassen wird und M das Disjunktionsprinzip des Zulassens somit befolgt. Für $n = 4$ hingegen befolgen z.B. die Mitglieder der Gruppe (123, 124, 1234) das Zwischenprinzip und das Konjunktionsprinzip, aber nicht das Disjunktionsprinzip des Zulassens; denn nennen wir $\mathfrak{N}$' die aus N_1, N_2, N_3 bestehende Menge, $\mathfrak{N}$'' die aus N_1, N_2, N_4 bestehende Menge, so haben diese beiden Mengen zwei Normen, nämlich N_1 und N_2 gemein und ein Mitglied der betrachteten Gruppe läßt sowohl $D(\mathfrak{N}') = N_{123}$ als auch $D(\mathfrak{N}'') = N_{124}$, nicht aber $D(\mathfrak{N}' \cap \mathfrak{N}'') = N_{12}$ zu. Tatsächlich kann der Wunsch dieser Gruppe auch nicht als Durchschnitt irgendwelcher der 20 Gruppen $(!)_1$, $(!)_2$, $(!)_3$, $(!)_4$ dargestellt werden. Die Zahl 32767 von Gruppen, die zum System $(\triangle)_4$ gehören, das aus 4 kategorischen Normen und ihren sämtlichen Disjunktivnormen besteht, wird durch die erwähnte Annahme, daß die Wünsche aller Menschen abgerundet seien, auf 135 reduziert, d. h. es gibt bloß 135 unter diesen Gruppen, deren Mitglieder das Zwischen-, das Konjunktions- und das Disjunktionsprinzip des Zulassens befolgen.

Von besonderer Wichtigkeit ist folgender Umstand: Wenn n Normen $N_1, N_2, \ldots, N_n$ und keine weiteren zur Regelung eines Verhaltens V vorliegen, so muß man, um die ihnen entsprechenden Menschengruppen mit ihren wechselseitigen Beziehungen zu durchblicken, zunächst feststellen, welche logischen Beziehungen zwischen den n vorgeschlagenen Normen bestehen. Nehmen wir beispielsweise an, es sei $n = 7$. Wenn zwischen den 7 in diesem Fall vorliegenden Normen keine logischen Beziehungen bestehen, insbesondere also keine dieser 7 Normen eine Disjunktion von zwei oder mehreren der anderen 7 Normen ist, dann kann auf die $2^7 - 1$ zugehörigen Menschengruppen die eben entwickelte Theorie der Abrundung von Wünschen zur Reduktion der großen Gruppenzahlen natürlich nicht angewendet werden. Wenn dagegen 7 Normen vorliegen, zwischen denen logische Beziehungen bestehen, dann gestaltet sich der Überblick über die zugehörigen Menschengruppen und ihre Relationen zwar schwieriger, aber ihre Zahl ist unter gewissen plausiblen Annahmen im allgemeinen kleiner als 127. So stellen z. B. die Normen $(\triangle)_3$ ein System von 7 Normen dar, zwischen denen gewisse logische Bindungen bestehen, indem nämlich die 7 Normen das System aller aus 3 kategorischen Normen ableitbaren Disjunktivnormen sind, und in diesem Falle konnten wir die Zahl der zugehörigen Gruppen durch die Abrundungsannahmen von 127 auf 33 herunterdrücken. Von diesem Gesichtspunkt ist die im vorangehenden entwickelte Theorie der Systeme aller $2^n - 1$ Disjunktivnormen von n kategorischen Normen nichts anderes als die Untersuchung eines Systems von $2^n - 1$ Normen mit gewissen logischen Abhängigkeitsbeziehungen. Es ist natürlich auch durchaus möglich, daß zur Regelung eines Verhaltens n kategorische Normen und manche, aber nicht alle ihrer Disjunktivnormen vorgeschlagen werden. Dieser Fall liegt z. B. vor, wenn außer den kategorischen Normen nur die Freiheitsnorm N_0, welche die Disjunktion sämtlicher n kategorischen Normen ist, vorliegt. Diese logische Beziehung zwischen N_0 und den übrigen Normen ist der Grund, warum N_0 nicht ohne weiteres wie eine $(n + 1)$-te kategorische Norm behandelt werden kann.

Bemerkenswert ist dabei vielleicht noch, daß es ausschließlich auf die gegenseitigen logischen Beziehungen der insgesamt zur Regelung eines Verhaltens vorgeschlagenen Normen ankommt, nicht aber auf etwaige Beziehungen einzelner dieser Normen zu Normen, die als solche nicht vorgeschlagen wurden. Z. B. haben wir im Fall des Verhaltens am Sonntagmorgen neben der religiösen Norm N_1 und der sportlichen Norm N_3 die Norm N_2 der wissenschaftlichen oder künstlerischen Ausbildung betrachtet. Diese

letztere wäre in einem System, welches auch die Norm wissenschaftlicher Ausbildung und die Norm künstlerischer Ausbildung für sich enthält, natürlich eine Disjunktivnorm. Mit Bezug auf ein System aber, welches nur aus den angegebenen Normen N_1, N_2, N_3 und ihren Disjunktivnormen besteht, können wir auch N_2 als kategorische Norm betrachten.
Es erübrigt noch die Besprechung der Beziehungen zwischen den Gruppen, die in dieser Aufzeichnung behandelt wurden, und den Übereinstimmungsgruppen hinsichtlich n Normen $N_1, N_2, \ldots, N_n$ von S. 126. Wir können dann $3\,n$ Gruppen

$(^{**})_n$: $\mathfrak{M}_1^+, \mathfrak{M}_1^0, \mathfrak{M}_1^-, \mathfrak{M}_2^+, \mathfrak{M}_2^0, \mathfrak{M}_2^-, \ldots, \mathfrak{M}_n^+, \mathfrak{M}_n^0, \mathfrak{M}_n^-$

bilden, bestehend aus den Menschen des Kreises $\mathfrak{M}$, welche N_1 bzw. N_2 ... bzw. N_n billigend bzw. gleichgültig bzw. mißbilligend beurteilen. Jede der 3^n entsprechenden Übereinstimmungsgruppen hinsichtlich $N_1, N_2, \ldots, N_n$ ist Durchschnitt von einer der ersten drei, einer der zweiten drei, ... einer der n-ten drei der Gruppen $(^{**})_n$ (vgl. S. 136). In dieser dritten Aufzeichnung nun haben wir behandelt: das Zulassen einer Norm, die Forderung, daß das ihr gemäße Verhalten erlaubt sei, und die Forderung, daß das ihr gemäße Verhalten Pflicht sei, – was drei verschiedene Arten billigender Stellungnahme sind. Ebenso können Mißbilligung und Gleichgültigkeit in verschiedener Weise in die die Stellungnahme zu Normen feiner beschreibenden Begriffsbildungen dieser Aufzeichnung eingeordnet werden. Wir wollen hier nur die folgende Darstellung behandeln:

Billigung *Mißbilligung*	} von N_i ist gleichbedeutend mit der Forderung, daß das N_i gemäße Verhalten	{ *erlaubt* *verboten*	sei.

Gleichgültigkeit gegenüber N_i ist gleichbedeutend damit, daß das N_i gemäße Verhalten weder als erlaubt gefordert noch als verboten gefordert wird.
(Gleichgültigkeit ist bei dieser Deutung also per definitionem das Zusammenbestehen der Negation von Billigung und der Negation von Mißbilligung oder, was gleichbedeutend ist, die Negation der Alternative von Billigung und Mißbilligung, so daß N_i von jedem einzelnen entweder billigend oder mißbilligend oder gleichgültig beurteilt wird.) Und zwar beschränken wir uns auf die Untersuchung des Falles, daß drei Normen N_1, N_2, N_3 und ihre Disjunktivnormen, also die Normen $(\triangle)_3$ vorliegen und betrachten unter der Annahme, daß die Wünsche jedes Menschen abgerundet seien,

daß also $\mathfrak{M}$ in die 33 Gruppen $\alpha, \ldots, \mu_{23}$ zerfällt, die Beziehungen zwischen diesen Gruppen und den 27 aus den 9 Gruppen $(^{**})_3$ gebildeten Übereinstimmungsgruppen. Wir erhalten dann unter Berücksichtigung der Formeln von S. 156, wenn wir zur Abkürzung

$$\zeta_1 \cup \zeta_2 \cup \zeta_3 = \zeta, \qquad \eta_{12} \cup \eta_{13} \cup \eta_{23} = \eta$$

setzen, folgende Darstellung der Gruppen $(^{**})_3$ durch die Gruppen $\alpha, \ldots, \mu_{23}$:

$\mathfrak{M}_1^+ = \alpha \cup \beta_{12} \cup \beta_{13} \cup \gamma_1 \cup \varepsilon_1 \cup \iota_1 \cup \varkappa_{12} \cup \varkappa_{13} \cup \lambda_{12} \cup \lambda_{13}$,
$\mathfrak{M}_1^- = \iota_2 \cup \iota_3 \cup \varkappa_{23} \cup \lambda_{23} \cup \lambda_{32} \cup \mu_{23}$,
$\mathfrak{M}_1^0 = \beta_{23} \cup \gamma_2 \cup \gamma_3 \cup \delta \cup \varepsilon_2 \cup \varepsilon_3 \cup \zeta \cup \eta \cup \vartheta \cup \lambda_{21} \cup \lambda_{31} \cup \mu_{12} \cup \mu_{13}$,
$\mathfrak{M}_2^+ = \alpha \cup \beta_{12} \cup \beta_{23} \cup \gamma_2 \cup \varepsilon_2 \cup \iota_2 \cup \varkappa_{12} \cup \varkappa_{23} \cup \lambda_{21} \cup \lambda_{23}$,
$\mathfrak{M}_2^- = \iota_1 \cup \iota_3 \cup \varkappa_{13} \cup \lambda_{13} \cup \lambda_{31} \cup \mu_{13}$,
$\mathfrak{M}_2^0 = \beta_{13} \cup \gamma_1 \cup \gamma_3 \cup \delta \cup \varepsilon_1 \cup \varepsilon_3 \cup \zeta \cup \eta \cup \vartheta \cup \lambda_{12} \cup \lambda_{32} \cup \mu_{12} \cup \mu_{23}$,
$\mathfrak{M}_3^+ = \alpha \cup \beta_{13} \cup \beta_{23} \cup \gamma_3 \cup \varepsilon_3 \cup \iota_3 \cup \varkappa_{13} \cup \varkappa_{23} \cup \lambda_{31} \cup \lambda_{32}$,
$\mathfrak{M}_3^- = \iota_1 \cup \iota_2 \cup \varkappa_{12} \cup \lambda_{12} \cup \lambda_{21} \cup \mu_{12}$,
$\mathfrak{M}_3^0 = \beta_{12} \cup \gamma_1 \cup \gamma_2 \cup \delta \cup \varepsilon_1 \cup \varepsilon_2 \cup \zeta \cup \eta \cup \vartheta \cup \lambda_{13} \cup \lambda_{23} \cup \mu_{13} \cup \mu_{23}$.

Bei dieser Interpretation sind von den 27 Übereinstimmungsgruppen die vier folgenden leer:

$\mathfrak{M}_1^- \cap \mathfrak{M}_2^- \cap \mathfrak{M}_3^-$, $\mathfrak{M}_1^- \cap \mathfrak{M}_2^- \cap \mathfrak{M}_3^0$, $\mathfrak{M}_1^- \cap \mathfrak{M}_2^0 \cap \mathfrak{M}_3^-$, $\mathfrak{M}_1^0 \cap \mathfrak{M}_2^- \cap \mathfrak{M}_3^-$;

diese deshalb, weil bei der Auffassung des Mißbilligens als Forderung des Verbotes und beim Vorliegen von drei kategorischen Normen die Mißbilligung zweier Normen die Billigung der dritten nach sich zieht. Für die übrigen Übereinstimmungsgruppen ergeben sich folgende 23 Formeln:

$\mathfrak{M}_1^+ \cap \mathfrak{M}_2^+ \cap \mathfrak{M}_3^+ = \alpha$,
$\mathfrak{M}_1^+ \cap \mathfrak{M}_2^+ \cap \mathfrak{M}_3^- = \varkappa_{12}$ und zwei analoge Formeln für $\varkappa_{13}$ und $\varkappa_{23}$,
$\mathfrak{M}_1^+ \cap \mathfrak{M}_2^- \cap \mathfrak{M}_3^- = \iota_1$ und zwei analoge Formeln für ι_2 und ι_3,
$\mathfrak{M}_1^+ \cap \mathfrak{M}_2^+ \cap \mathfrak{M}_3^0 = \beta_{12}$ und zwei analoge Formeln für β_{13} und β_{23},
$\mathfrak{M}_1^+ \cap \mathfrak{M}_2^0 \cap \mathfrak{M}_3^0 = \gamma_1 \cup \varepsilon_1$ und zwei analoge Formeln für $\gamma_2 \cup \varepsilon_2$ und $\gamma_3 \cup \varepsilon_3$,
$\mathfrak{M}_1^- \cap \mathfrak{M}_2^0 \cap \mathfrak{M}_3^0 = \mu_{23}$ und zwei analoge Formeln für μ_{13} und μ_{12},
$\mathfrak{M}_1^+ \cap \mathfrak{M}_2^0 \cap \mathfrak{M}_3^- = \lambda_{12}$ und fünf analoge Formeln für $\lambda_{21}, \lambda_{13}, \lambda_{31}, \lambda_{23}, \lambda_{32}$,
$\mathfrak{M}_1^0 \cap \mathfrak{M}_2^0 \cap \mathfrak{M}_3^0 = \delta \cup \zeta \cup \eta \cup \vartheta$.

Zum Abschluß sei erwähnt, wie beim Vorliegen von n kategorischen Normen $N_1, N_2, \ldots, N_n$ und der Freiheitsnorm N_0 (aber von keinen weiteren Disjunktivnormen) die $2^{n+1}-1$ Gruppen $(^*)_n$ von S. 144 mit den Übereinstimmungsgruppen hinsichtlich N_1,

N_2, N_3 zusammenhängen. Im Falle $n = 3$ ergeben sich bei der erwähnten Interpretation der Billigung als Forderung nach Erlaubtheit und der Mißbilligung als Forderung nach Verbotenheit, wenn wir zur Abkürzung

$$(0, 1, 2) \cup (0, 1, 3) \cup (0, 2, 3) \cup (1, 2, 3) \cup (0, 1, 2, 3) = ((0))$$

setzen, folgende Formeln:

$\mathfrak{M}_1^+ = (1) \cup (0, 1) \cup (0)$ und analoge Formeln für $\mathfrak{M}_2^+$ und $\mathfrak{M}_3^+$,
$\mathfrak{M}_1^- = (2) \cup (3) \cup (2, 3)$ und analoge Formeln für $\mathfrak{M}_2^-$ und $\mathfrak{M}_3^-$,
$\mathfrak{M}_1^0 = (1, 2) \cup (1, 3) \cup (0, 2) \cup (0, 3) \cup ((0))$ und analoge Formeln für $\mathfrak{M}_2^0$ und $\mathfrak{M}_3^0$.

Von den 27 Übereinstimmungsgruppen sind in diesem Falle 16 leer. Für die 11 anderen ergeben sich folgende Formeln:

$\mathfrak{M}_1^+ \cup \mathfrak{M}_2^+ \cup \mathfrak{M}_3^+ = (0)$,
$\mathfrak{M}_1^+ \cup \mathfrak{M}_2^- \cup \mathfrak{M}_3^- = (1)$ und analoge Formeln für (2) und (3),
$\mathfrak{M}_1^+ \cup \mathfrak{M}_2^0 \cup \mathfrak{M}_3^0 = (0, 1)$ und analoge Formeln für (0, 2) und (0, 3),
$\mathfrak{M}_1^- \cup \mathfrak{M}_2^0 \cup \mathfrak{M}_3^0 = (2, 3)$ und analoge Formeln für (1, 3) und (1, 2),
$\mathfrak{M}_1^0 \cup \mathfrak{M}_2^0 \cup \mathfrak{M}_3^0 = ((0))$.

Man kann mühelos die entsprechenden Formeln für beliebiges n herleiten. Doch ergeben sie sich weder für $n = 3$ noch für größeres n aus den vorher betrachteten Formeln, die sich auf den Fall beziehen, daß das vollständige Disjunktivsystem aus n Normen vorliegt und die Wünsche aller Menschen abgerundet sind; denn manche der Gruppen $(^*)_n$, z. B. die Gruppe (0, 1), hat ja nicht abgerundete Wünsche und kommt daher z. B. unter den 33 Gruppen $\alpha, \ldots, \mu_{23}$ gar nicht vor.

Bemerkenswert ist in diesem Falle, wo die Freiheitsnorm, aber keine sonstige Disjunktivnorm vorliegt, vielleicht noch folgende andere Deutung, die wegen des erwähnten Unterschiedes für den Fall, daß ein vollständiges System von Disjunktivnormen vorliegt, unanwendbar wäre:

Billigung / *Mißbilligung*	von N_i ist gleichbedeutend mit der Forderung, daß das N_i gemäße Verhalten	*Pflicht* / *unerzwingbar*	sei,

Gleichgültigkeit gegenüber N_i ist gleichbedeutend damit, daß das N_i gemäße Verhalten weder als Pflicht noch als unerzwingbar gefordert wird.

Diese Interpretation führt für $n = 3$ zu folgenden Formeln:

$\mathfrak{M}_1^+ = (1)$, $\quad \mathfrak{M}_2^+ = (2)$, $\quad \mathfrak{M}_3^+ = (3)$.
$\mathfrak{M}_1^0 = (0, 1) \cup (1, 2) \cup (1, 3) \cup (0, 1, 2) \cup (0, 1, 3) \cup (1, 2, 3) \cup (0, 1, 2, 3)$,

$\mathfrak{M}_2^0 = (0, 2) \cup (1, 2) \cup (2, 3) \cup (0, 1, 2) \cup (0, 2, 3) \cup (1, 2, 3) \cup (0, 1, 2, 3)$,
$\mathfrak{M}_3^0 = (0, 3) \cup (1, 3) \cup (2, 3) \cup (0, 1, 3) \cup (0, 2, 3) \cup (1, 2, 3) \cup (0, 1, 2, 3)$,
$\mathfrak{M}_1^- = (0) \cup (2) \cup (3) \cup (0, 2) \cup (0, 3) \cup (2, 3) \cup (0, 2, 3)$,
$\mathfrak{M}_2^- = (0) \cup (1) \cup (3) \cup (0, 1) \cup (0, 3) \cup (1, 3) \cup (0, 1, 3)$,
$\mathfrak{M}_3^- = (0) \cup (1) \cup (2) \cup (0, 1) \cup (0, 2) \cup (1, 2) \cup (0, 1, 2)$.

In analoger Weise kann offenbar für jede Zahl n jeder der $3\,n$ Gruppen $(**)_n$ durch die $2^{n+1}-1$ Gruppen $(*)_n$ ausgedrückt werden. Die Gruppen $(*)_n$ können durch die Gruppen $(**)_n$ vermöge folgender Formeln ausgedrückt werden:

$(i) = \mathfrak{M}_i^+$ für jede der Zahlen $i = 1, 2, \ldots, n$,
$(0) = \mathfrak{M}_1^- \cap \mathfrak{M}_2^- \cap \ldots \cap \mathfrak{M}_n^-$,
$(0, i) = \mathfrak{M}_1^- \cap \mathfrak{M}_2^- \cap \ldots \cap \mathfrak{M}_{i-1}^- \cap \mathfrak{M}_i^0 \cap \mathfrak{M}_{i+1}^- \cap \ldots \cap \mathfrak{M}_n^-$ für $i = 1, 2, \ldots, n$;

ferner, wenn $i_1, i_2, \ldots, i_k$ irgend k von den Zahlen $1, 2, \ldots, n$ sind, wo k größer als 1 ist, und $j_1, j_2, \ldots, j_{n-k}$ die $n-k$ übrigen der Zahlen $1, 2, \ldots, n$ bezeichnen, durch die Formel:
$(i_1, i_2, \ldots, i_k) \cup (0, i_1, i_2, \ldots, i_k) = \mathfrak{M}_{i_1}^0 \cap \mathfrak{M}_{i_2}^0 \ldots \mathfrak{M}_{i_k}^0 \cap \mathfrak{M}_{j_1}^- \cap \mathfrak{M}_{j_2}^- \cap \ldots \cap \mathfrak{M}_{j_{n-k}}^-$.

Dies sind insgesamt $n + 1 + n + (2^n - n - 1) = 2^n + n$ Formeln.

Während also jeder der Gruppen $(**)_n$ durch die Gruppen $(*)_n$ ausgedrückt werden kann, können bei dieser Interpretation von Billigung und Mißbilligung nur $2\,n + 1$ von den Gruppen $(*)_n$, nämlich die Gruppen (0) und (i) und $(0, i)$ für $i = 1, 2, \ldots, n$ durch die Gruppen $(**)_n$ ausgedrückt werden; von den $2\,(2^n - n - 1)$ übrigen Gruppen $(*)_n$ hingegen sind nur gewisse Kombinationen, nämlich die Summen von Gruppenpaaren, durch die Gruppen $(**)_n$ ausdrückbar, was auf dem leicht beweisbaren Satz beruht, daß für jede Zahl k, die größer als 1 ist, und für je k von den Zahlen $1, 2, \ldots, n$, etwa für $i_1, i_2, \ldots, i_k$, die Mitglieder der Gruppe $(i_1, i_2, \ldots, i_k)$ hinsichtlich jeder der n Normen $N_1, N_2, \ldots, N_n$ genau die gleiche Stellung einnehmen wie die Mitglieder der Gruppe $(0, i_1, i_2, \ldots, i_k)$, nämlich die Normen $N_{i_1}, N_{i_2}, \ldots, N_{i_k}$ gleichgültig und jede der $n - k$ übrigen Normen mißbilligend beurteilen.

Man kann dies auch an einer Überlegung illustrieren, welche zugleich zeigt, wie man in einem Menschenkreis $\mathfrak{M}$ zur empirischen Feststellung der Gruppen $(**)_n$ und der Gruppen $(*)_n$ gelangen kann. Man gibt jedem Menschen des Kreises eine Liste der zur

Regelung des Verhaltens *V* vorgeschlagenen Normen in die Hand. Um die Gruppen $(**)_n$ zu bilden, hat man jeden einzelnen zu fragen, welche Stellung er hinsichtlich der einzelnen Normen einnimmt, ob er sie billigt, gleichgültig beurteilt oder mißbilligt, und kann danach die Menschen auf *n* Arten in je drei Gruppen teilen bestehend aus Menschen, die hinsichtlich der einzelnen Normen übereinstimmen, oder, wenn man will, in die 3^n Übereinstimmungsgruppen (S. 126). Um die Gruppen $(*)_n$ zu bilden, hat man jeden einzelnen zu fragen, welche Alternative von Normen oder Nichtregelung er hinsichtlich des Verhaltens *V* wünscht, und kann danach die Menschen in die $2^{n+1} - 1$ Gruppen $(*)_n$ zusammenfassen. Unser voriges Ergebnis besagt nun, daß man von jedem einzelnen, wenn man seine Antwort auf die zweite Frage kennt, aus rein logischen Erwägungen erschließen kann, wie seine Antwort auf die erste Frage lauten würde, während man aus seinen Antworten auf die erste Frage nicht völlig erschließen kann, wie seine Antwort auf die zweite Frage lauten würde. Dadurch, daß man die Antworten einmal offen, einmal geheim geben ließe, könnte man übrigens statistische Feststellungen über Heuchelei (S. 70, 75) hinsichtlich des Verhaltens *V* anstellen.

4. Die Forderungen des einzelnen an sich und an die anderen

Es kommt wiederholt vor, daß ein Mensch für seine eigene Person einer Norm gegenüber eine gewisse Stellung einnimmt, aber keinen Wert darauf legt, daß die Menschen seiner Umgebung dieser Norm gegenüber dieselbe Stellung einnehmen, oder gar Wert darauf legt, daß dieselben ihr gegenüber eine andere Stellung einnehmen. Im letzteren Falle würde also seine Vereinigung mit Menschen, welche seine Stellungnahme teilen, gar nicht seinen Wünschen entsprechen und die Bildung der durch ihn bestimmten Übereinstimmungsgruppe (S. 126) nicht die ihm zusagende Umgebung schaffen. Dieser Umstand, dessen Wichtigkeit schon daraus hervorgeht, daß der kategorische Imperativ in einem gewissen veräußerlichten Sinne gerade in der Forderung nach Übereinstimmung der selbst befolgten Normen mit den von den anderen geforderten Normen besteht, soll nun näher untersucht werden.
Wir beginnen mit einem ganz einfachen Beispiel. Es handle sich um die Norm, im Umgang mit Menschen stets gewisse Formen

der Höflichkeit zu wahren. Wir wollen einen Menschen, der sein eigenes Verhalten stets dieser Norm gemäß einrichtet, als *höflich*, jeden anderen, also jeden, der sein Verhalten nicht immer dieser Norm gemäß einrichtet, als *unhöflich* bezeichnen. Eine andere Einteilung der Menschen ist die in Menschen, welche Wert darauf legen, nur mit höflichen Menschen zu verkehren, und in solche, welchen die Höflichkeit der mit ihnen verkehrenden Menschen gleichgültig ist. Wir wollen, um eine kurze Ausdrucksweise zu haben, die ersteren Menschen *empfindlich*, die letzteren *unempfindlich* nennen. Diese beiden Einteilungen, die in höfliche und unhöfliche und die in empfindliche und unempfindliche, überschneiden sich, so daß vier Gruppen von Menschen entstehen:
a) die höflichen empfindlichen Menschen,
b) die höflichen unempfindlichen Menschen,
c) die unhöflichen empfindlichen Menschen,
d) die unhöflichen unempfindlichen Menschen.
Wie stellen sich nun, wenn wir von anderen Umständen als Höflichkeit der eigenen Person und der Umgebung absehen, die Beziehungen zwischen diesen vier Menschenkategorien? Folgendes ist klar:
1. Ein Mensch der Kategorie a hat keinen Einwand dagegen, mit anderen Menschen der Kategorie a sowie mit Menschen der Kategorie b zu verkehren, lehnt hingegen einen Verkehr mit Menschen der Kategorien c und d ab.
2. Ein Mensch der Kategorie b ist bereit, mit jedem Menschen der Kategorien a, b, c, d zu verkehren.
3. Ein Mensch der Kategorie c ist bereit, mit jedem Menschen der Kategorien a und b zu verkehren, lehnt dagegen den Verkehr mit anderen Menschen der Kategorie c sowie mit Menschen der Kategorie d ab.
4. Ein Mensch der Kategorie d ist bereit, mit jedem Menschen der Kategorien a, b, c, d zu verkehren.
Soll nun ein Verkehr zwischen zwei Menschen zustande kommen, so müssen *beide* hierzu bereit sein. Sehen wir zu, zwischen welchen Menschen dies zutrifft, so ergibt sich offenbar:
1. Ein Mensch der Kategorie a kann mit jedem anderen Menschen der Kategorie a und mit jedem Menschen der Kategorie b verkehren, hingegen nicht mit Menschen der Kategorien c und d.
2. Ein Mensch der Kategorie b kann mit jedem Menschen irgendeiner der Kategorien a, b, c, d verkehren.

3. Ein Mensch der Kategorie c kann mit jedem Menschen der Kategorie b verkehren, dagegen nicht mit anderen Menschen der Kategorie c und mit Menschen der Kategorien a und d.
4. Ein Mensch der Kategorie d kann mit jedem Menschen der Kategorie b und mit jedem anderen Menschen der Kategorie d verkehren.

Man kann diese Überlegungen leicht durch das folgende quadratische Schema (»Matrix«) ausdrücken:

	a	b	c	d
a	*	*	*	*
b	*	*	*	*
c		*		*
d		*		*

indem man in der Vertikalspalte, die a entspricht (d. h. unterhalb a steht), in denjenigen Horizontalreihen einen Stern setzt, welche einer Kategorie von Menschen entsprechen, mit denen jeder Mensch der Kategorie a zu verkehren *bereit* ist (d. h. in die Horizontalreihen, die mit a und b beginnen), ebenso in die Vertikalspalte unterhalb b in denjenigen Horizontalreihen einen Stern setzt, welche einer Kategorie von Menschen entsprechen, mit denen jeder Mensch der Kategorie b zu verkehren *bereit* ist (d. h. in jede Horizontalreihe) usw. Hierauf bildet man eine zweite Matrix

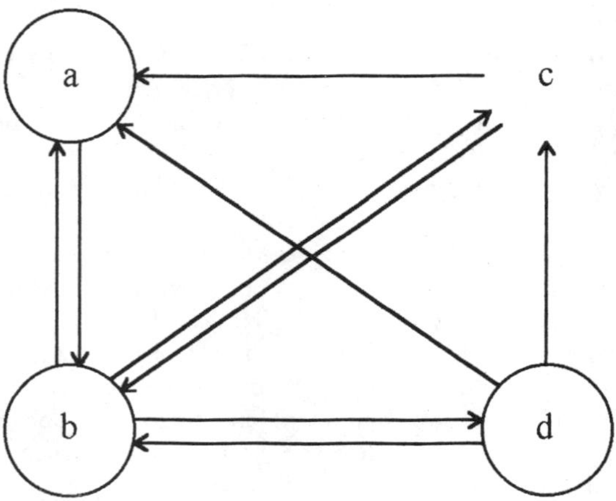

	a	b	c	d
a	v	v		
b	v	v	v	v
c		v		
d		v		v

in welcher man an eine bestimmte Stelle dann und nur dann ein v setzt, wenn jeder Mensch derjenigen Kategorie, die über der die betreffende Stelle enthaltenden Vertikalspalte vermerkt ist, mit jedem Menschen derjenigen Kategorie, die vor der die betreffende Stelle enthaltenden Horizontalreihe vermerkt ist, verkehren kann.
Diese zweite Matrix ist offenbar bezüglich ihrer von links oben nach rechts unten führenden Diagonale symmetrisch entsprechend dem selbstverständlichen Umstand, daß, wenn ein Verkehr zwischen einem Menschen und einem zweiten möglich ist, dann auch Verkehr zwischen dem zweiten und dem ersten möglich ist.
Entsprechend dem Umstand, daß Möglichkeit miteinander zu verkehren für zwei Menschen mit der beiderseitigen Bereitschaft zu verkehren gleichbedeutend ist, erhält man die zweite Matrix aus der ersten, indem man an jede Stelle der zweiten Matrix dann und nur dann ein v setzt, wenn in der ersten Matrix an der betreffenden Stelle und an der zu dieser Stelle bezüglich der erwähnten Diagonale symmetrischen Stelle ein * steht.
Graphisch kann man den ganzen Sachverhalt auch so veranschaulichen, daß man 4 Punkte *a, b, c, d* zeichnet und von einem ersten zu einem zweiten dann und nur dann einen Pfeil zieht, wenn jeder Mensch der ersten Kategorie bereit ist, mit jedem Menschen der zweiten Kategorie zu verkehren, ferner einen Punkt dann und nur dann einringelt, wenn jeder Mensch der betreffenden Kategorie mit jedem anderen Menschen der betreffenden Kategorie zu verkehren bereit ist.
Dieses Diagramm entspricht der ersten angegebenen Matrix. Ein der zweiten entsprechendes Diagramm erhält man, wenn man zwei Punkte dann und nur dann durch eine Strecke verbindet, falls sie im ersten Diagramm durch zwei Pfeile in beiden Richtungen verbunden sind.
Die durch Strecken in diesem zweiten Diagramm verbundenen Punkte entsprechen den Kategorien, zwischen denen Verkehr möglich ist.
Welche Gruppen von miteinander verkehrenden Menschen können also bestehen? Eine einfache Überlegung zeigt, daß man ein

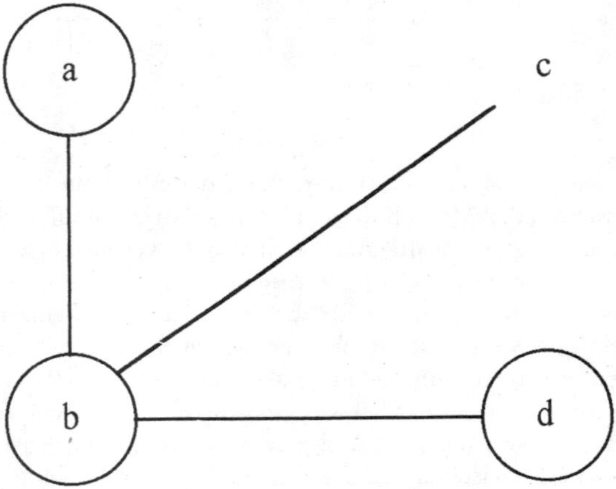

Beispiel einer solchen Gruppeneinteilung erhält, wenn man erstens sämtliche Menschen der Kategorie a in eine Gruppe zusammenfaßt, zweitens sämtliche Menschen der Kategorie d in eine zweite Gruppe zusammenfaßt, drittens für jeden einzelnen Menschen der Kategorie c eine eigene, nur aus ihm allein bestehende Gruppe bildet (zwei verschiedene Menschen der Gruppe c darf man ja nicht in eine Gruppe zusammenfassen, da sie nicht miteinander verkehren wollen!), womit also, wenn z die Anzahl der Menschen der Kategorie c ist, bisher $2 + z$ Gruppen gebildet sind, und wenn man schließlich viertens jeden Menschen der Kategorie b in irgendeine dieser $2 + z$ Gruppen einordnet, wobei es gleichgültig ist, ob man die Menschen der Kategorie b in dieselbe oder in verschiedene Gruppen einordnet, da ja jeder Mensch der Kategorie b mit jedem Menschen verkehren und daher in jede beliebige Gruppe eingeordnet werden kann.

Eine weitere leichte Überlegung führt zu einem Überblick über *die sämtlichen überhaupt möglichen Einteilungen* der Menschen in Gruppen, deren Mitglieder miteinander verkehren können (wobei zu bedenken ist, daß jede einzelne Gruppe jeder dieser Einteilungen zwar *nur* Menschen enthalten soll, die miteinander verkehren können, aber durchaus nicht *alle* Menschen zu enthalten braucht, die mit einem ihrer Mitglieder verkehren können). Jede solche Einteilung entsteht nämlich, indem man erstens die Menschen der Kategorie a in irgendeine Anzahl von Gruppen, etwa in n_1 Gruppen, verteilt und jeder dieser n_1 Gruppen eine beliebige Anzahl von Menschen der Kategorie b hinzufügt (wobei natürlich auch zugelassen wird, daß manchen oder allen dieser n_1 Gruppen kein Mensch der Kategorie b hinzugefügt wird), – indem man zweitens die Menschen der Kategorie d in eine beliebige Anzahl von Gruppen, etwa in n_2 Gruppen, verteilt und jeder dieser n_2 Gruppen eine beliebige Anzahl von Menschen der Kategorie b hinzufügt, – indem man drittens, wenn z die Anzahl der Menschen der Kategorie c ist, z Gruppen bildet, von denen jede aus genau einem Menschen der Kategorie c und einer beliebigen Anzahl von Menschen der Kategorie b besteht, – und indem man viertens die etwa noch vorhandenen Menschen der Kategorie b, die keiner der $n_1 + n_2 + z$ bereits gebildeten Gruppen eingereiht wurden, in eine beliebige Anzahl von Gruppen, etwa in n_3 Gruppen, verteilt. Insgesamt treten also bei dieser Einteilung $n_1 + n_2 + z + n_3$ Gruppen auf. Bei jeder Einteilung der Menschen in Gruppen, deren Mitglieder miteinander verkehren können, müssen nun, falls wirklich Menschen der Kategorien *a* und *d* vorhanden sind, wie man leicht zeigen kann, mindestens $2 + z$ Gruppen auftreten. Diese Minimalzahl ist, wie wir wissen, die Zahl der Gruppen, welche in den zuvor als Beispiel behandelten Einteilungen auftreten, für welche nämlich $n_1 = 1$ war, d. h. alle Menschen der Kategorie a in eine einzige Gruppe zusammengefaßt wurden, für welche ferner $n_2 = 1$ war, d. h. alle Menschen der Kategorie d in eine einzige Gruppe zusammengefaßt wurden, und für welche schließlich $n_3 = 0$ war, d. h. alle Menschen der Kategorie b in eine der $2 + z$ ersten Kategorien aufgeteilt wurden. Wie man sieht, gibt es nicht nur Einteilungen mit verschiedener Anzahl der auftretenden Gruppen, sondern im allgemeinen auch zahlreiche verschiedene Einteilungen, bei welchen die Mindestzahl $2 + z$ von Gruppen auftritt, und zwar unterscheiden sich diese Einteilungen voneinander nur dadurch, daß die Menschen der Kategorie b in verschiedener Weise auf die $2 + z$ Gruppen verteilt sind. Will man speziell eine solche Einteilung in $2 + z$ Gruppen herstellen, bei der die einzelnen Gruppen hinsichtlich ihrer Mitgliederzahl sich möglichst wenig voneinander unterscheiden, dann wird man die Menschen der Kategorie b vorwiegend auf die z Gruppen, die je einen Menschen der Kategorie c enthalten, in möglichst gleichmäßiger Weise verteilen. Will man hingegen die Menschen der Kategorie b auf die $2 + z$ Gruppen möglichst proportional ihrer son-

stigen Mitgliederzahl aufteilen, dann muß man im allgemeinen die meisten Menschen der Kategorie b den Gruppen bestehend aus Menschen der Kategorien a und d zuordnen, während die z Gruppen bestehend aus je einem Menschen der Kategorie c, wenn z eine größere Zahl ist, nur wenige oder unter Umständen gar keine Menschen der Kategorie b zugewiesen erhalten.
Dieses einfache Beispiel der Höflichkeitsnorm, dessen Betrachtung wir hiermit beschließen, hat formal zahlreiche völlige Analoga, z. B. hinsichtlich der Norm, gefällig zu sein, der Norm, seine äußere Erscheinung, Kleidung usw. zu pflegen, u. v. a. Vor allem aber führt es uns einige bemerkenswerte allgemeine Eigenschaften von Menschengruppen vor Augen. Wir wollen ganz allgemein, wenn es sich um Einteilung eines Menschenkreises in Gruppen handelt, zwei Menschen hinsichtlich der betreffenden Einteilung miteinander *verträglich* nennen, wenn jeder von ihnen bereit ist, mit dem anderen in eine Gruppe vereint zu werden. In unserem Beispiel sind miteinander verträglich diejenigen Menschen, die bereit sind, miteinander zu verkehren. Wie aus unserem Beispiel hervorgeht, sind zwei Menschen, die beide mit einem und demselben Dritten verträglich sind, nicht notwendig miteinander verträglich; sowohl ein Mensch der Kategorie a als auch ein Mensch der Kategorie c ist mit einem Menschen der Kategorie b verträglich, während sie miteinander nicht verträglich sind. Gleich der S. 105 betrachteten Relation, nicht gegensätzlich zu sein, ist also auch die Relation, verträglich zu sein, nicht transitiv. Allgemein heiße eine Gruppe von Menschen eine *Verträglichkeitsgruppe* hinsichtlich einer gewissen Einteilung, wenn je zwei ihrer Mitglieder hinsichtlich der betreffenden Einteilung miteinander verträglich sind.
Wir wollen ferner einen Menschen *selbstverträglich* nennen, wenn er mit jedem mit ihm übereinstimmenden Menschen, d. h. mit jedem Menschen, der gegenüber allen Normen dieselbe Stellung wie er einnimmt, verträglich ist, wobei natürlich auch dieser Begriff auf Übereinstimmung hinsichtlich eines gewissen Normenbereiches und auf gewisse Einteilungen eingeschränkt werden kann. In unserem Beispiel sind die Menschen der Kategorien a, b, d hinsichtlich der Höflichkeitsnorm selbstverträglich, die der Kategorie c nicht selbstverträglich, da ja zwei Menschen der Kategorie c nicht verträglich sind, d. h. nicht miteinander verkehren wollen.

Nehmen wir ganz allgemein an, daß in einem Menschenkreise eine Kategorie U von miteinander übereinstimmenden, aber nicht selbstverträglichen Menschen vorhanden sei und daß alle übrigen Menschen des Kreises bereits in irgendwelche Verträglichkeitsgruppen verteilt seien! Sollen nun auch die Menschen der Kategorie U unter Wahrung der im übrigen bereits hergestellten Verträglichkeitsgruppen in Verträglichkeitsgruppen verteilt werden, so ist dies offenbar nur so möglich, daß jede der bereits hergestellten Verträglichkeitsgruppen, sofern ihre Mitglieder mit Menschen der Kategorie U verträglich sind, einen einzigen Menschen der Kategorie U aufnimmt oder manche keinen, falls nämlich die Zahl der Menschen der Kategorie U kleiner sein sollte als die Zahl der mit ihnen verträglichen sonstigen Verträglichkeitsgruppen. Wenn jedoch die Kategorie U mehr Mitglieder enthält, als unter den übrigen Menschen für sie aufnahmebereite Verträglichkeitsgruppen bestehen, so kann der Überschuß der Menschen der Kategorie U offenbar nur *isoliert*, d.h. so existieren, daß jeder für sich eine Verträglichkeitsgruppe bildet. Wir können also sagen: *Massenhaft auftretende nicht selbstverträgliche Menschen können nach bereits erfolgter Bildung von Verträglichkeitsgruppen der übrigen Menschen größtenteils nur isoliert existieren.* Beginnt man dagegen die Aufteilung des Menschenkreises mit den Menschen der erwähnten Kategorie U von untereinander übereinstimmenden, aber nicht selbstverträglichen Menschen, so kann nach Maßgabe des Vorhandenseins von Menschen, die mit den Menschen der Kategorie U verträglich sind, zu jedem Menschen von U eine Verträglichkeitsgruppe gebildet werden, in der er das einzige U angehörende Mitglied ist. Immerhin werden auch in diesem Fall bei großer Mitgliederzahl der Gruppe U notwendigerweise die um die einzelnen Mitglieder von U herum gebildeten Gruppen vielfach nur wenige Mitglieder enthalten können. Isolierte Existenz und auch Existenz in sehr kleinen Gruppen ist aber etwas vielen Menschen sehr Unerwünschtes. Aus unseren Bemerkungen geht nun hervor: *Wenn ein bestimmtes nicht selbstverträgliches Verhalten bei einer größeren Zahl von Menschen auftritt, die auf das Leben in größeren Gruppen Wert legen, so muß der Großteil dieser Menschen sein Verhalten aufgeben oder abändern.* Anderseits sieht man natürlich auch folgendes: *Liegt eine irgendwelchen Prinzipien gemäße Einteilung eines Menschenkreises in kleine Gruppen vor, so kann innerhalb jeder Gruppe ein Mitglied existieren, des-*

sen auf die Mitglieder seiner Gruppe bezügliches Verhalten nicht selbstverträglich ist. Ein Beispiel hierfür liefert ein aus Familien aufgebauter Menschenkreis bei patriarchalischer Familienorganisation.

Im Falle der Höflichkeitsnorm ergaben sich als die einzigen nicht selbstverträglichen Menschen die der Kategorie *c* und wir sahen, daß, wenn ihre Anzahl z ist, der Menschenkreis in 2 + z Verträglichkeitsgruppen zerlegt werden kann. *Sieht man im Falle der Höflichkeitsnorm oder verwandter Normen von den nicht selbstverträglichen Menschen ab*, was formal darauf hinausläuft, daß man z = 0 setzt, *so kann man den Menschenkreis in zwei Verträglichkeitsgruppen zerlegen.*

Wir wollen weiter einen Menschen *schlicht* nennen, wenn er von seiner Umgebung dieselbe Stellungnahme gegenüber den Normen wünscht, die er selbst einnimmt, wobei natürlich dieser Begriff der Schlichtheit auch mit Bezug auf ein bestimmtes Normensystem oder eine Einzelnorm formuliert werden kann. In gewissem Sinne kann man offenbar sagen, daß schlicht gerade diejenigen Menschen seien, die den kategorischen Imperativ befolgen. Ganz allgemein ist klar, *daß jeder schlichte Mensch selbstverträglich ist.* Tatsächlich sind in unserem Beispiel schlicht die Menschen der Kategorien a und d, und dieselben sind auch selbstverträglich, während die einzigen nicht selbstverträglichen Menschen, nämlich die Menschen der Kategorie c, nicht schlicht sind. Zugleich zeigt aber unser Beispiel, daß der angeführte Satz nicht etwa dahin umkehrbar ist, daß jeder selbstverträgliche Mensch schlicht wäre. Denn die Menschen der Kategorie b sind selbstverträglich, ohne schlicht zu sein. Ferner geht aus dem Beispiele hervor, daß nicht notwendig je zwei schlichte Menschen miteinander verträglich sind; ein Mensch der Kategorie a und ein Mensch der Kategorie d sind beide schlicht und doch miteinander nicht verträglich. Wir sehen also: *Will man allgemeine Verträglichkeit der Menschen erreichen, so ist der kategorische Imperativ keine hinreichende Vorschrift, da ja schlichte Menschen nicht miteinander verträglich sein müssen. Anderseits ist, wenn man bloß gewisse Verhaltungsweisen ausschalten will, die sich in größerer Zahl in größere Gemeinschaften nicht einordnen lassen, der kategorische Imperativ keine notwendige Bedingung, da ja ein Mensch, der nicht schlicht ist, darum einer Einordnung in größere Gruppen durchaus nicht unfähig sein muß.* Eine diesbezügliche Vorschrift wird vielmehr, wie wir sahen, bereits durch den Begriff der Selbstverträglichkeit geliefert, der, wie wir eben erwähnten, etwas enger ist als der der Schlichtheit.

In unserem Beispiel haben die Menschen der Kategorien b und d die Eigenschaft, daß sie bereit sind, mit jedem Menschen sich in eine Gruppe vereinigen zu lassen. Menschen dieser Art wollen wir ganz allgemein als *allvertragend* bezeichnen. Die Menschen der Kategorien a und b haben die Eigenschaft, daß jeder Mensch bereit ist, sich mit ihnen in eine Gruppe vereinigen zu lassen. Menschen dieser Art wollen wir ganz allgemein als *allvertragen* bezeichnen. Offenbar hat ein Mensch dann und nur dann, wenn er sowohl allvertragend als auch allvertragen ist, die Eigenschaft, daß er mit jedem anderen Menschen verträglich ist. Solche Menschen wollen wir *allverträglich* nennen. Hier ist allerdings eine wichtige Bemerkung einzuschalten. Die Eigenschaften allvertragend, allvertragen und allverträglich mit Bezug auf bestimmte Normen zu sein, können entweder *absolut* gefaßt werden, d. h. in dem Sinn, daß sie sich auf das Vertragen, das Vertragenwerden und die Verträglichkeit hinsichtlich aller Menschen irgendeiner denkbaren Stellungnahme gegenüber den betreffenden Normen beziehen, oder *relativ zu einem bestimmten Menschenkreis*, in welchem Menschen irgendwelcher denkbaren Stellungnahme gegenüber den betreffenden Normen fehlen können. In unserem Beispiel sind die Menschen der Kategorie b die einzigen, welche mit allen Menschen irgendeiner denkbaren Stellungnahme gegenüber der Höflichkeitsnorm verträglich sind, was von den Menschen der Kategorie a nicht behauptet werden kann, da sie ja Menschen der Kategorien c und d nicht vertragen. Wenn nun aber in einem bestimmten Menschenkreis keine Menschen der Kategorien c und d auftreten, so sind neben den Menschen der Kategorie b mit Bezug auf diesen Menschenkreis auch die Menschen der Kategorie a allverträglich.

Wenn es sich darum handelt, einen Menschenkreis in Verträglichkeitsgruppen zu verteilen, so kann man von den etwaigen mit Bezug auf diesen Menschenkreis allverträglichen Menschen ganz absehen und hat nur die übrigen in Verträglichkeitsgruppen einzuteilen. Wie immer man dann die allverträglichen Menschen in diese Gruppen oder in eigene Zusatzgruppen verteilt, so wird doch stets eine Einteilung in Verträglichkeitsgruppen entstehen. Für den Fall unseres Beispieles stimmt dies mit den früheren Ausführungen überein. In Übereinstimmung mit dem oben Gesagten sei noch erwähnt, daß schlichte Menschen im allgemeinen nicht allverträglich sind. In unserem Beispiele sind schlicht die Menschen der Kategorien a und d; die der Kategorie a sind nicht allvertragend, die der Kategorie d nicht allvertragen; kein schlichter Mensch unseres Beispieles ist also absolut allverträglich und keiner ist allverträglich mit Bezug auf den betreffenden Menschenkreis, wofern in demselben mindestens je ein Mensch der Kategorien a und d wirklich auftritt.

Eine diese Betrachtungen umfassende und verallgemeinernde Überlegung kann man anknüpfend an die Ausführungen der vorigen Aufzeichnung anstellen. Es mögen in einem Menschenkreis $\mathfrak{M}$ einige Normen zur Regelung eines Verhaltens *V* vorgeschlagen sein. Die Gesamtheit dieser Normen heiße $\mathfrak{N}$ (*V*). Während die vorige Aufzeichnung Folgerungen aus der Annahme entwickelte, daß jeder Mensch eines Kreises $\mathfrak{M}$ manche von den Normen von $\mathfrak{N}$ (*V*) zuläßt, die anderen nicht, machen wir nun die verfeinerte Annahme, daß jeder Mensch *M* erstens *für seine eigene Person* manche von den vorliegenden Normen zuläßt (und zwar nur solche, welche mindestens ein ihm für seine eigene Person genehmes Verhalten erlauben), die anderen dagegen nicht, und daß *M* zweitens *für die Fremden* manche von den vorliegenden Normen zuläßt (und zwar nur solche, welche alle ihm bei seiner Umwelt nicht genehmen Verhaltungsweisen verbieten), die anderen dagegen nicht. Die Menge aller von *M* für die eigene Person bzw. für die Fremden hinsichtlich *V* zugelassenen Normen heiße $\mathfrak{N}^e_M$ (*V*) bzw. $\mathfrak{N}^f_M$ (*V*). *Schlicht* hinsichtlich *V* ist der früheren Definition zufolge ein Mensch *M* dann und nur dann, wenn $\mathfrak{N}^e_M$ (*V*) = $\mathfrak{N}^f_M$ (*V*) gilt, *allvertragend* im absoluten Sinne, wenn $\mathfrak{N}^f_M$ (*V*) = $\mathfrak{N}$ (*V*) gilt, *allvertragen* im Menschenkreise $\mathfrak{M}$, wenn $\mathfrak{N}^e_M$ (*V*) für jeden von *M* verschiedenen Menschen *M'* von $\mathfrak{M}$ Teil von $\mathfrak{N}^f_{M'}$ (*V*) ist, usw.

Daß ein Mensch für sich selbst *nur* Normen zuläßt, die mindestens ein ihm für seine eigene Person zusagendes Verhalten gestatten, und ebenso, daß er für die Fremden *nur* solche Normen zuläßt, die alle ihm bei den Fremden unangenehmen Verhalten verbieten, das konnten wir hier, wo wir von größerer oder geringerer Vorliebe des einzelnen für die von ihm zugelassenen Normen absehen, ohne weiteres annehmen. Ähnlich den in der vorigen Aufzeichnung behandelten Prinzipien zur Abrundung von Wünschen wollen wir nun aber auch die beiden folgenden Annahmen machen:

1. Jeder Mensch läßt für seine Person *alle* diejenigen Normen zu, welche mindestens ein ihm für seine eigene Person zusagendes Verhalten gestatten.

2. Jeder Mensch läßt für die Fremden *alle* diejenigen Normen zu, welche alle ihm bei den Fremden nicht genehmen Verhaltungsweisen verbieten.

Aus diesen Annahmen ergeben sich unmittelbar die folgenden Sätze:

3. *Ist $\mathfrak{N}'$ eine Teilmenge von $\mathfrak{N}$ (V)*, d. h. irgendeine Menge von Normen für *V und läßt M für seine eigene Person die Disjunktivnorm D ($\mathfrak{N}'$) zu, so läßt M, wenn $\mathfrak{N}'$ irgendeine Teilmenge von $\mathfrak{N}''$ ist, für die eigene Person auch D ($\mathfrak{N}''$) zu*, da diese Norm ja alle vermöge *D* ($\mathfrak{N}'$) erlaubten Verhaltungsweisen, insbesondere also auch ein *M* für seine eigene Person genehmes Verhalten erlaubt.

4. *Ist $\mathfrak{N}'$ eine Teilmenge von $\mathfrak{N}$ (V) und läßt M für die Fremden die Disjunktivnorm D ($\mathfrak{N}'$) zu, so läßt M, wenn $\mathfrak{N}''$ eine Teilmenge von $\mathfrak{N}'$ ist, für die Fremden auch D ($\mathfrak{N}''$) zu*, da diese Norm ja alle vermöge *D* ($\mathfrak{N}'$) verbotenen Verhaltungsweisen, insbesondere also auch alle *M* bei seiner Umwelt nicht genehmen, verbietet.

5. *Sind $\mathfrak{N}'$ und $\mathfrak{N}''$ zwei Teilmengen von $\mathfrak{N}$ (V) und läßt M für die Fremden D ($\mathfrak{N}'$) und D ($\mathfrak{N}''$) zu, so läßt er für die Fremden auch D ($\mathfrak{N}' \cup \mathfrak{N}''$) zu.* Andernfalls würde nämlich nach Annahme 2 die Norm *D* ($\mathfrak{N}' \cup \mathfrak{N}''$) irgendwelche *M* bei seiner Umwelt nicht genehmen Verhaltungsweisen erlauben; dann aber müßte auch mindestens eine der Normen *D* ($\mathfrak{N}'$) und *D* ($\mathfrak{N}''$) eine solche erlauben, was nicht der Fall ist, da *M* sie für die Fremden zuläßt.

Diese Sätze, insbesondere Satz 5, geben keine ausnahmslosen empirischen Regelmäßigkeiten wieder. Es kommt z. B., wenn ein Menschenkreis bis auf wenige Wankelmütige in zwei einander bekämpfende Gruppen gespalten ist, bisweilen vor, daß ein Mensch *M*, der einer dieser beiden Gruppen angehört, in seiner Umgebung sowohl Mitglieder der eigenen als auch Mitglieder der gegnerischen Gruppe, aber keinen der wenigen Wankelmütigen duldet. Dieses Verhalten entspricht nicht dem Satz 5. Da derselbe aus der Annahme 2 hergeleitet ist, so ist also auch diese nicht ausnahmslos, sondern nur im großen ganzen erfüllt und ermöglicht daher bloß eine näherungsweise Beschreibung des tatsächlichen menschlichen Verhaltens. Der Grund dafür liegt darin, daß manche Menschen hinsichtlich ihrer Umgebung *Gleichförmigkeit* und *zeitliche Beständigkeit* des Verhaltens wünschen, obwohl sie hinsichtlich der *Art* dieses Verhaltens mehrere Möglichkeiten zulassen. Die entsprechende Disjunktivnorm aber würde weder Gleichartigkeit bei verschiedenen Menschen noch Beständigkeit des einzelnen gewährleisten.

Die Menge derjenigen Normen hinsichtlich V, die ein Mensch sowohl für die eigene Person als auch für die Fremden zuläßt, d. h. der Durchschnitt $\mathfrak{N}^e_M(V) \cap \mathfrak{N}^f_M(V)$, ist offenbar die Menge der von M hinsichtlich V tatsächlich zugelassenen Normen und soll daher so wie in der vorigen Aufzeichnung $\mathfrak{N}_M(V)$ genannt werden. Während wir aber dort angenommen hatten, daß diese Menge nicht leer ist, was nun bedeuten würde, daß für jeden Menschen M mindestens eine Norm existiert, welche M sowohl für die eigene Person als auch für die Fremden zuläßt, lassen wir im folgenden auch den Fall zu, daß diese Menge leer ist.

Wir wollen zwei Menschen M und M' hinsichtlich des Verhaltens V *völlig übereinstimmend* nennen, wenn

$$\mathfrak{N}^e_M(V) = \mathfrak{N}^e_{M'}(V) \text{ und } \mathfrak{N}^f_M(V) = \mathfrak{N}^f_{M'}(V)$$

gilt. Ist die Menge $\mathfrak{N}_M(V)$ leer und M' mit M hinsichtlich V völlig übereinstimmend, so sind M und M' nicht verträglich. Denn jede Norm hinsichtlich V, die M' für die Fremden, also z. B. für M zuläßt, wird ja (ihrer völligen Übereinstimmung wegen) auch von M für die Fremden zugelassen und kommt daher, da $\mathfrak{N}_M(V)$ leer ist, nicht unter den von M für die eigene Person zugelassenen Normen vor. Wir sehen mithin: Ein Mensch M, für den $\mathfrak{N}_M(V)$ leer ist, ist nicht selbstverträglich. Enthält anderseits $\mathfrak{N}_M(V)$ irgendeine Norm N und ist M' mit M hinsichtlich V völlig übereinstimmend, so ist N in der Verträglichkeitsbasis (S. 145) von M und M' hinsichtlich V enthalten, so daß also M und M' hinsichtlich V verträglich sind und folglich M hinsichtlich V selbstverträglich ist. Wir haben also bewiesen: *Hinsichtlich V selbstverträglich ist ein Mensch M dann und nur dann, wenn $\mathfrak{N}_M(V)$ nicht leer ist.*

Wir verdeutlichen alle behandelten Begriffe wieder am Beispiel, daß drei logisch unabhängige Normen N_1, N_2, N_3 und ihre Disjunktivnormen, also die 7 Normen $(\triangle)_3$ von S. 149 f. und keine weiteren Normen für das Verhalten V vorliegen. Auf Grund von Satz 1 zerfällt dann $\mathfrak{M}$ in folgende 18 Gruppen: e (1) bestehend aus allen denjenigen Menschen, welche für die eigene Person immer gemäß N_1 handeln wollen und daher nach Annahme 1 die

Normen N_1, N_{12}, N_{13}, N_{123} und keine anderen zulassen; entsprechend definieren wir *e* (2) und *e* (3); ferner *e* (12) bestehend aus denjenigen Menschen, welche für die eigene Person bald gemäß N_1, bald gemäß N_2 handeln wollen und daher nur die Normen N_{12} und N_{123} zulassen; entsprechend definieren wir die Gruppen *e* (13), *e* (23) und *e* (123), welch letztere Gruppe aus denjenigen Menschen besteht, die für ihre eigene Person nur N_{123} zulassen. Mit *e* (1, 2) bezeichnen wir die Gruppe derjenigen, welche für ihre eigene Person sowohl ein N_1 gemäßes als auch ein N_2 gemäßes Verhalten und daher nach Annahme 1 die Normen N_1, N_2, N_{12}, N_{13}, N_{23}, N_{123} zulassen; entsprechend definieren wir die Gruppen *e* (1, 3), *e* (2, 3); mit *e* (1, 23) bezeichnen wir die Gruppe aller derjenigen, welche für die eigene Person sowohl das N_1 gemäße als auch das bald N_2, bald N_3 gemäße Verhalten und demnach die Normen N_1, N_{23}, N_{12}, N_{13}, N_{123} zulassen; entsprechend definieren wir die Gruppen *e* (2, 13), *e* (3, 12), *e* (12, 13), *e* (12, 23), *e* (13, 23), *e* (12, 13, 23) und *e* (1, 2, 3), welch letztere aus den für die eigene Person hinsichtlich *V* wunschlosen Menschen besteht.
Anderseits zerfällt $\mathfrak{M}$ auf Grund der Sätze 2, 4 und 5 in folgende 7 Gruppen: *f* (1) bestehend aus denjenigen, welche wünschen, daß ihre Mitmenschen sich gemäß N_1 verhalten, und entsprechend definierte Gruppen *f* (2) und *f* (3); ferner *f* (1, 2) bestehend aus denjenigen, welche für ihre Mitmenschen die Normen N_1, N_2, N_{12}, aber keine anderen zulassen und entsprechende Gruppen *f* (1, 3) und *f* (2, 3) und schließlich eine Gruppe *f* (1, 2, 3) bestehend aus den für ihre Mitmenschen jede Regelung des Verhaltens *V* zulassenden Menschen, welche wir hinsichtlich *V tolerant* nennen wollen.
Diese 18-Teilung und diese 7-Teilung von $\mathfrak{M}$ überschneiden einander und zerlegen $\mathfrak{M}$ in $18 \cdot 7 = 126$ Durchschnittsgruppen. Es sei nun *e* irgendeine bestimmte von den Gruppen der 18-Teilung, *f* eine bestimmte von den Gruppen der 7-Teilung. Die Mitglieder der Durchschnittsgruppe $e \cap f$ lassen offenbar alle diejenigen und nur diejenigen Normen hinsichtlich *V* zu, welche sowohl von den Mitgliedern von *e* als auch von den Mitgliedern von *f* zugelassen werden. Es kann sein, daß es keine derartige Norm gibt, was, wie wir wissen, dann und nur dann der Fall ist, wenn die Mitglieder von $e \cap f$ hinsichtlich *V* nicht selbstverträglich sind (z. B. lassen die Mitglieder von *e* (1) nur N_1, N_{12}, N_{13}, N_{123}, die von *f* (2) nur N_2 zu, die des Durchschnittes $e(1) \cap f(2)$ sind hinsichtlich *V* nicht

selbstverträglich). Liegt dieser Fall nicht vor, so stellt sich heraus, daß das System der von den Mitgliedern der Durchschnittsgruppe $e \cap f$ zugelassenen Normen identisch ist mit dem System der Normen, welche von den Mitgliedern einer bestimmten der 33 Gruppen $\alpha, \ldots, \mu_{23}$ von S. 153 f. zugelassen werden. Nun umfaßt jede einzelne dieser 33 Gruppen, wenn *M* irgendeines ihrer Mitglieder ist, *alle* Menschen, für welche das System der von ihnen zugelassenen Normen mit dem System der von *M* zugelassenen Normen identisch ist. Unter Berücksichtigung dieses Umstandes folgt aus dem Gesagten, daß jede Durchschnittsgruppe $e \cap f$, falls ihre Mitglieder hinsichtlich *V* selbstverträglich sind, Teil einer der 33 Gruppen $\alpha, \ldots, \mu_{23}$ ist. Um die Verhältnisse für die 126 Gruppen zu überblicken, stellen wir eine Tabelle zusammen, indem wir senkrecht die 18 Gruppen *e* ( ) und waagrecht die 7 Gruppen *f* ( ) auftragen. In den Schnitt einer Horizontalreihe mit einer Vertikalspalte setzen wir o, wenn die Mitglieder des Durchschnittes der betreffenden Gruppe *e* ( ) und der betreffenden Gruppe *f* ( ) hinsichtlich *V* nicht selbstverträglich sind, andernfalls aber das Symbol derjenigen der 33 Gruppen $\alpha, \ldots, \mu_{23}$, in welcher die Durchschnittsgruppe als Teil enthalten ist.

	f (1)	*f* (2)	*f* (3)	*f* (1, 2)	*f* (1, 3)	*f* (2, 3)	*f* (1, 2, 3)
e (1)	ι_1	o	o	λ_{12}	λ_{13}	o	ε_1
e (2)	o	ι_2	o	λ_{21}	o	λ_{23}	ε_2
e (3)	o	o	ι_3	o	λ_{31}	λ_{32}	ε_3
e (12)	o	o	o	$\varkappa_{12}$	o	o	β_{12}
e (13)	o	o	o	o	$\varkappa_{13}$	o	β_{13}
e (23)	o	o	o	o	o	λ_{23}	β_{23}
e (123)	o	o	o	o	o	o	α
e (1, 2)	ι_1	ι_2	o	μ_{12}	λ_{13}	λ_{23}	η_{12}
e (1, 3)	ι_1	o	ι_3	λ_{12}	μ_{13}	λ_{32}	η_{13}
e (2, 3)	o	ι_2	ι_3	λ_{21}	λ_{31}	μ_{23}	η_{23}
e (1, 23)	ι_1	o	o	λ_{12}	λ_{13}	$\varkappa_{23}$	ζ_1
e (2, 13)	o	ι_2	o	λ_{21}	$\varkappa_{13}$	λ_{23}	ζ_2
e (3, 12)	o	o	ι_3	$\varkappa_{12}$	λ_{31}	λ_{32}	ζ_3
e (12, 13)	o	o	o	$\varkappa_{12}$	$\varkappa_{13}$	o	γ_1
e (12, 23)	o	o	o	$\varkappa_{12}$	o	$\varkappa_{23}$	γ_2
e (13, 23)	o	o	o	o	$\varkappa_{13}$	$\varkappa_{23}$	γ_3
e (12, 13, 23) . .	o	o	o	$\varkappa_{12}$	$\varkappa_{13}$	$\varkappa_{23}$	δ
e (1, 2, 3)	ι_1	ι_2	ι_3	μ_{12}	μ_{13}	μ_{23}	ϑ

Beispielsweise bedeutet das λ_{13}, welches im Schnitt der e (1, 2) entsprechenden Zeile und der f (1, 3) entsprechenden Spalte steht, daß die Menschen des Durchschnittes der Gruppen e (1, 2) und f (1, 3) ganz dieselben Normen zulassen wie die Mitglieder der Gruppe λ_{13}, daß also $e(1, 2) \cap f(1, 3)$ ein Teil der Gruppe λ_{13} ist. Ebenso sieht man, daß $e(1) \cap f(1, 3)$ und $e(1, 23) \cap f(1, 3)$ Teile von λ_{13} sind, dagegen kein sonstiger Durchschnitt Teil von λ_{13} ist. Wenn wir bedenken, daß die $18 \cdot 7 = 126$ Durchschnittsgruppen den ganzen Menschenkreis $\mathfrak{M}$ erschöpfen, d. h. daß jeder Mensch von $\mathfrak{M}$ genau einer dieser 126 Gruppen angehört, so sehen wir, daß λ_{13} durch die drei erwähnten Durchschnittsgruppen erschöpft wird, daß also die Formel gilt:

$$\lambda_{13} = (e(1, 2) \cap f(1, 3)) \cup (e(1) \cap f(1, 3)) \cup (e(1, 23) \cap f(1, 3)).$$

Zwei Mitglieder von verschiedenen dieser drei Summanden sind zwar insoferne übereinstimmend, als sie beide zu λ_{13} gehören, aber nicht völlig übereinstimmend (im Sinne von S. 178, so daß wir also eine Zerlegung der Gruppe λ_{13} in drei Gruppen von untereinander völlig übereinstimmenden Menschen erhalten haben. In dieser Weise erhalten wir für jede der 33 Gruppen $\alpha, \ldots, \mu_{23}$ eine Darstellung als Summe von einigen der 126 Durchschnittsgruppen, also als Summe von Gruppen, von denen jede aus untereinander völlig übereinstimmenden Menschen besteht, z. B.:

$$\alpha = e(123) \cap f(1, 2, 3), \qquad \beta_{12} = e(12) \cap f(1, 2, 3),$$

$$\iota_1 = (e(1) \cap f(1)) \cup (e(1, 2) \cap f(1)) \cup (e(1, 3) \cap f(1)) \cup (e(1, 23) \cap f(1)) \cup (e(1, 2, 3) \cap f(1)) \quad \text{usw.}$$

Von besonderer Wichtigkeit für manche Untersuchungen sind die 49 Gruppen, welche Durchschnitt von einer der 7 obersten Gruppen e ( ) mit einer der 7 Gruppen f ( ) sind. Unter diesen 49 Durchschnittsgruppen bestehen 30 aus nicht selbstverträglichen Menschen. Die übrigen 19 gehören einer der 19 Gruppen α, β_{12}, β_{13}, β_{23}, ε_1, ε_2, ε_3, ι_1, ι_2, ι_3, $\varkappa_{12}$, $\varkappa_{13}$, $\varkappa_{23}$, λ_{12}, λ_{21}, λ_{13}, λ_{31}, λ_{23}, λ_{32} an. Die Normen dieser Gruppen haben, wie man den Formeln von S. 157 f. entnimmt, die Schemata *EEE, EE, E, EVV, EEV, EV*, also gerade diejenigen Schemata, welche ein oder mehrere *E* und außerdem nur *V* enthalten.

Wir veranschaulichen die Verträglichkeitsverhältnisse, die zwischen diesen 19 Gruppen bestehen, indem wir jede von ihnen durch einen Punkt symbolisieren und zwei Punkte dann und nur dann durch eine Strecke verbinden, wenn die beiden durch sie dargestellten Gruppen hinsichtlich *V* verträglich sind. Es ergibt sich folgende Figur:

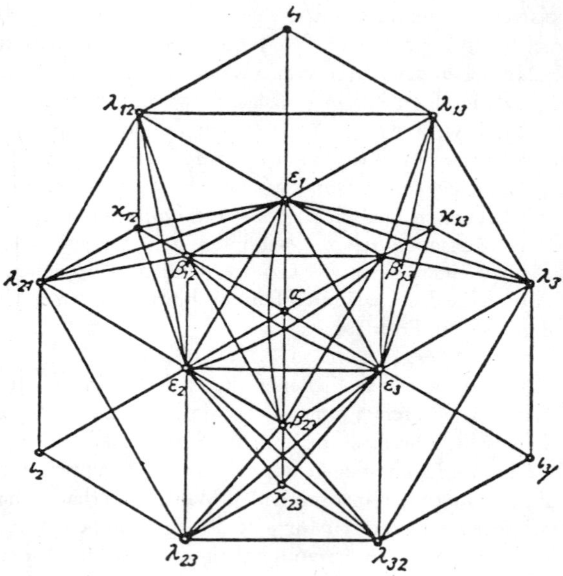

Dem Leser bleibe die nähere Untersuchung der Verträglichkeitsverhältnisse, deren Ergebnisse in einem Verträglichkeitskomplex zusammengefaßt werden können, sowie die der Verträglichkeitsverhältnisse der 33 Gruppen $\alpha, \ldots, \mu_{23}$ überlassen.

Der eingangs behandelte Formalismus der Höflichkeitsnorm ergibt sich, wenn man für das Verhalten V im Verkehr mit anderen zwei kategorische Normen und ihre Disjunktivnorm gegeben denkt: eine, sie heiße N_1, welche vorschreibt, das Verhalten stets gewissen Formen gemäß einzurichten, ferner N_2, welche vorschreibt, nie diese Formen zu beobachten, und die Disjunktivnorm N_{12} der Freiheit. Als höflich bezeichnen wir die Menschen der Gruppe e (1), welche für die eigene Person nur N_1 zulassen, als unhöflich alle übrigen, d. h. die Mitglieder der Gruppensumme e (2) $\cup$ e (12). Eine Gruppe e (1, 2) brauchen wir in diesem Falle nicht zu betrachten. Entsprechend nennen wir empfindlich die Menschen von f (1), unempfindlich die von f (2) $\cup$ f (1, 2), wobei der Summand f (2) bestehend aus den von ihrer Umgebung Unhöflichkeit Fordernden keine Rolle spielt. Die S. 167 ff. betrachteten Gruppen sind:

$(a) = e\,(1) \cap f\,(1)$, $(b) = e\,(1) \cap f\,(1, 2)$,
$(c) = [e\,(2) \cup e\,(12)] \cap f\,(1)$, $(d) = [e\,(2) \cup e\,(12)] \cap f\,(1, 2)$,

5. Mehrere Verhaltungsweisen

Ohne in diesen kurzen Aufzeichnungen auf die Frage der Unschlüssigkeit einzelner gegenüber gewissen Normen, auf ihre graduell verschiedene Vorliebe und Abneigung gegenüber den verschiedenen von ihnen gebilligten bzw. mißbilligten Normen, auf die Änderungen ihrer Stellungnahme im Laufe der Zeit, auf die Divergenzen zwischen ihren verschiedenen moralischen Einteilungen (S. 75) oder gar auf die Anwendungen komplizierterer mathematischer Hilfsmittel (z. B. statistischer) eingehen zu wollen, möge nun nur noch der Fall des Vorliegens einiger Normen für mehrere Verhaltungsweisen kurz behandelt werden.

Es mögen etwa r Verhaltungsweisen $V^1, V^2, \ldots, V^r$ vorliegen und die sämtlichen Normen, die vorgeschlagen sind
zur Regelung von V^1 seien $N_1^1, N_2^1, \ldots, N_{k_1}^1$,
zur Regelung von V^2 seien $N_1^2, N_2^2, \ldots, N_{k_2}^2$,
....
zur Regelung von V^r seien $N_1^r, N_2^r, \ldots, N_{k_r}^r$.
Ferner bezeichnen wir mit N_0^1 bzw. $N_0^2, \ldots,$ bzw. N_0^r den Vorschlag, das Verhalten V^1, bzw. $V^2, \ldots,$ bzw. V^r ungeregelt zu lassen, und wollen auch $N_0^1, N_0^2, \ldots, N_0^r$ der Kürze halber Normen für das Verhalten V^1, bzw. $V^2, \ldots,$ bzw. V^r nennen. Es existieren dann insgesamt offenbar

$$(k_1 + 1) \cap (k_2 + 1) \cap \ldots \cap (k_r + 1)$$

Systeme bestehend aus je r Normen, von denen eine das Verhalten V^1, eine das Verhalten $V^2, \ldots,$ eine das Verhalten V^r betrifft. Greifen wir irgendwie eine Norm betreffend V^1, eine betreffend V^2, ..., eine betreffend V^r heraus, so muß aber das so entstehende System von Normen natürlich durchaus nicht widerspruchsfrei sein, denn es ist z. B. sehr wohl möglich, daß eine Norm für das Verhalten V^1 mit gewissen Normen für die Verhaltungsweisen V^2, $V^3, \ldots, V^r$ unverträglich ist. Ein widerspruchsfreies System von r Normen, von denen sich eine auf das Verhalten V^1, eine auf das Verhalten $V^2, \ldots,$ eine auf das Verhalten V^r bezieht, wollen wir einen *Kodex* hinsichtlich der r Verhaltungsweisen $V^1, V^2, \ldots, V^r$ nennen. Die Anzahl der Kodizes hinsichtlich der r Verhaltungsweisen V^1, V^2, ..., V^r, welche wir mit k bezeichnen wollen, ist unter der obigen Annahme über die Zahl der hinsichtlich der einzelnen Verhaltungsweisen vorliegenden Normen höchstens gleich $(k_1 + 1) \cap (k_2 + 1) \cap \ldots \cap (k_r + 1)$. Wir wollen diese Kodizes in irgendeiner Reihenfolge mit C_1, C_2, ..., C_k bezeichnen.

Da wir angenommen haben, daß die oben angeführten Normen, aus denen die Kodizes C_1, C_2, ..., C_k zusammengesetzt sind, die *einzigen* für die Verhaltungsweisen V^1, V^2, ..., V^r vorgeschlagenen Normen sind, so wünscht jeder Mensch eines Menschenkreises $\mathfrak{M}$ entweder, daß ein bestimmter der Kodizes oder eine bestimmte Alternative von Kodizes gelte. Wir bezeichnen nun für jede der Zahlen $i = 1, 2, \ldots, k$ mit $\mathfrak{M}\,(i)$ die Gruppe bestehend aus allen denjenigen Menschen von $\mathfrak{M}$, welche nur den Kodex C_i zulassen, mit $\mathfrak{M}\,(i_1, i_2)$ die Gruppe aller derjenigen Menschen, welche wünschen, daß entweder der Kodex C_{i_1} oder der Kodex C_{i_2} gelte, allgemein mit $\mathfrak{M}\,(i_1, i_2, \ldots, i_j)$ die Gruppe aller derjenigen Menschen von $\mathfrak{M}$, welche wünschen, daß entweder der Kodex C_{i_1} oder der Kodex C_{i_2} ... oder der Kodex C_{i_j} gelte. Als *Verträglichkeitsbasis* zweier Menschen von $\mathfrak{M}$ bzw. einer Teilgruppe von $\mathfrak{M}$ hinsichtlich der Verhaltungsweisen V^1, V^2, ..., V^r bezeichnen wir die Gesamtheit aller derjenigen Kodizes, welche von den beiden Menschen bzw. von allen Menschen der betreffenden Gruppe zugelassen werden. Wir nennen zwei Menschen bzw. eine Gruppe von Menschen *verträglich* hinsichtlich der Verhaltungsweisen V^1, V^2, ..., V^r, wenn die Verträglichkeitsbasis der beiden Menschen bzw. der Gruppe nicht leer ist, d. h. mindestens einen Kodex enthält.

Um einen Menschenkreis $\mathfrak{M}$ in Verträglichkeitsgruppen einzuteilen, kann man folgendermaßen vorgehen: Für jeden Menschen von $\mathfrak{M}$ wählen wir genau einen der von ihm zugelassenen Kodizes und fassen sodann für jeden Kodex alle diejenigen Menschen, für die der betreffende Kodex unter den von ihnen zugelassenen Kodizes ausgewählt wurde, in eine Gruppe zusammen. Denjenigen Kodizes, die für keinen Menschen unter den von ihm zugelassenen Kodizes gewählt wurden oder die gar von keinem Menschen zugelassen werden, entspricht dabei die leere Menschengruppe. Die übrigen (nicht leeren) so erhaltenen Gruppen stellen offenbar eine Einteilung von $\mathfrak{M}$ dar, d. h. jeder Mensch von $\mathfrak{M}$ ist Mitglied von genau einer dieser Gruppen, und jede der Gruppen ist natürlich eine Verträglichkeitsgruppe. Selbstverständlich wird dabei für jeden Menschen, der von vornherein nur einen einzigen Kodex zuläßt, aus der (in diesem Falle aus diesem einen Kodex bestehenden) Gesamtheit der von ihm zugelassenen Kodizes eben dieser eine Kodex ausgewählt. Ferner kann es sein, daß zu einem der ausgewählten Kodizes nur ein einziger Mensch existiert, für welchen der betreffende Kodex aus den von ihm zugelassenen Kodizes ausgewählt wurde, in welchem Falle bei der obigen Einteilung der betreffende Mensch für sich allein eine Verträglichkeitsgruppe bildet. Schließlich wollen wir, wenn irgendeine derartige Einteilung von $\mathfrak{M}$ in Verträglichkeitsgruppen, etwa in die Gruppen $\mathfrak{V}_1$, $\mathfrak{V}_2, \ldots, \mathfrak{V}_s$ vorliegt, noch alle *Unterteilungen* dieser Einteilung betrachten, womit wir Einteilungen von $\mathfrak{M}$ in Gruppen meinen, von denen jede ein Teil einer der Gruppen $\mathfrak{V}_1, \mathfrak{V}_2, \ldots, \mathfrak{V}_s$ (und daher natürlich auch selbst eine Verträglichkeitsgruppe) ist, also etwa eine Einteilung in Gruppen

$$\mathfrak{V}_{1,1}, \mathfrak{V}_{1,2}, \ldots, \mathfrak{V}_{1,t_1}, \mathfrak{V}_{2,1}, \ldots, \mathfrak{V}_{2,t_2}, \ldots, \mathfrak{V}_{s,1}, \ldots, \mathfrak{V}_{s,t_s},$$

wobei

$$\mathfrak{V}_{1,1} \cup \mathfrak{V}_{1,2} \cup \ldots \cup \mathfrak{V}_{1,t_1} = \mathfrak{V}_1,$$
$$\mathfrak{V}_{2,1} \cup \mathfrak{V}_{2,2} \cup \ldots \cup \mathfrak{V}_{2,t_2} = \mathfrak{V}_2,$$
$$\cdots\cdots\cdots\cdots\cdots\cdots\cdots\cdots$$
$$\mathfrak{V}_{s,1} \cup \mathfrak{V}_{s,2} \cup \ldots \cup \mathfrak{V}_{s,t_s} = \mathfrak{V}_s \qquad \text{gilt.}$$

Es ist klar, daß mit Hilfe des erwähnten Verfahrens durch Variation der Wahlen eines Kodex aus den von den einzelnen zugelassenen Kodizes die sämtlichen möglichen Einteilungen von $\mathfrak{M}$ in Verträglichkeitsgruppen erhalten werden können.

Der allgemeine Formalismus des geschilderten Verfahrens ist der folgende: Es liegen zwei Bereiche von Wesenheiten vor (in unserem Beispiel: ein Menschenkreis $\mathfrak{M}$ und ein System von Kodizes für *r* Verhaltungsweisen). Jedem Wesen der ersten Gruppe (jedem Menschen von $\mathfrak{M}$) ist mindestens ein Wesen der zweiten Gruppe (ein oder mehrere Kodizes) zugeordnet. In unserem Beispiel besteht die Zuordnung darin, daß ein Kodex *K* einem Menschen *M* dann und nur dann zugeordnet wird, wenn *M* diesen Kodex *K* zuläßt. Wir haben eine zu dieser Zuordnung gehörige *Auswahlzuordnung* herzustellen, womit gemeint ist, daß jedem Wesen der ersten Gruppe genau eine der ihm ursprünglich zugeordneten Wesenheiten der zweiten Gruppe zuzuordnen ist (jedem Menschen von *M* genau einer der von ihm zugelassenen Kodizes), dabei jedem Menschen, dem von vornherein nur eine einzige Wesenheit der zweiten Gruppe zugeordnet war, natürlich eben diese. Sodann werden alle Wesenheiten der ersten Gruppe, denen vermöge der Auswahlzuordnung die gleiche Wesenheit der zweiten Gruppe entspricht, in die gleiche Teilgruppe zusammengefaßt und für jede Wesenheit der zweiten Gruppe eine Teilgruppe der ersten Gruppe gebildet, welche nur dann leer ausfällt, wenn die betreffende Wesenheit der zweiten Gruppe bei der Auswahlzuordnung keinem Wesen der ersten Gruppe entspricht (was insbesondere dann der Fall ist, wenn sie schon bei der ursprünglichen Zuordnung keinem Wesen der ersten Gruppe entspricht). Die solcherart entstehenden nicht leeren Teilgruppen der ersten Gruppe bilden offenbar eine *Einteilung*.

Implizit lag dieser Formalismus bereits an einigen Stellen der vorangehenden Aufzeichnungen vor, weshalb wir ihn jetzt in abstrakter Allgemeinheit dargestellt haben – z. B. bei der Einteilung eines Menschenkreises in Gruppen ohne Gegensätze (S. 127 ff.). Wir betrachten zunächst den Fall, daß nur eine einzige Norm N vorliegt. Um die dabei durchzuführende Aufgabe auf die Bildung einer Auswahlzuordnung zurückzuführen, betrachten wir als erste Gruppe den einzuteilenden Menschenkreis $\mathfrak{M}$, in die zweite Gruppe nehmen wir nur die zwei Symbole + und − auf und ordnen nun jedem Menschen von $\mathfrak{M}$ das Zeichen + zu, wenn er die Norm N billigt, das Zeichen −, wenn er sie mißbilligt, die Zeichen + und −, wenn er ihr gleichgültig gegenübersteht. Jede zu dieser Zuordnung gehörige Auswahlzuordnung besteht darin, daß man jedem Menschen von $\mathfrak{M}$, dem nur das Zeichen + zugeordnet ist, das Zeichen + zuordnet, jedem Menschen, dem nur das Zeichen − zugeordnet ist, das Zeichen − zuordnet und für jeden einzelnen Menschen, dem die Zeichen + und − zugeordnet sind, eine Auswahl trifft, derzufolge ihm entweder das Zeichen + oder das Zeichen − zugeordnet wird. Fassen wir sodann die Menschen, denen vermöge einer Auswahlzuordnung die gleiche Wesenheit entspricht, in Gruppen zusammen, so zerfällt $\mathfrak{M}$ offenbar in zwei Gruppen, von denen jede eine Gruppe ohne Gegensätze ist. Liegen zwei Normen N_1 und N_2 vor, so nehmen wir in die zweite Gruppe folgende vier Zeichenkombinationen auf:

$$+\,+,\ +\,-,\ -\,+,\ -\,-$$

und ordnen nun jedem Menschen von $\mathfrak{M}$, der N_1 und N_2 billigt, + + zu, jedem Menschen, der N_1 billigt und N_2 mißbilligt, + −, ferner jedem Menschen, der N_1 gleichgültig beurteilt und N_2 billigt, + + und − + usw., schließlich jedem Menschen, der N_1 und N_2 gleichgültig gegenübersteht, alle vier Zeichenkombinationen. Wieder führt eine Auswahlzuordnung zu Gruppen ohne Gegensätze und entsprechend liegen die Verhältnisse hinsichtlich mehrerer Normen.

Auch bei der Einteilung eines Menschenkreises in Verträglichkeitsgruppen unter Berücksichtigung der Divergenz zwischen den Forderungen der einzelnen an sich und an die anderen tritt wiederholt der Formalismus der Auswahlzuordnungen in Erscheinung.

Was die Gesetze zur Bildung spezieller Auswahlzuordnungen betrifft, so begnügen wir uns hier mit dem Hinweis auf die in Beispielen (S. 131 und 171 f.) bereits erwähnten Prinzipien möglichst geringer Gesamtzahl der herzustellenden Gruppen möglichst gleicher Mitgliederzahl der herzustellenden Gruppen oder der Aufteilung allverträglicher Menschen in die einzelnen bereits gebildeten Gruppen der übrigen Menschen im Verhältnis zur Mitgliederzahl dieser übrigen Gruppen – ohne auf sonstige Möglichkeiten und diesbezügliche Fragen näher einzugehen.

Auch die Folgen der Divergenz zwischen Eigenverhalten und Ansprüchen an die Fremden wurden in der vorigen Aufzeichnung lediglich hinsichtlich einer einzigen Norm untersucht. Wir betrachten nun zwei Normen *N* und *N'*, beschränken uns aber auf die Untersuchung des reduzierten Falles mit bloß je vier Kategorien, wie er bei der Höflichkeitsnorm (S. 166 f.) auftrat (und S. 182 f. in die allgemeine Theorie eingeordnet wurde). Es sei *N* etwa die Höflichkeitsnorm; *a*, *b*, *c*, *d* mögen die Bedeutung von S. 167 haben; *N'* sei etwa die Norm, gefällig zu sein; mit *a'*, *b'*, *c'*, *d'* bezeichnen wir der Reihe nach die Kategorien der Menschen, welche gefällig und anspruchsvoll, gefällig und anspruchslos, ungefällig und anspruchsvoll, ungefällig und anspruchslos sind. Die beiden Vierteilungen hinsichtlich *N* und *N'* überschneiden einander und ergeben 16 Kategorien. Wir bezeichnen dieselben (unter Weglassung der »∩«, welche die Durchschnittsbildung andeuten) kurz mit

$$A = aa', B = ab', C = ac', D = ad', E = ba', F = bb', G = bc', H = bd', I = ca', J = cb', K = cc', L = cd', M = da', N = db', O = dc', P = dd',$$

wobei *A* = *aa'* die Kategorie der Menschen bedeutet, die sowohl der Kategorie a als auch der Kategorie *a'* angehören, usw.

Die zwischen diesen 16 Kategorien bestehenden Verhältnisse lassen sich durch folgende Verträglichkeitsmatrix ausdrücken:

	A	*B*	*C*	*D*	*E*	*F*	*G*	*H*	*I*	*J*	*K*	*L*	*M*	*N*	*O*	*P*
A	v	v			v	v										
B	v	v	v	v	v	v	v	v								
C		v				v										
D		v		v		v		v								
E	v	v			v	v			v	v			v	v		
F	v	v	v	v	v	v	v	v	v	v	v	v	v	v	v	v
G		v				v				v				v		
H		v		v		v		v		v		v		v		v
I					v	v										
J					v	v	v	v								
K						v										
L						v		v								
M					v	v							v	v		
N					v	v	v	v					v	v	v	v
O						v								v		
P						v		v						v		v

Kategorien, welche wie die 16 Kategorien *A*, *B*, ..., *P* als Durchschnitte anderer Kategorien erklärt sind, wollen wir auch als *Produktkategorien*, die Kategorien, deren Durchschnitt sie bilden, auch als ihre *Faktorkategorien* bezeichnen. In dieser Ausdrucksweise sind beispielsweise *a* und *b'* die Faktorkategorien der Kategorie *B*. Die Kategorie *b'* ist gleichfalls als Produktkategorie definiert: ihre Faktorkategorien sind die Kategorie der gefälligen und die Kategorie der anspruchslosen Menschen. Man bestätigt mühelos folgenden Satz, der übrigens für beliebig viele Faktoren, nicht bloß wie in dem jetzt betrachteten Beispiel für zwei Faktoren gilt: *Damit zwei Produktkategorien verträglich seien, ist notwendig und hinreichend, daß jede Faktorkategorie der einen mit jeder Faktorkategorie der anderen verträglich ist*. Darin ist als Spezialfall der Satz enthalten, daß eine Produktkategorie dann und nur dann selbstverträglich ist, wenn ihre sämtlichen Faktorkategorien selbstverträglich und paarweise verträglich sind.

Besonders anschaulich kann man im Falle von zwei Faktorkategorien die Verträglichkeitsverhältnisse der Produktkategorien graphisch darstellen, indem man die Faktorkategorien mit ihren Verträglichkeitsverhältnissen gleichsam als Koordinaten auffaßt.

Unsere 16 Kategorien *A, B, …, P* sind dann in Form eines quadratischen Gitters einzuzeichnen, in welchem jeder Punkt seine Faktorpunkte als Koordinaten hat. Entsprechend dem erwähnten allgemeinen Satz über die Verträglichkeit von Produktkategorien ergibt sich dann in Übereinstimmung mit der angegebenen Verträglichkeitsmatrix folgende graphische Darstellung:
Von den 16 Kategorien sind *A, B, D, E, F, H, M, N, P* selbstverträglich; die entsprechenden Punkte sind eingeringelt, verträgliche Kategorien durch Strecken oder Bogen verbunden.
Das System der selbstverträglichen Menschen, d. i. die Summe der neun angegebenen Kategorien, kann in vier Verträglichkeitsgruppen $\bar{A}$, $\bar{D}$, $\bar{M}$, $\bar{P}$ zusammengefaßt werden, indem in die Gruppe $\bar{A}$ alle Mitglieder von *A* sowie ein beliebiger Teil der Gruppen *B, E, F* aufgenommen wird, in die Gruppe $\bar{D}$ alle Mitglieder von *D* sowie ein beliebiger Teil der Gruppen *B, H, F*, in die Gruppe $\bar{M}$ alle Mitglieder der Gruppe *M* sowie ein beliebiger Teil der Gruppen *E, N, F*, in die Gruppe $\bar{P}$ alle Mitglieder der Gruppe *P* sowie ein beliebiger Teil der Gruppen *H, N, F*. Keiner dieser vier umfassenden Verträglichkeitsgruppen kann, wofern jede wirklich Mitglieder von je vier Kategorien enthält, ein nicht selbstverträglicher Mensch eingeordnet werden, ohne daß sie aufhört, eine Verträglichkeitsgruppe zu sein. Hingegen kann z. B. eine Verträglichkeitsgruppe gebildet werden, bestehend aus je einem Men-

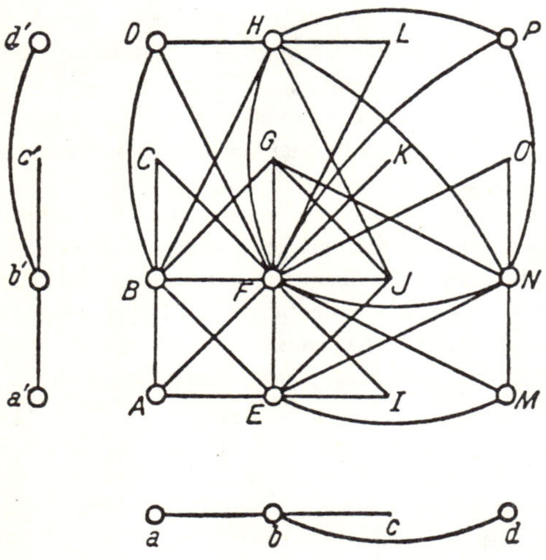

schen der Kategorien G und J und einer beliebigen Zahl von Mitgliedern der allverträglichen Kategorie F.

Liegen nicht zwei, sondern n Normen vor und wenden wir hinsichtlich jeder von ihnen die reduzierte Betrachtungsweise an, derzufolge je vier Kategorien in Betracht gezogen werden, so stellt sich heraus, daß unter den 4^n Produktkategorien 3^n selbstverträgliche Kategorien auftreten, die in 2^n Verträglichkeitsgruppen zusammengefaßt werden können.

Die letzten quadratischen Schemata für die Verträglichkeitsverhältnisse von Produktkategorien erinnern ein wenig an die quadratischen Schemata der Vererbungslehre.[18] Interessanter als diese ganz äußerliche Analogie ist indes vielleicht die Frage, was aus den Vererbungsgesetzen für die Nachkommenschaft gewisser Verträglichkeitsgruppen hinsichtlich ihrer Verträglichkeitseigenschaften geschlossen werden kann. Dabei ist natürlich klar, daß, selbst wenn es mendelnde moralische Anlagen überhaupt geben sollte, auch mit Bezug auf die zugehörigen Verhaltungsweisen die Mendelschen Gesetze lediglich *eine Seite* der Frage erfassen können, während die andere Seite in der Erziehung und anderen milieubedingten Umständen liegt. Sehen wir immerhin zu, was in den Fällen, in denen die Mendelschen Gesetze anwendbar sind, für die eine Seite der Frage aus ihnen sich ergibt! Dabei wollen wir uns auf die Betrachtung einer Einteilung eines Menschenkreises $\mathfrak{M}$ in zwei Gruppen α und β bestehend aus den Menschen, welche eine Norm N für ihre eigene Person stets beobachten wollen bzw. nicht stets beobachten wollen, und einer Einteilung von $\mathfrak{M}$ in zwei Gruppen γ und δ bestehend aus den Menschen, welche die Beobachtung von N von den Fremden fordern bzw. nicht fordern, beschränken. Wie früher bezeichnen wir die vier entsprechenden Produktgruppen mit

$$a = \alpha\gamma, \qquad b = \alpha\delta, \qquad c = \beta\gamma, \qquad d = \beta\delta.$$

Wenn nun die Eigenschaftspaare α, β und γ, δ unabhängig voneinander mendeln, dann liegt (da wir von intermediären Eigenschaften in dem einfachen hier betrachteten Falle absehen können) offenbar einer der vier folgenden Fälle vor:

1. α und γ sind dominant, β und δ rezessiv

18 Für eine Einführung in die Mendelsche Vererbungslehre vgl. Krumbiegel, I. (1967): *Gregor Mendel und das Schicksal seiner Entdeckung*; Stuttgart.

II. α und δ sind dominant, β und γ rezessiv
III. β und γ sind dominant, α und δ rezessiv
IV. β und δ sind dominant, α und γ rezessiv

Nehmen wir nun an, daß die Mitglieder der vier Gruppen *a, b, c, d* hinsichtlich der vier betrachteten Eigenschaften α, β, γ, δ *homozygot* sind, so gehören offenbar die Kinder von je zwei Individuen der Gruppen

im Falle	I	II	III	IV
a und *b* zur Gruppe	*a*	*b*	*a*	*b*
a und *c* zur Gruppe	*a*	*a*	*c*	*c*
a und *d* zur Gruppe	*a*	*b*	*c*	*d*
b und *c* zur Gruppe	*a*	*b*	*c*	*d*
b und *d* zur Gruppe	*b*	*b*	*d*	*d*
c und *d* zur Gruppe	*c*	*d*	*c*	*d*
a und *a* zur Gruppe	*a*	*a*	*a*	*a*
b und *b* zur Gruppe	*b*	*b*	*b*	*b*
c und *c* zur Gruppe	*c*	*c*	*c*	*c*
d und *d* zur Gruppe	*d*	*d*	*d*	*d*

Jede mögliche Einteilung von $\mathfrak{M}$ in Verträglichkeitsgruppen besteht (S. 170 f.) aus n_1 Gruppen erster Art enthaltend Mitglieder der Kategorie *a* und eventuell Mitglieder von *b*, aus n_2 Gruppen zweiter Art enthaltend Mitglieder von *d* und eventuell von *b*, aus *z* Gruppen dritter Art enthaltend je ein Mitglied der Kategorie *c* und eventuell Mitglieder von *b*, und aus n_3 Gruppen vierter Art bestehend aus Mitgliedern von *b*. Aus dem angegebenen Vererbungsschema geht nun hervor: Wenn nur Mitglieder von Gruppen gleicher Art Kinder zeugen, so bleiben in jedem der Fälle I, II, III, IV die Gruppen erster, zweiter und vierter Art erhalten, d. h. jedes Kind von zwei Mitgliedern einer und derselben oder zweier verschiedener Gruppen erster Art (welche also entweder beide zur Kategorie *a* oder beide zur Kategorie *b* oder zu den Kategorien *a* und *b* gehören) gehört entweder zur Kategorie *a* oder zur Kategorie *b* und ist deshalb in die Verträglichkeitsgruppe der Eltern bzw. in die Verträglichkeitsgruppe jeder Elternhälfte einordenbar; es sind also diese Kinder miteinander, mit den Eltern, mit den Mitgliedern der Verträglichkeitsgruppen der Eltern und mit den Kindern dieser letzteren verträglich. Das gleiche gilt für die Kinder der Mitglieder von Gruppen zweiter und vierter Art. Wir wollen dies kurz dahin ausdrücken, daß in jedem der Fälle I, II, III, IV, also unter allen Umständen hinsichtlich der $n_1 + n_2 + n_3$

Gruppen erster, zweiter und vierter Art, falls ihre Mitglieder homozygot sind und Kinder nur von Mitgliedern gleichartiger Gruppen gezeugt werden, *Erhaltungstendenzen für die nächste Generation* bestehen.

Die Kinder zweier Mitglieder der gleichen Gruppe sind jedoch, selbst wenn die Eltern hinsichtlich der Eigenschaften $\alpha, \beta, \gamma, \delta$ homozygot waren, nicht notwendig homozygot. Beispielsweise können ja zu einer Gruppe erster Art sowohl Mitglieder der Gruppe *a* als auch Mitglieder der Gruppe *b* gehören. Eine einfache Überlegung ergibt nun aber, daß dennoch in jedem der Fälle I, II, III, IV auch die entfernteren Nachkommen von Mitgliedern einer und derselben oder verschiedener Gruppen erster Art, ebenso die Nachkommen von Mitgliedern der Gruppen zweiter und vierter Art in die Verträglichkeitsgruppen ihrer Vorfahren einordenbar sind; d. h. die Nachkommen von Mitgliedern einer dieser Gruppen sind, wenn Kinder nur von Mitgliedern gleichartiger Gruppen gezeugt werden, erstens miteinander, zweitens mit ihren Vorfahren, drittens mit den Mitgliedern der Verträglichkeitsgruppen ihrer Vorfahren und viertens mit den Nachkommen dieser letzteren verträglich. Wir wollen dies kurz dahin ausdrükken, daß (in jedem der Fälle I, II, III, IV, also) unter allen Umständen für die $n_1 + n_2 + n_3$ Gruppen erster, zweiter und vierter Art, falls ihre Mitglieder homozygot sind und Kinder nur von Mitgliedern gleichartiger Gruppen gezeugt werden, *erbliche Erhaltungstendenzen* bestehen. Dabei sehen wir hinterher, daß gar nicht völlige Homozygotie mit Bezug auf die Eigenschaften $\alpha, \beta, \gamma, \delta$ erforderlich, sondern auch Heterozygotie zulässig ist, wofern nur für jeden Menschen auch die rezessiven Faktoren mit seiner Verträglichkeitsgruppe verträglich sind, oder, wie man dies ausdrükken könnte, wenn jeder auch *rezessiv selbstverträglich* ist. Wie gesagt, ist hiermit nur eine Seite der Frage nach zeitlicher Konstanz der Verträglichkeitsgruppen berührt. Was aber die andere Seite, die Erziehung und die milieubedingten Umstände betrifft, so ist natürlich klar, daß diese innerhalb der Gruppen erster, zweiter und vierter Art ebenfalls im Sinne zeitlicher Konstanz der Gruppen wirken, also *umweltliche Erhaltungstendenzen* enthalten.

Anders liegen die Verhältnisse schon rein vererbungsmäßig hinsichtlich der Gruppen dritter Art, bestehend aus je einem Menschen *c* und eventuell Menschen *b*. Aus dem Vererbungsschema geht hervor, daß die Kinder eines Mitglieds der Gruppen *c* und eines Mitglieds von *b* im Falle I zur Gruppe *a*, im Falle II zu *b*, im Falle III zu *c*, im Falle IV zu *d* gehören. Nur im Falle II lassen sich also die Kinder der Mitglieder einer Gruppe dritter Art in dieselbe einordnen. Nur in diesem Falle II bestehen auch hinsichtlich der Gruppen dritter Art Erhaltungstendenzen für die nächste Generation. Erbliche Erhaltungstendenzen aber bestehen für die Gruppen dritter Art auch nicht im Falle II. Denn wenn zwei heterozygote Mitglieder der nächsten Generation, die beide rezessiv den Faktor C enthalten, sich paaren, so können unter ihren Kindern solche der Kategorie *c* ausspalten. Was die übrigen Fälle betrifft, so würden, von Erziehung und umweltlichen Erhaltungstendenzen abgesehen, im Falle I die herangewachsenen Kinder des nicht selbstverträglichen Menschen, solange dieser lebt, die Gruppe verlassen, im Falle III wären sie ihrerseits nicht selbstverträglich und würden eventuell mit Menschen der Kategorie *b* neue Gruppen dritter Art bilden, im Falle IV würden sie vom Menschen *c* in der Gruppe nicht geduldet. Es würden also nicht einmal Erhaltungstendenzen für die nächste Generation bestehen.

v. Logik, Phantasie, Wirklichkeit, Wertungen

(Ein abschließender Brief über einiges, was im vorangehenden enthalten ist)

Die vorangehenden Aufzeichnungen über den Zusammenschluß des Gleichen, die ich Dir, lieber Freund, ehe wir neulich auseinandergingen, zugesagt habe, sind, wie Du wohl bemerkt hast, nichts anderes als die letzte und folgerichtige Weiterbildung dessen, was Du als die veräußerlichte Ethik der Entschlüsse bezeichnet hast. In der Tat, in ihnen wird die Veräußerlichung restlos durchgeführt; in ihnen werden die Moralen gleichsam identifiziert mit den Gruppen der ihnen rein geschmacks-, willens- und entschlußmäßig anhängenden Menschen, wie in ihnen überhaupt die Anweisung enthalten ist, jedem Werturteil eine Menschengruppe zuzuordnen, nämlich die Gesamtheit der das betreffende Werturteil fällenden Menschen (oder genauer: drei Menschengruppen, die Gesamtheiten der das Werturteil bloß Aussprechenden, der ihm gemäß tatsächlich Handelnden und der Menschen, deren Wünsche ihm entsprechen). Und es entspringen dieser Auffassung völlig strenge Folgerungen, so daß also exaktes Denken in der Ethik, wie Du erwartet hast, auch zu Positivem führt, das logischer Kritik standhält, und durchaus nicht etwa in bloßer Kritik sich erschöpft. Dein Vorwurf der Unfruchtbarkeit gegenüber logischen Erwägungen hinsichtlich der Moral scheint mir also nicht berechtigt.

Merkwürdig ist freilich, daß, während so vieles logischer Kritik nicht Standhaltende verteidigt wird – zumal in der sogenannten Philosophie der Werte –, gerade das, was ihr standhält, bisher so wenig beachtet wurde. In den Vordergrund gestellt wurde das Formale nur von Kant, der es jedoch in gewisser Hinsicht wiederum überschätzte und zudem im kategorischen Imperativ in nicht zureichender Weise erfaßte. Seine diesbezüglichen Gedanken wurden denn auch bald verlassen, um Untersuchungen Platz zu machen, die unter dem Scheine größerer inhaltlicher Positivität vielfach eine dem Lichte logischer Kritik ganz und gar nicht standhaltende Metaphysik entwickelten. Das bloß Formale genügte ihnen nicht – was durchaus verständlich ist –, aber das Ergebnis war meistens, daß sie nicht einmal dem bloß Formalen genügten.

Es ist überhaupt ein eigenartiges Bild, das sich dem Logiker darbietet, wenn er das logische Denken und das sogenannte logische Denken in den Sozialwissenschaften betrachtet! Die einen Forscher, die von ihm allzuviel erwarten (nämlich bisweilen erheblich weitergehende Erkenntnisse, als ein theoretischer Physiker je von ihm erwarten würde, und dazu oft noch Anweisungen für praktisches Handeln!) *überschätzen* es wohl sehr. – Andere wieder sehen wir hinter einer strengen Maske, d. h. sie verwenden einige Ausdrucksweisen des logisch gesäuberten und exakten Denkens, aber der Logiker vermißt in ihren umfangreichen Ausführungen, die sich meist auf das Verhältnis von Normwissenschaften und exakten Wissenschaften, von Sollen und Sein, von Rechtswissenschaft und Logik, von Ethik und Geometrie und dergleichen Fragen beziehen, bei näherer Prüfung nicht nur jegliche exaktwissenschaftliche Produktivität, sondern vielfach sogar jedwede Klarheit – sieh Dir nur solche Schriften einmal daraufhin an, was für in keinerlei logischem Zusammenhang stehende Aussagen in ihnen gewohnheitsmäßig durch Partikel wie »also«, »folglich«, »demnach« o. dgl. miteinander verknüpft werden, eine bloße Äußerlichkeit, die ich aber nicht aus Pedanterie erwähne, sondern weil man bisweilen schon durch diese kleinen Lücken in der strengen Maske einen Blick auf den Geist tun kann, der hinter ihr verborgen ist –, während in den Augen von Nichtlogikern derartige Schriften durch ihre vorgebliche Exaktheit leider nur zu oft exaktes Denken in Mißkredit bringen. – Noch andere Forscher, die (teilweise unter dem Eindruck der erwähnten Pseudomethodologie) exaktes Denken auf ihrem Gebiete gänzlich ablehnen, da sie der Meinung sind, daß es nur Positives zerstöre (was sie vielfach freilich mit Argumenten begründen, die mit gleichem Recht auf logisches Denken in der theoretischen Physik anwendbar wären!), *unterschätzen* es doch wohl ein wenig und übersehen, daß sie selbst es sind, die durch Vernachlässigung des der Logik Standhaltenden gegen die Forderung nach Positivität sich vergehen, während Verachtung des Formalen bloß bei dem ernst genommen werden könnte, der es beherrscht. – Nur bei verhältnismäßig wenigen Forschern auf dem Gebiete der Sozialwissenschaften aber findet man wirkliche Beherrschung der Logik und eine aus dieser ihrer Kenntnis entspringende Beurteilung des exakten Denkens. –

Oder willst Du vielleicht der in den vorangehenden logisch-ma-

thematischen Aufzeichnungen eingeschlagenen Richtung nicht jede Aussicht absprechen, aber aufrechthalten, daß sie doch nur zu *Wenigem* führen könne? Nun, ein Urteil darüber zu fällen, ob es wenig oder viel sei, was man so erlangen kann, betrachte ich nicht als meine Sache. Im gegenwärtigen Augenblick aber, da doch durch die vorangehenden Aufzeichnungen bloß einige erste Grundsätze dieser stark erweiterbaren Untersuchungen bekannt gemacht sind, schiene mir auch seitens anderer Forscher eine negative Beantwortung dieser Frage recht verfrüht, denn nur die Zeit wird sie entscheiden. Was ich betont habe, ist, daß ich für mein Teil neben der Feststellung von Tatsachen und erfahrungsgemäßen Regelmäßigkeiten, also neben dem, was Du als Psychologie und Biologie der Sitten bezeichnest, in diesem Gebiete keinen von der Logik der Sitten verschiedenen Weg sehe, auf dem man überhaupt zu *irgend etwas* gelangen könnte. Selbst wenn nun auf diesem einzigen mir daneben noch gangbar scheinenden Weg wirklich nur wenig zu erreichen sein sollte, so war es doch vielleicht nicht überflüssig, dasselbe im vorangehenden wenigstens kurz zu skizzieren, denn in der Literatur konnte ich nach Konzeption der Gedanken dieser Aufzeichnungen auch von diesem Wenigen nichts finden, was als mehr denn Ansätze dazu gelten könnte, und auch solche nur in ganz wenigen Schriften, nämlich in den verdienstvollen Werken von Ratzenhofer und v. Wiese.[19]
Einfach freilich sind die Aussagen über Willensgruppen samt und sonders. Aber wenn Einfachheit ganz allgemein in meinen Augen kein Nachteil ist, so glaube ich, daß in diesem speziellen Fall die Einfachheit sogar so weit geht, daß manche dieser Sätze nur ausgesprochen werden mußten, um aus der Ethik nicht mehr verschwinden zu können.
Ein Wort noch über die Beziehungen zwischen der Logik der Sitten einerseits und Psychologie und Biologie der Sitten anderseits: Es ist natürlich klar, daß die letzteren es sind, welche der ersteren das Material liefern, daß sie jedoch nie ein Ergebnis der Logik der Sitten umstoßen oder irgendwie erschüttern können –

19 Ratzenhofer, G. (1907): *Soziologie. Positive Lehre von den menschlichen Wechselbeziehungen*; Leipzig. v. Wiese, L. (1928): *Soziologie: Geschichte und Hauptprobleme*; Berlin ^{8}1967, und (1932): *Systematic Sociology, on the Basis of the Beziehungslehre and Gebildelehre*; New York.

so wenig anderseits die Logik der Sitten je eine Tatsachenfeststellung der Psychologie oder Biologie der Sitten zu schaffen oder zu widerlegen vermag. Denkbar ist nur, daß durch diese Wissenschaften oder durch die Praxis einmal derartig neue, heute vielleicht noch völlig unvorstellbare Organisationsformen des sittlichen und rechtlichen Lebens uns zur Kenntnis gelangen, daß auch die Logik der Sitten auf neue Gegenstände und Relationen hingewiesen wird, deren Theorie sie entwickeln kann. Wie die Dinge heute liegen, könnte allerdings eher die Logik der Sitten zum Ausgangspunkt von Anregungen dienen.

Wem die Ergebnisse des in den vorangehenden Aufzeichnungen eingeschlagenen Weges als bloße logische Spielereien oder als »scholastische Spitzfindigkeiten« erscheinen, die er nicht der Ethik zurechnen will, dem steht es natürlich völlig frei, diese Theorien anders zu klassifizieren oder zu benennen, beispielsweise, wenn er einen Spottnamen sucht, mit dem Namen »*Ethistik*«, so wie die von den Mathematikern ausgebildete Logik als Logistik bezeichnet wird und dieser Name in den Augen mancher Philosophen etwas Herabsetzendes hat. Ich persönlich, mein lieber Freund, würde mich natürlich nur geschmeichelt fühlen, wenn man das Verhältnis der skizzierten Theorien über Willensgruppen zur Ethik mit dem Verhältnis der Logistik zur Logik in Parallele setzte, denn ich brauche Dir wohl nicht zu sagen, wie ich für mein Teil einerseits über die in der zweiten Hälfte des vorigen Jahrhunderts entstandene Logistik denke und anderseits über die nichtlogistische Logik während des letzten halben Jahrhunderts! Und was vollends die Scholastiker betrifft, so betone ich, obwohl ich selbstverständlich auch ihre Schwächen sehe, gerade wegen mancher ihrer sogenannten Spitzfindigkeiten, wie Du weißt, bei jeder Gelegenheit meine Meinung, daß wenigen Gelehrtengruppen durch einige nicht an sie heranreichende Nachfolger schwereres Unrecht geschehen ist als den großen Forschern des katholischen Mittelalters.

Richtig ist, daß man auf der Suche nach dem der Logik gegenüber Positiven in der Ethik auf Theorien menschlicher Verhaltungsweisen stößt, die über die spezifisch ethischen im herkömmlichen Sinne hinausgehen, denn man könnte ja Gruppen ähnlich den in den vorangehenden Aufzeichnungen gebildeten auch nach unethischen, vor allem nach rein ästhetischen oder nach wirtschaftspolitischen Gesichtspunkten zusammenfassen – letzteres wäre übrigens vielleicht für die Theorie des wirtschaftlichen Handelns gar nicht so nutzlos –, aber z. B. auch nach rein linguistischen Gesichtspunkten. (Es ist kein Zufall, daß Plato den Sokrates das große Gespräch, das mit einer Untersuchung ethischer Begriffe beginnt, bald auf die Probleme des Staates hinüberleiten läßt.)[20] Indes, es spricht doch wohl nicht gegen eine Theorie, daß sie außer dem, wozu sie bestimmt war, noch anderes leistet. Was ich konzediere, wäre also bloß etwa die Bezeichnung *»Soziologistik«*.

Doch nicht nur als folgerichtige Durchführung der Gedanken der »Richtlinien« hängt die Theorie der Willensgruppen mit dem vorher Gesagten zusammen, sondern auch dadurch, daß sie eine Art von Denkschema liefert, das man auf verschiedene ethische Theorien anwenden kann.

Betrachten wir beispielsweise von diesem Gesichtspunkt aus etwa die Ideen von Nietzsche![21]

Daß das Nebeneinanderbestehen eines Herren- und eines Sklavengesetzes nur dann zu konkreten Vorschriften für den einzelnen führt, wenn, was Nietzsche nicht getan hat, ein präzises Kriterium dafür angegeben wird, wer Herr und wer Sklave ist, daß aber das jeweilige Urteil der handelnden Subjekte selbst, was Nietzsche scheinbar als Kriterium vorschwebte, aus rein logischen Gründen unbrauchbar ist, da es die Anwendung der Sklavengesetze illusorisch machen würde, ist wohl klar (S. 86 f.). Ein logisch verwendbares Kriterium verwandter Art wäre hingegen *das Urteil der handelnden Subjekte im Augenblick der Festsetzung der beiden Kodizes*, so daß jeder Mensch, je nachdem er im Augenblicke der Schaffung der Gemeinschaft mit doppelter Moral sich als Herrn oder als Sklaven erklärt, dauernd als solcher zu gelten hätte. Wie stünde es nun hinsichtlich der Willensgruppen im Momente der Schaffung des doppelten Kodex? Wenn vorgeschlagen wird, daß Menschen mit besonderen *äußeren Merkmalen* (z. B. der Abstammung, des Geistes, des Körpers, der Leistungen usw.) eine bevorzugte Stellung eingeräumt werden solle, so würden sicher auch viele Menschen, die mangels der betreffenden Merkmale keinen Anspruch auf eine Ausnahmsstellung haben, sich mit dem Vorschlag einverstanden erklären, insbesondere dann, wenn für

20 Vgl. Platon: *Politeia*; 2. Buch.
21 Vgl. Anmerkung 6.

sie oder ihre Nachkommenschaft die Hoffnung bestünde, in einem späteren Zeitpunkt die Merkmale und damit die bevorzugte Stellung zu erwerben, aber auch dann, wenn sie zur Ansicht gelangten, daß auch ihnen die Bevorzugung der Menschen mit den betreffenden Merkmalen indirekt irgendwie zugute komme, etwa wenn diejenigen bevorzugt werden sollen, die große allgemein nützliche Erfindungen oder Entdeckungen gemacht haben, und wenn von ihnen im Falle, daß sie der Bevorzugung teilhaft werden, mit größerer Wahrscheinlichkeit als ohne diese Begünstigung weitere Erfindungen zu erwarten sind. Wenn jedoch vorgeschlagen wird, daß denjenigen, *die sich selbst als Herren bezeichnen*, eine bevorzugte Stellung eingeräumt werden soll, so werden die Menschen, die auf Grund ihres eigenen Urteils Anspruch auf die Herrenmoral erheben, zwar einige wenige Bewunderer finden, die sich ihnen gegenüber freiwillig als Sklaven erklären, die meisten Menschen aber werden je nach zufälligen Umständen zweifellos eine der beiden folgenden Haltungen einnehmen: Sie werden entweder, ohne in sich besondere Herreneigenschaften zu fühlen, dennoch sich als Herren bezeichnen, um der Vorteile des Herrengesetzes teilhaft zu werden, oder, wenn sie den Mut zur Aufrichtigkeit aufbringen, erklären, daß sie sich weder zu Herren bestimmt fühlen, noch aber auch zur Sklaverei gegenüber Menschen, die einfach sich selbst als Herren bezeichnen, gewillt sind. Im ersten Falle würde die Zahl der Herren so groß sein, daß verhältnismäßig zu wenige Ausbeutungsobjekte vorhanden wären. Im zweiten Fall würde sich eine verhältnismäßig kleine Gruppe bestehend aus Herren und Sklaven bilden, die für sich einen Nietzsche-Staat mit doppelter Moral konstituieren könnten, wofern im Falle, daß mehrere Herren existieren, dieselben verträglich, also bei gleichartigem Verhalten mehrerer selbstverträglich sind. Daneben aber würde die überwiegende Mehrheit der Menschen stehen, die dieser Gemeinschaft sich nicht anschließen, sondern andere Regelungen des sittlichen und rechtlichen Lebens treffen wollen. So wie bei zu großer Zahl der Herren, so würde aber auch in einem zu kleinen Staate mit doppelter Moral der Zweck der Herrenmenschen nicht erreicht werden: sie würden es vielleicht schlechter haben als die normalen Mitglieder mancher anderer Gemeinschaften. Würden sie daraufhin beschließen, in diese letzteren Eingang zu suchen, so würden sie finden, daß diese Gemeinschaften zwar zum Teil Menschen mit gewissen äußeren Merkmalen eine bevorzugte Stellung einräumen, gegen das Eindringen der nur selbst sich als Herren bezeichnenden oder dementsprechend handelnden Menschen hingegen sich verwahren, so daß den Herren nichts anderes übrig bliebe, als entweder in ihre kleine Gemeinschaft zu ihren wenigen Sklaven zurückzukehren, oder sich den Vorschriften anderer Gemeinschaften als deren normale Mitglieder zu unterwerfen.

Erlaube mir nun in Fortführung dieser letzten Überlegungen die Logik einen Augenblick lang ganz zu verlassen und bloße *Phantasie* in der Richtung eines Gedankenexperimentes walten zu lassen, welches gleichsam auf einer Synthese der Ergebnisse der vorangehenden Aufzeichnungen aufbaut – ohne daß hingegen diese letzteren irgendwie vom folgenden abhingen. Denken wir einen großen Menschenkreis so in Gruppen verteilt, daß zwischen den Mitgliedern jeder einzelnen Gruppe hinsichtlich der Kodizes keine wichtigen Gegensätze bestehen, und denken wir nun für jede einzelne Gruppe hinsichtlich jeder praktisch in Betracht kommenden Verhaltungsweise eine der Normen, welche von allen Mitgliedern der Gruppe, denen sie wichtig ist, zugelassen wird, zum Gesetz für die betreffende Gruppe gemacht! Wir wollen eine mit einem solchen (von jedem Mitglied in allen ihm wichtigen Punkten gebilligten) Kodex versehene Gruppe eine *Willensvereinigung* nennen. Dabei denken wir natürlich durchaus nicht an Übereinstimmungsgruppen, denn volle Übereinstimmung ihrer Mitglieder in der Beurteilung moralischer Fragen ist, um eine Gruppe von untereinander verträglichen Menschen herzustellen, durchaus nicht erforderlich, ja in gewissen Ausnahmsfällen, nämlich hinsichtlich der nicht selbstverträglichen Menschen, sogar unzulässig. Wir haben vielmehr gesehen, daß Verträglichkeitsgruppen auch nicht übereinstimmende, ja sogar einzelne nicht selbstverträgliche Mitglieder enthalten können, also im allgemeinen viel größer als Übereinstimmungsgruppen sind und durch Zulassung von Disjunktivnormen, die wir in unserem Gedankenexperiment überall, wo sie diesem Zwecke dienen können, gesetzt denken wollen, unter Umständen noch weiter vergrößert werden können. Anderseits ist klar, daß wir, um die Verteilung des Menschenkreises in Willensvereinigungen dauernd zu gestalten, mit Rücksicht auf den Wandel des betrachteten Kreises durch Geburt und Tod sowie auf die Wandlung der Entschlüsse einzelner Menschen im Laufe der Zeit annehmen müssen, daß zwischen den verschiedenen Gruppen Vereinbarungen über Einordnung der Heranwachsenden und gelegentliche Umordnung einzelner Mitglieder getroffen sind, Vereinbarungen, denen, wenn anders sie nicht schon aus rein logischen Gründen illusorisch sein sollen, die Kodizes der Einzelgruppen nicht widersprechen dürfen, wenngleich natürlich der Kodex jeder einzelnen Willensvereinigung auf gewisse Veränderungen der Entschlüsse Rücksicht nehmen kann (z. B. auf solche, die typisch für zunehmendes Alter sind) und ferner für massenhaft auftretende gleichgerichtete Änderung der Entschlüsse Abänderungen des Kodex oder Bildung von Untergruppen vorsehen mag. (Übrigens dürften sich vielfach sowohl erbliche als auch umweltliche Erhaltungstendenzen für die Gruppen geltend machen.) Da manche Normensysteme hinsichtlich des Bereiches der ihnen anhängenden Menschen Beschränkungen mit sich bringen und insbesondere manche Normensysteme eine gewisse Mindestzahl der ihnen anhängenden Menschen erfordern, um überhaupt in Kraft treten zu können, so ist klar, daß der einzelne, der solchen Gruppen sich anschließen will, zahlreichere oder größere Zugeständnisse hinsichtlich der ihm minder wichtigen Normen machen muß als Menschen, die in kleinen Gruppen zu leben beabsichtigen. Desgleichen ist klar, daß ein Streit um Varianten zwischen den Verfechtern eines Planes, die über seine Hauptpunkte einig sind, durch eine Spaltung die Ausführbarkeit oder zumindest die Wirksamkeit des ganzen Planes derart gefährden könnte, daß unter Umständen nur die Wahl bestünde, durch Einigung bloß auf die minder wichtigen Entschlüsse zu verzichten oder durch Uneinigkeit auch die wichtigen preiszugeben. Da wir aber sogar bei politischen Parteien, bei denen es sich doch gewiß nicht ausschließlich um ethische Fragen, sondern großenteils um grob materielle und noch dazu vielfach persönliche Absichten handelt, wiederholt sehen, daß zwecks Vermeidung einer Spaltung eine Einigung auf das allen Wichtige erzielt wird, so wollen wir in unserem Gedankenexperiment annehmen, daß erst recht hinsichtlich solcher ethischer Kodizes, welche größere Mitgliederzahlen erfordern, eine allzu weitgehende Individualisierung der Willensvereinigungen vermieden werde. Die Frage schließlich, ob in unserem Gedankenexperiment verschiedene Kodizes in einem Territorium zusammenbestehen können, denken wir uns in jedem konkreten Fall besonders entschieden, ohne daß es allzu große Anforderungen an die Phantasie stellen dürfte, in zahlreichen Fällen tatsächlich verschiedene Normensysteme für die verschiedenen Bewohner desselben oder kaum getrennter und jedenfalls nach außen hin zusammengehöriger Gebiete koexistierend zu denken, was ja vielfach nur an die Bedingung geknüpft wäre, daß die Mitglieder der verschiedenen beisammenlebenden Willensvereinigungen als solche kenntlich gemacht wären, während die Technik die in einigen Ausnahmsfällen nötigen Sezessionen erleichtern würde.

»Was nützt aber eine Phantasie, deren Ergebnisse wirklichkeitsfremde Konstruktionen sind?« wirst Du fragen. »Was hilft es, ein Gedankenexperiment auf die Stellungnahme der Individuen zu Normen zu gründen, da doch die überwiegende Mehrzahl der Individuen überhaupt keine Stellung einnimmt und überhaupt keinen Willen hat, derlei in ihnen vielmehr nur durch die Initiative hervorragender Einzelwesen entsteht?« Aber Führer, die Entschlüsse fassen, durchzuführen wünschen und zu suggerieren verstehen, sind doch sicher stets vorhanden; sicher bestehen doch Ideen durchaus ausführbarer Normensysteme für das menschliche Verhalten; ebenso gewiß weichen diese Ideen voneinander völlig ab, wie denn auch die Entschlüsse verschiedener Führer verschieden sind. Jede dieser Ideen ist, wenn auch auf Grund von Führerinitiative, Gegenstand des Willens von Massen oder kann ihn wenigstens bilden.

Sehen wir also zu, wie in der *Wirklichkeit* angesichts des Widerstreites einander entgegengesetzter Entschlüsse die Regelung des menschlichen Verhaltens erfolgt! Wir sehen, rein äußerlich betrachtet, die Menschheit in Gruppen verteilt, von denen jede im wesentlichen aus der vielfach auch durch Abstammung, Sprache, Tradition und weitere Merkmale geeinten Bevölkerung eines gewissen Gebietes besteht. Die Beziehungen zwischen diesen verschiedenen Staaten im Laufe der Zeit erfahren wir aus der politischen Geschichte. Innerhalb jedes einzelnen Staates ist ein Teil der menschlichen Verhaltungsweisen durch Gesetze, die jeder Heranwachsende vorfindet, geregelt, indem nämlich die Verletzung dieser Vorschriften so strenge bestraft wird, daß äußerst starke Motive gegen Gesetzesverletzungen geschaffen werden. Die Abänderung oder unter Umständen die Aufrechterhaltung der Gesetze ist neben gelegentlichem Hereinspielen zwischenstaatlicher Beziehungen eine Frage der Machtverteilung im Staate und erfolgt, wieder rein äußerlich betrachtet, entweder so, daß von einem Teil der

Menschen seine Entschlüsse der Gesamtheit *aufgezwungen* werden, wobei »Teil« natürlich im weitesten Sinne gemeint ist, also sowohl ein einzelner sein kann, z. B. ein erfolgreicher Religionsstifter, Reformator oder Diktator, als auch eine mächtige Minderheit als auch eine Mehrheit der Bevölkerung – oder als *Kompromiß*, welches darin besteht, daß von mehreren Gruppen jede einen Teil ihrer Entschlüsse durchsetzt. Daß der Ausgang der Kämpfe um Gesetze zum großen Teil auch durch Zufall (d. h. durch Momente, die mit dem Inhalt der Gesetze und der Stellungnahme der Menschen zu ihnen nichts zu tun haben) mitbestimmt wird, bedarf kaum eines Hinweises. Der Teil des Verhaltens, der durch die Gesetze nicht geregelt wird, da er für die sie beeinflussenden Machtfaktoren nicht faßbar ist oder nicht die Bedeutung besitzt, welche den gesetzlich geregelten Verhaltungsweisen (vielfach rein gewohnheitsmäßig!) beigemessen wird, spielt sich bei verschiedenen Individuen je nach Anlage, Erziehung und Lebenserfahrungen durchaus verschieden ab, indem beispielsweise der eine in erster Reihe nach den Geboten seines Glaubens und seiner Religionsgemeinschaft lebt, der andere sein persönliches Wohlergehen hinter das stellt, was ihm als das Wohl des Staates erscheint, der dritte alles gegenüber seinen ideellen, etwa wissenschaftlichen oder künstlerischen Absichten zurücksetzt, der vierte vor allem für seine Familie sorgt, der fünfte hauptsächlich nach leiblichen Genüssen strebt und so weiter. Und auch die Wirkungen dieser Anarchie sind durchaus verschieden und weitgehend vom Zufall abhängig: Beispielsweise sehen wir von den vor allem um ihre Mitmenschen Bemühten manche von Egoisten ausgenützt und dazu noch verlacht, manche verehrt und in jeder Hinsicht besser gestellt als viele, die nur um ihr eigenes Wohl bemüht sind.

Wie verhält sich nun diese Wirklichkeit zum Gedankenexperiment! Wäre es möglich, durch Konstitution von Willensgruppen alle Kollisionen von menschlichen Entschlüssen aus der Welt zu schaffen? Es ist klar, daß dies nicht möglich wäre. Ja, es lassen sich ganze Klassen von Verhaltungsweisen angeben – es wird eine der wichtigsten Aufgaben einer ausführlichen Logik der Sitten sein, die entsprechenden Eigenschaften der Verhaltungsweisen systematisch zu untersuchen und zu klassifizieren – hinsichtlich welcher dies nicht möglich wäre, und zwar sind es vor allem diejenigen *Entschlüsse, welche sich auf die Gruppeneinteilungen selbst und die mit ihnen zusammenhängenden Umstände beziehen.*

Wenn die Absicht der Mitglieder einer Gruppe z. B. dahin geht, die Mitglieder der anderen Gruppe gegen den entschiedenen Willen dieser letzteren zu unterjochen oder sich in den ausschließlichen Besitz des von den letzteren bewohnten Territoriums zu setzen usw. – Absichten, von denen uns die politische Geschichte mehrfache Beispiele berichtet –, so ist klar, daß die Kollision nicht durch eine Einteilung in Willensgruppen weggeschafft werden kann, sondern nur entweder durch Änderung von mindestens einem der beiden widerstreitenden Entschlüsse oder durch Kampf mit seinem weitgehend vom Zufall abhängigen Ausgang und Gewalt.
Ein Beispiel, in dem ideelle mit gewissen politischen und wirtschaftlichen Momenten zusammenspielen, bietet die dem nordamerikanischen Bürgerkrieg vorangehende Entschlußkollision! Die Weißen der Südstaaten waren für Sklaverei, die der Nordstaaten gegen Sklaverei. Hier hätte also unter bloßer Berücksichtigung der Weißen ein Konflikt zwischen zwei klar umschriebenen und noch dazu räumlich getrennten Entschlüssen vorgelegen, der durch Sezession der beiden Gruppen, wie sie von den Südstaaten gefordert wurde, lösbar gewesen wäre. Freilich war vorauszusehen, daß unter Mitberücksichtigung der südstaatlichen Neger, die ja zum Teil ebenfalls gegen Sklaverei waren, auch nach einer solchen Sezession die Südstaaten hinsichtlich der Sklavereifrage keine Willensvereinigung bilden würden. Dazu kam, daß die Nordstaaten nicht nur gegen Sklaverei auf ihrem eigenen Territorium waren, wo dieselbe ja gar nicht bestand, sondern aus ideellen, wirtschaftlichen und anderen Gründen Einheit der Union und Abschaffung der Sklaverei in der ganzen Union forderten. Dadurch wurde der Konflikt nur durch Nachgeben eines Teiles oder durch Gewalt entscheidbar.
Ähnlich steht es mit Kollisionen jener Entschlüsse, die dem sogenannten *Willen zur Macht* entspringen, die übrigens zum Teil zu den erwähnten, auf die Gruppeneinteilungen bezüglichen Entschlüssen gehören, wobei nur vermerkt werden möge, daß die Gegenstände, auf die sich der Wille zur Macht bezieht, mit der Zeit veränderlich sind und gewissen Moden unterliegen.
Überhaupt nehmen die menschlichen Entschlüsse, vielfach sogar diejenigen, welche sich auf die gemeinhin in der Ethik untersuchten Verhaltungsweisen beziehen, aufeinander Bezug, und dies ist auch einer der Gründe, warum ich in unserem Gespräch betont habe, daß mir die Analogie zwischen Ethik und Geometrie nicht

sehr weit zu gehen scheine. Denn die Axiomensysteme der verschiedenen Geometrien bestehen nebeneinander, ohne ineinander zu greifen, so daß die Verschiedenheit ihrer Lehrsätze keinerlei Konflikte schafft. Widersprüche würden ja erst entstehen, wenn man die Aussagen verschiedener Systeme zu mischen oder zu einem umfassenderen System einfach aneinanderzureihen begänne, was natürlich niemandem einfällt. Tatsächlich wird vielmehr die eine Geometrie oder geometrische Richtung von diesem Geometer, die andere von jenem gefördert. Manche üben vermöge ästhetischer Vorzüge auf den Geschmack der Mehrzahl der Geometer, der übrigens mit der Zeit veränderlich ist, eine größere Anziehungskraft aus als andere oder reizen durch eben entdeckte Anwendungsmöglichkeiten mehr die allgemeine Neugierde und werden mehr untersucht als die übrigen. Aber abgesehen von seltenen Fällen, in denen noch dazu die Äußerlichkeit der Motive, wie Eitelkeit, Neid oder Mißgunst offenkundig ist, wird keine der Arten oder Richtungen der Geometrie von anderen Geometern bekämpft, sondern jede Geometrie ist ein in sich geschlossener Untersuchungsgegenstand.
Wenn dagegen z. B. zwei Völker einen Religionskrieg miteinander führen und eines der Völker (oder jedes der beiden) sich zur Norm macht, seine eigenen religiösen Normen dem anderen Volk als Normen aufzuzwingen oder es zu vernichten – dann liegt ein Entschluß vor, der sich auf das System der Entschlüsse von anderen bezieht, gleichsam ein Entschluß von höherem Typus im logischen Sinne (S. 119f.), und diese den Axiomensystemen der Geometrie fremde wechselseitige Bezugnahme, diese in der Geometrie nicht auftretende unlösbare Aufgabe, zwei in sich widerspruchsfreie, aber einander widersprechende Normensysteme zu einem widerspruchsfreien Gesamtsystem aneinanderzureihen – dies ist es, was die Verwirklichung des Gedankenexperimentes der Willensgruppen unmöglich macht.
Liegen denn aber die Verhältnisse nicht hinsichtlich *jeder* Frage rechtlicher oder moralischer Gesetzgebung so wie in den eben geschilderten Fällen? Das glaube ich nun allerdings nicht. Wenn ein Mensch eine bestimmte Art von Regelmäßigkeit im Verhalten seiner Umgebung beobachten will, so muß er doch nur danach trachten, daß diese betreffende Regelmäßigkeit durch gesetzliche Vorschriften in seiner Umgebung gewährleistet wird. Aber er muß deshalb an sich durchaus nicht notwendig danach trachten,

daß diese Vorschrift zum allgemeinen Menschheitsgesetz werde, schon aus dem einfachen Grund, daß er mit dem größten Teile der Menschen doch nie etwas zu tun hat. Ja, selbst innerhalb eines Staates braucht der einzelne hinsichtlich vieler Verhaltungsweisen lediglich danach zu streben, daß sie ihm gegenüber beobachtet werden, während er an ihrer Allgemeingültigkeit im ganzen Staate völlig uninteressiert ist. Erst der herkömmliche Mechanismus der rechtlichen und moralischen Gesetzesbildung bringt es mit sich, daß der einzelne auch die allgemeine Gesetzesnatur der ihm für sich und seine Umgebung erwünschten Regelmäßigkeiten erstreben muß, da er ohne Allgemeingültigkeit der Regel dieselbe auch in seiner Umgebung nicht gewährleistet findet, da es, mit anderen Worten, herkömmlicherweise im großen ganzen nur einen einzigen Weg gibt, um eine Menschengruppe einer Vorschrift teilhaftig werden zu lassen, nämlich die Erklärung der Vorschrift zum Gesetz für die Gesamtheit. Diese herkömmliche Form der Gesetzgebung ist es ja aber gerade, die im Gedankenexperiment durch eine andere ersetzt wird, indem sich in ihm die Allgemeingültigkeit einer Vorschrift lediglich auf die die betreffende Norm willensmäßig zulassende Menschengruppe bezieht. In wie vielen Fällen sehen wir, daß eine Menschengruppe ein gewisses Verhalten zu beobachten wünscht und zur Erfüllung dieses Wunsches nur in ihrer Gruppe gewisse hierzu dienliche Vorschriften gesetzlich gewährleistet sehen muß, während für sie belanglos wäre, wenn eine andere Gruppe, die andere Absichten hat, sich anders verhielte, da so oftmals diese Verhaltungsweisen bei verschiedenen Gruppen einander nicht ausschließen, selbst dann nicht, wenn die Gruppen beisammenleben! Beim herkömmlichen Mechanismus der Gesetzgebung muß dennoch die erste Gruppe darauf bedacht sein, strenge allgemeine Gesetze in ihrem Sinne zu erzwingen, was den Entschlüssen der Menschen der zweiten Gruppe durchaus widerspricht, so daß diese letzteren darauf bedacht sind, ganz allgemein diese Gesetze rechtlich und faktisch zu lockern, obwohl sie selbst wiederum nur geringes Interesse daran haben, ihren Willen auch der ersten Gruppe aufzuzwingen. Man denke etwa an die Absicht einer Menschengruppe, ihr Leben streng monogam zu organisieren! Von besonderer Wichtigkeit ist noch der Umstand, daß hinsichtlich zahlreicher Verhaltungsweisen im Falle, daß für sie überhaupt keine Regelung getroffen, sondern völlige Freiheit zugelassen wird, manche Pläne gar nicht ausführbar sind, daß diese Pläne vielmehr eine gesetzliche Regelung innerhalb der Gruppe ihrer Anhänger und einen Schutz auch gegenüber den ihnen willensmäßig nicht anhängenden Menschen benötigen. Manche in sich widerspruchsfreie und für sich ausführbare Pläne, darunter solche, die für die ganze Entwicklung der Menschheit außerordentlich folgenreich sind, sind also sowohl im Falle allgemeingültiger Normen, als auch im Falle der Freiheit unausführbar und können nur bei tatsächlicher Konstitution von Willensgruppen überhaupt zur Erscheinung gelangen.

Was aber die *Durchführbarkeit* von Willensgruppen betrifft, so bitte ich Dich, wenn sie Dir im ersten Augenblicke völlig unmöglich scheinen sollte, zu bedenken, daß den Menschen vergangener (übrigens noch nicht allzu lange vergangener) Jahrhunderte auch das Zusammenleben von Menschen verschiedenen Glaubens undenkbar schien, während wir heute in dieser Hinsicht doch ein Zusammenbestehen mehrerer Gruppen mit von einander abweichenden Normen verwirklicht finden. Auch sonst gibt es zahlreiche Beispiele, welche in diese Richtung weisen. Besondere Standesmoralen, denen man sich bis zu einem gewissen Grade freiwillig unterwirft und die neben einander bestehen, obwohl sie von einander abweichen, – religiöse Orden, denen man sich völlig freiwillig anschließt, – diese und zahlreiche andere Beispiele zeigen wenigstens die prinzipielle Möglichkeit von Willensvereinigungen; und eine gewisse Erweiterung des Bereiches der in dieser Weise geregelten Verhaltungsweisen liegt zweifellos im Gebiete des Möglichen. Auch ein freiwilliger Zusammenschluß von Ständen würde in dieser Hinsicht ein Beispiel liefern.

Deine Frage freilich, welche Regelung der menschlichen Beziehungen meinen Wünschen entspricht, habe ich nicht nur in meinen Aufzeichnungen, sondern auch in diesem Briefe unbeantwortet gelassen. Denn auch er ist ja ethischen Fragen gewidmet, bei deren Behandlung ich Deiner ersten anfänglichen Warnung gemäß gefühlsmäßige Wertungen strenge vermieden habe, und auch jetzt zum Abschluß will ich keine moralischen Wertungen im üblichen Sinn aussprechen, d. h. für oder gegen ein bestimmtes Moralsystem beabsichtige ich auch hier nicht Stellung zu nehmen. Nur hinsichtlich der Gruppierungen verschiedener Systeme von Entschlüssen, also hinsichtlich dessen, was ich als *Moral zweiter Stufe* bezeichnen möchte, will ich bemerken, daß ich persönlich wünschen würde, daß das Denkschema der Willensgruppen in Fällen,

wo seine Berücksichtigung in der Richtung des Gedankenexperimentes sich als möglich erweist, auch tatsächlich berücksichtigt würde. Zwar habe ich bloß hinsichtlich der verschiedenen einzelnen Moralsysteme ausführlich dargelegt, warum ich keine Wahl zwischen ihnen als »die gerechte« bezeichnen würde, aber natürlich halte ich aus den gleichen Gründen auch hinsichtlich der Moral zweiter Stufe Beweise irgendwelcher Notwendigkeit, Naturgemäßheit, Gerechtigkeit o. dgl. für illusorisch und spreche deshalb auch in dieser Hinsicht keine objektiven Wertungen, sondern nur meine subjektiven Wünsche aus.
Sicher wirst Du dennoch fragen, *warum* ich hinsichtlich der Gruppierungen von Entschlüssen den erwähnten Wunsch habe. Ich fasse diese Frage dahin auf (und wüßte nicht, wie ich sie anders auffassen könnte), daß Du besondere Merkmale des von mir positiv Bewerteten zu erfahren wünschst, die gewissen Merkmalen meiner Person derart entgegenkommen, daß sie eben diesen Wunsch in mir erwecken.
Da wäre ein erstes Merkmal des Gedankenexperimentes, daß die jede einzelne Menschengruppe beherrschenden Gesetze offen als das System der willensmäßigen Entschließungen der betreffenden Gruppe bezeichnet werden, und wenn dieses Merkmal auch ein ziemlich äußerliches ist, so sagt es mir doch in doppelter Weise zu, so daß es mein Gesamturteil ein wenig beeinflußt. Erstens entspricht es nämlich meinem persönlichen Geschmack ganz allgemein, wenn man Entschlüsse nicht verhüllt, sondern für sie als das kämpft, was sie sind. Zweitens habe ich ganz allgemein eine Abneigung gegen Phrasen; und die Mäntel, die man Entschließungen vielfach umhängt, halte ich für Phrasen, die ich in diesen für das Leben so wichtigen Angelegenheiten noch dazu als besonders gefährlich betrachte, da sie bewirken, daß das vernachlässigt und verdunkelt wird, was angeführt werden *kann*, wenn es sich um die Wahl zwischen verschiedenen Moralsystemen handelt, damit diese Wahl sich bewußter und hinsichtlich ihrer Folgen klarer gestalte, nämlich Feststellung von Tatsachen, Konstatierung von Regelmäßigkeiten, ja bisweilen sogar logische Überlegungen. Aus diesen Gründen zieht mich die klare und offene Betonung des rein Willensmäßigen an.
Als zweiter Erfolg der Anwendung des Gedankenschemas in den Fällen, in denen es anwendbar ist, erschiene mir, daß, da jeder Mensch die ihm wichtigen Normen des ihn beherrschenden Ge-

setzes billigen würde, der Wille der Gesamtheit mit voller Energie und einem Minimum von inneren Reibungen zur Durchführung gelangte, während, wenn der Wille einer Gruppe oder ein Kompromiß zwischen den Willenssystemen mehrerer Gruppen zur allgemeinen Vorschrift wird, diese von vielen gar nicht bzw. von keinem ganz anerkannt und daher von vielen ganz bzw. von allen teilweise bekämpft und umgangen wird, so daß der dem Gesetz zugrunde liegende Plan nie mit allen verfügbaren Kräften und nie mit voller Energie durchgeführt wird.
Ein drittes Merkmal besteht in folgendem (und hier bitte ich Dich, meine Worte besonders genau zu beachten, die ich trotz der Wichtigkeit des Gegenstandes kurz fasse, denn zu lange schon glaube ich mit diesen vorläufigen Mitteilungen Deine Aufmerksamkeit in Anspruch genommen zu haben): Während im Falle des Gegeneinanderwirkens zahlreicher Absichten der einer Gesetzgebung zugrunde liegende Plan selbst hinsichtlich seiner wichtigen Punkte nicht mit allen Kräften durchgeführt wird und daher in seinen reinen Wirkungen gar nie in Erscheinung tritt, eröffnet das Gedankenexperiment die Möglichkeit, daß verschiedene Pläne in ihren reinen Wirkungen deutlich und daher miteinander vergleichbar werden, ein Wettkampf der Ideen und im Laufe der Zeit eine Auslese der Pläne stattfinden kann. Erst auf dieser Basis würden (im Gegensatze zu allen Plänen einheitlicher Menschheitsbeglückung, zu all den voneinander zwar durchaus verschiedenen Projekten, von denen aber jedes mit dem Anspruch auftritt, *die* Regelung der sozialen Frage, *die* Regelung der sexuellen Frage usw. zu sein) Menschheitsentschlüsse, den primären Leidenschaften und den Zufällen mancher Kämpfe entrückt, mit Konzessionen hinsichtlich der Extensität und Kompensationen hinsichtlich der Intensität Gelegenheit zur Bewährung erhalten. Ja, wenn wir berücksichtigen, daß der kategorische Imperativ als ausschließlicher Regulator unseres Handelns unzureichend ist und durch inhaltliche Entschlüsse ergänzt werden muß, so verwirklicht angesichts der verschiedenen Willensrichtungen erst dieses Gedankenexperiment in gewissem Sinne die Worte, die Kant an seine Erklärung der Moralität knüpft: »Eine Gesetzgebung muß aber in jedem vernünftigen Wesen selbst angetroffen werden und seinem Willen entspringen können.«[22]

22 Vgl. in der ausgewählten Literatur Kant 1785: S. 434.

Ob Du nun, lieber Freund, sagen willst, daß ich zwar Deiner ersten Warnung eingedenk geblieben bin, indem ich in meine ethischen Ausführungen keine Wertungen gemischt habe, aber Deiner zweiten anfänglichen Warnung zuwidergehandelt habe, indem ich da, wo gefühlsmäßige Aussagen am Platze wären, zu verstandesmäßig und formal gesprochen habe, das muß ich Dir überlassen, obwohl ich für mein Teil glaube, diesen Vorwurf weniger als irgend ein Philosoph zu verdienen, denn eine meiner Hauptabsichten war ja gerade, in der Moral den Verstand in seine Schranken zu weisen und an Stelle vorgeblicher Resultate verstandesmäßiger Überlegungen, die logischer Kritik nicht standhalten, die willensmäßige Grundlage bloßzulegen. Aber wie dem auch sein mag, jedenfalls darf ich wohl nochmals betonen, daß es sich in allen meinen Aufzeichnungen sowie in unserem Gespräche um persönliche Wertungen gar nicht gehandelt hat, – und auch jetzt zum Schlusse hätte ich solche nicht gestreift, wenn Du nicht nach ihnen gefragt hättest. Das, wozu ich mich gedrängt gefühlt habe, war ja etwas anderes, nämlich einige Ergebnisse logischen Denkens über die Tatsachen des menschlichen Zusammenlebens Dir und anderen mitzuteilen.

Wien, im Winter 1933/34.

suhrkamp taschenbücher wissenschaft
Philosophie

201/1/8.92

201/2/8.92

suhrkamp taschenbücher wissenschaft
Philosophie

Bungard/Lenk (Hg.): Technikbewertung. Philosophische und psychologische Perspektiven. stw 684
– *siehe auch Lenk*
Cassirer: *siehe Braun/Holzhey/Orth (Hg.)*
Castoriadis: Durchs Labyrinth. Seele, Vernunft, Gesellschaft. stw 435
– Gesellschaft als imaginäre Institution. stw 867
Condorcet: Entwurf einer historischen Darstellung der Fortschritte des menschlichen Geistes. stw 175
Cramer/Fulda/Horstmann/Pothast (Hg.): Theorie der Subjektivität. stw 862
Danto: Analytische Philosophie der Geschichte. stw 328
– Die Verklärung des Gewöhnlichen. stw 957
Davidson: Handlung und Ereignis. stw 895
– Wahrheit und Interpretation. stw 896
Picardi/Schulte (Hg.): Die Wahrheit der Interpretation. Beiträge zur Philosophie Donald Davidsons. stw 897
Deleuze: Foucault. stw 1023
Deleuze/Guattari: Anti-Ödipus. stw 224
Demmerling/Kambartel (Hg.): Vernunftkritik nach Hegel. stw 1038
Derrida: Vom Geist. stw 995
Descombes: Das Selbe und das Andere. stw 346
Dewey: Kunst als Erfahrung. stw 703
Dilthey: Der Aufbau der geschichtlichen Welt in den Geisteswissenschaften. stw 354
Materialien zur Philosophie Wilhelm Diltheys. Hg. von F. Rodi und H.-U. Lessing. stw 439
Duerr: Ni Dieu – ni mètre. stw 541
Dummett: Ursprünge der analytischen Philosophie. stw 1003
Durkheim: Soziologie und Philosophie. stw 176
Edelstein/Nunner-Winkler (Hg.): Zur Bestimmung der Moral. stw 628
Euchner: Naturrecht und Politik bei John Locke. stw 280
Ferguson: Versuch über die Geschichte der bürgerlichen Gesellschaft. stw 739
Fetscher: Rousseaus politische Philosophie. stw 143
Feyerabend: Wider den Methodenzwang. stw 597
Fichte: Ausgewählte politische Schriften. stw 201
– *siehe auch Batscha/Saage*
Fischer/Retzer/Schweitzer (Hg.): Das Ende der großen Entwürfe. stw 1032
Foerster: Wissen und Gewissen. stw 876
Forum für Philosophie Bad Homburg (Hg.): Die Ideen von 1789 in der deutschen Rezeption. stw 798
– Intentionalität und Verstehen. stw 856

201/3/8.92

suhrkamp taschenbücher wissenschaft
Philosophie

201/4/8.92

suhrkamp taschenbücher wissenschaft
Philosophie

- Texte und Kontexte. stw 944
- Theorie und Praxis. stw 243
- Zur Logik der Sozialwissenschaften. stw 517
- Zur Rekonstruktion des Historischen Materialismus. stw 154
- *siehe auch Honneth/Joas*
- *siehe auch McCarthy*

Hahn: Empirismus, Logik, Mathematik. stw 645

Hampe/Maaßen (Hg.): Prozeß, Gefühl und Raum-Zeit. stw 920
- Die Gifford Lectures und ihre Deutung. stw 921

Hare: Freiheit und Vernunft. stw 457
- Die Sprache der Moral. stw 412

Harman: Das Wesen der Moral. stw 324

Hausen/Nowotny (Hg.): Wie männlich ist die Wissenschaft. stw 590

Haussmann: Erklären und Verstehen: Zur Theorie und Praxis der Geschichtswissenschaft. stw 918

Hegel: Werke in 20 Bänden. stw 601-621
- Bd. 1: Frühe Schriften. stw 601
- Bd. 2: Jenaer Schriften. stw 602
- Bd. 3: Phänomenologie des Geistes. stw 603
- Bd. 4: Nürnberger und Heidelberger Schriften. stw 604
- Bd. 5: Wissenschaft der Logik I. stw 605
- Bd. 6: Wissenschaft der Logik II. stw 606
- Bd. 7: Grundlinien der Philosophie des Rechts. stw 607
- Bd. 8: Enzyklopädie der philosophischen Wissenschaften I. stw 608
- Bd. 9: Enzyklopädie der philosophischen Wissenschaften II. stw 609
- Bd. 10: Enzyklopädie der philosophischen Wissenschaften I-II. stw 610
- Bd. 11: Berliner Schriften. stw 611
- Bd. 12: Philosophie der Geschichte. stw 612
- Bd. 13: Ästhetik I. stw 613
- Bd. 14: Ästhetik II. stw 614
- Bd. 15: Ästhetik III. stw 615
- Bd. 16: Philosophie der Religion I. stw 616
- Bd. 17: Philosophie der Religion II. stw 617
- Bd. 18: Geschichte der Philosophie I. stw 618
- Bd. 19: Geschichte der Philosophie II. stw 619
- Bd. 20: Geschichte der Philosophie III. stw 620
- Bd. 21: Registerband von H. Reinicke. stw 621

Materialien zu Hegels ›Phänomenologie des Geistes‹. stw 9

Materialien zu Hegels Rechtsphilosophie. Bd. 1/2. stw 88/89
- *siehe auch Horstmann*
- *siehe auch Jakobson/Gadamer/Holenstein*
- *siehe auch Jamme/Schneider*

201/5/8.92

suhrkamp taschenbücher wissenschaft
Philosophie

201/6/8.92

suhrkamp taschenbücher wissenschaft
Philosophie

– Band V: Schriften zur Metaphysik und Logik 1. stw 188
– Band VI: Schriften zur Metaphysik und Logik 2. stw 189
– Band VII: Kritik der praktischen Vernunft. stw 56
– Band VIII: Die Metaphysik der Sitten. stw 190
– Band IX: Schriften zur Naturphilosophie. stw 191
– Band X: Kritik der Urteilskraft. stw 57
– Band XI: Schriften zur Anthropologie, Geschichtsphilosophie, Politik und Pädagogik 1. stw 192
– Band XII: Schriften zur Anthropologie, Geschichtsphilosophie, Politik und Pädagogik 2. Register. stw 193

Kopper/Malter (Hg.): Immanuel Kant zu ehren. stw 61

Materialien zu Kants Rechtsphilosophie. stw 171
– siehe auch Batscha/Saage
– siehe auch Böhme

Kempski: Schriften 1-3. stw 922-924
– Brechungen. stw 922
– Recht und Politik. stw 923
– Prinzipien der Wirklichkeit. stw 924

Kenny: Wittgenstein. stw 69

Kienzle/Pape (Hg.): Dimensionen des Selbst. stw 942

Kierkegaard: *siehe Theunissen/Greve*
– siehe Adorno

Klibansky/Panofsky/Saxl: Saturn und Melancholie. stw 1010

Kojève: Hegel. Eine Vergegenwärtigung seines Denkens. stw 97

Koppe (Hg.): Perspektiven der Kunstphilosophie. stw 951

Koselleck: Kritik und Krise. stw 36

Kosík: Die Dialektik des Konkreten. stw 632

Kracauer: Geschichte – Vor den letzten Dingen. stw 11

Kripke: Name und Notwendigkeit. stw 1056

Kuhlmann/Böhler (Hg.): Kommunikation und Reflexion. Zur Diskussion der Transzendentalpragmatik. stw 408

Lange: Geschichte des Materialismus. 2 Bde. stw 70

Leist (Hg.): Um Leben und Tod. stw 846

Lenk: Philosophie und Interpretation. stw 1060
– Zur Sozialphilosophie der Technik. stw 414
– Zwischen Sozialpsychologie und Sozialphilosophie. stw 708
– Zwischen Wissenschaft und Ethik. stw 980
– Zwischen Wissenschaftstheorie und Sozialwissenschaft. stw 637
– siehe auch Bungard/Lenk

Locke: Zwei Abhandlungen über die Regierung. stw 213

201/7/8.92

suhrkamp taschenbücher wissenschaft
Philosophie

Lorenzen: Grundbegriffe technischer und politischer Kultur. stw 494
– Methodisches Denken. stw 73
Luhmann/Spaemann: Paradigm lost: Über die ethische Reflexion der Moral. stw 797
Lukács: Der junge Hegel. 2 Bde. stw 33
Mandeville: Die Bienenfabel oder Private Laster, öffentliche Vorteile. stw 300
Marquard: Schwierigkeiten mit der Geschichtsphilosophie. stw 394
McCarthy: Kritik der Verständigungsverhältnisse. stw 782
McGuinness: Wittgensteins frühe Jahre. stw 1014
McGuinness/Habermas/Apel u.a.: »Der Löwe spricht ... und wir können ihn nicht verstehen«. stw 866
McGuinness/Schulte (Hg.): Einheitswissenschaft. stw 963
Meggle (Hg.): Analytische Handlungstheorie. Bd. 1: Handlungsbeschreibungen. stw 488
– *siehe auch Beckermann*
Menke: Die Souveränität der Kunst. stw 958
Merleau-Ponty: Die Abenteuer der Dialektik. stw 105
Millar: Vom Ursprung des Unterschieds in den Rangordnungen und Ständen der Gesellschaft. stw 483
Mises: Kleines Lehrbuch des Positivismus. stw 871
Mittelstraß: Der Flug der Eule. stw 796
– Leonardo-Welt. stw 1042
– Die Möglichkeit der Wissenschaft. stw 62
– Wissenschaft als Lebensform. stw 376
Morris: Pragmatische Semiotik und Handlungstheorie. stw 179
Moscovici: Versuch über die menschliche Geschichte der Natur. stw 873
Münch (Hg.): Kognitionswissenschaft. stw 989
Neurath: Wissenschaftliche Weltauffassung, Sozialismus und Logischer Empirismus. stw 281
Niehues-Pröbsting: Der Kynismus des Diogenes und der Begriff des Zynismus. stw 713
Oelmüller: Die unbefriedigte Aufklärung. stw 263
Pannenberg: Wissenschaftstheorie und Theologie. stw 676
Peirce: Naturordnung und Zeichenprozeß. stw 912
– Schriften zum Pragmatismus und Pragmatizismus. stw 945
– *siehe auch Apel*
Peukert: Wissenschaftstheorie - Handlungstheorie - Fundamentale Theologie. stw 231
Piaget: Einführung in die genetische Erkenntnistheorie. stw 6
– Weisheit und Illusionen der Philosophie. stw 539
– *siehe auch Furth*
Picardi/Schulte: *siehe Davidson*

201/8/8.92

suhrkamp taschenbücher wissenschaft
Philosophie

Plessner: Die verspätete Nation. stw 66
Polanyi, M.: Implizites Wissen. stw 543
Pothast: Die eigentlich metaphysische Tätigkeit. stw 787
– Die Unzulänglichkeit der Freiheitsbeweise. stw 688
Pothast (Hg.): Freies Handeln und Determinismus. stw 257
Putnam: Vernunft, Wahrheit und Geschichte. stw 853
Quine: Grundzüge der Logik. stw 65
– Theorien und Dinge. stw 960
– Wurzeln der Referenz. stw 764
Rawls: Eine Theorie der Gerechtigkeit. stw 271
Ricœur: Die Interpretation. stw 76
Riedel: Für eine zweite Philosophie. stw 720
– Urteilskraft und Vernunft. stw 773
Riedel (Hg.): Materialien zu Hegels Rechtsphilosophie. Bd. 1/2. stw 88/89
– Hegel und die antike Dialektik. stw 907
Riegas/Vetter (Hg.): Zur Biologie der Kognition. stw 850
Ritter: Metaphysik und Politik. stw 199
Rodi: Erkenntnis des Erkannten. stw 858
– *siehe auch Dilthey*
Ropohl: Technologische Aufklärung. stw 971
Rorty: Kontingenz, Ironie und Solidarität. stw 981
– Der Spiegel der Natur. stw 686
Rusch/Schmidt (Hg.): Konstruktivismus: Geschichte und Anwendung. DELFIN 1992. stw 1040
Sandkühler (Hg.): Natur und geschichtlicher Prozeß. Studien zur Naturphilosophie F. W. J. Schellings. stw 397
Schadewaldt: Die Anfänge der Philosophie bei den Griechen. stw 218
Scheidt: Die Rezeption der Psychoanalyse in der deutschsprachigen Philosophie vor 1940. stw 589
Schelling: Ausgewählte Schriften. 6 Bde. stw 521-526
– Bd. 1: Schriften 1794-1800. stw 521
– Bd. 2: Schriften 1801-1803. stw 522
– Bd. 3: Schriften 1804-1806. stw 523
– Bd. 4: Schriften 1807-1834. stw 524
– Bd. 5: Schriften 1842-1852. 1. Teil. stw 525
– Bd. 6: Schriften 1842-1852. 2. Teil. stw 526
– Philosophie der Offenbarung. stw 181
– Philosophische Untersuchungen über das Wesen der menschlichen Freiheit. stw 138
Materialien zu Schellings philosophischen Anfängen. Hg. von M. Frank und G. Kurz. stw 139
– *siehe auch Frank*

201/9/8.92

suhrkamp taschenbücher wissenschaft
Philosophie

– *siehe auch Frank/Kurz*
– *siehe auch Sandkühler*
Schleiermacher: Hermeneutik und Kritik. stw 211
Schlick: Allgemeine Erkenntnislehre. stw 269
– Fragen der Ethik. stw 477
– Philosophische Logik. stw 598
– Die Probleme der Philosophie in ihrem Zusammenhang. stw 580
Schmidt, S. J. (Hg.): Der Diskurs des Radikalen Konstruktivismus. stw 636
– Gedächtnis. stw 900
– Kognition und Gesellschaft. Der Diskurs des Radikalen Konstruktivismus 2. stw 950
Schmidt-Biggemann: Theodizee und Tatsachen. stw 722
Schnädelbach: Philosophie in Deutschland 1831-1933. stw 401
– Vernunft und Geschichte. stw 683
– Zur Rehabilitierung des animal rationale. stw 1043
Scholtz: Zwischen Wissenschaftsanspruch und Orientierungsbedürfnis. stw 966
Schopenhauer: Sämtliche Werke in 5 Bänden. stw 661-665
– Bd. 1: Die Welt als Wille und Vorstellung I. stw 661
– Bd. 2: Die Welt als Wille und Vorstellung II. stw 662
– Bd. 3: Kleinere Schriften. stw 663
– Bd. 4: Parerga und Paralipomena I. stw 664
– Bd. 5: Parerga und Paralipomena II. stw 665
Materialien zu Schopenhauers ›Die Welt als Wille und Vorstellung‹. Hg. v. V. Spierling. stw 444
Schulte: Chor und Gesetz. stw 899
Schulte (Hg.): Texte zum Tractatus. stw 771
Schwemmer: Ethische Untersuchungen. stw 599
– Handlung und Struktur. stw 669
– Philosophie der Praxis. stw 331
– Die Philosophie und die Wissenschaften. stw 869
Searle: Ausdruck und Bedeutung. stw 349
– Geist, Hirn und Wissenschaft. stw 591
– Intentionalität. stw 956
– Sprechakte. stw 458
Serres: Der Parasit. stw 677
Siep: Praktische Philosophie im Deutschen Idealismus. stw 1035
Simmel: Aufsätze 1887-1890. Über sociale Differenzierung (1890). Die Probleme der Geschichtsphilosophie (1892). stw 802
– Einleitung in die Moralwissenschaft I. stw 803
– Einleitung in die Moralwissenschaft II. stw 804
– Aufsätze und Abhandlungen 1894-1900. stw 805
– Philosophie des Geldes. stw 806

201/10/8.92

suhrkamp taschenbücher wissenschaft
Philosophie

- Aufsätze und Abhandlungen 1901-1908. Band II. stw 808
- Das individuelle Gesetz. stw 660
- *siehe auch Frisby*

Skirbekk (Hg.): Wahrheitstheorien. stw 210

Sommer: Lebenswelt und Zeitbewußtsein. stw 851
- Identität im Übergang: Kant. stw 751

Sorel: Über die Gewalt. stw 360

Spierling: *siehe Schopenhauer*

Spinner: Pluralismus als Erkenntnismodell. stw 32

Strauss: Naturrecht und Geschichte. stw 216

Taylor: Hegel. stw 416
- Negative Freiheit. stw 1027

Theorie der Subjektivität. Hg. v. K. Cramer, H. F. Fulda, R.- P. Horstmann, U. Pothast. stw 862

Theunissen: Negative Theologie der Zeit. stw 938
- Sein und Schein. stw 314
- *siehe auch Angehrn*

Theunissen/Greve(Hg.):Materialien zur Philosophie Sören Kierkegaards. stw 241

Tiedemann: Dialektik im Stillstand. stw 445

Toulmin: Kritik der kollektiven Vernunft. stw 437
- Voraussicht und Verstehen. stw 358

Tugendhat: Philosophische Aufsätze. stw 1017
- Selbstbewußtsein und Selbstbestimmung. stw 221
- Vorlesungen zur Einführung in die sprachanalytische Philosophie. stw 45

Turgot: Über die Fortschritte des menschlichen Geistes. stw 657

Varela: Kognitionswissenschaft - Kognitionstechnik. stw 882

Vranicki: Geschichte des Marxismus. stw 406

Wahl (Hg.): Einführung in den Strukturalismus. stw 10

Waldenfels: In den Netzen der Lebenswelt. stw 545
- Phänomenologie in Frankreich. stw 644
- Der Spielraum des Verhaltens. stw 311
- Der Stachel des Fremden. stw 868

Waldenfels/Broekman/Pažanin (Hg.): Phänomenologie und Marxismus. Bd. 1. stw 195
- Phänomenologie und Marxismus. Bd. 2. stw 196
- Phänomenologie und Marxismus. Bd. 3. stw 232
- Phänomenologie und Marxismus. Bd. 4. stw 273

Wellmer: Ethik und Dialog. stw 578
- Zur Dialektik von Moderne und Postmoderne. stw 532

Whitehead: Prozeß und Realität. stw 690
- Wie entsteht Religion? stw 847
- Wissenschaft und moderne Welt. stw 753

Whitehead/Russell: Principia Mathematica. stw 593
- *siehe auch Holzhey/Rust/Wiehl*

201/11/8.92

201/12/8.92